TRANSFORMER
LA BANQUE

STRATÉGIES BANCAIRES À L'ÈRE DIGITALE

BERNARD ROMAN • ALAIN TCHIBOZO

TRANSFORMER LA BANQUE

STRATÉGIES BANCAIRES À L'ÈRE DIGITALE

2e édition

DUNOD

11 rue Paul Bert, 92240 Malakoff
www.dunod.com

ISBN 978-2-10-080659-1

Sommaire

Introduction

Peu de métiers sont l'objet d'autant d'analyses, d'attentions et de craintes que la banque. Au cœur des tourmentes financières de 2008 et 2011, les banques avaient été certes mises sous tutelle, mais bel et bien sauvées parce qu'indispensables à tout l'édifice économique et financier. Dès l'irruption de la crise sanitaire Covid-19, les banques ont été à nouveau mobilisées pour contribuer à la mise en place des mesures prises par les États pour soutenir les économies mondiales. Toutefois, pour s'assurer de leur capacité à distribuer sans crainte des prêts garantis par les États, elles ont aussitôt bénéficié d'un assouplissement temporaire des contraintes de fonds propres réglementaires, signe de leur fragilité. Restaurer leur solidité financière devient donc impératif et urgent, et pour y parvenir, les banques devront se renouveler et se transformer profondément. Pourquoi ?

Parce que la banque est une activité d'intérêt public, elle se doit donc d'être au mieux de sa forme, à tout instant. Elle est un facteur d'équilibre de l'économie et de la société tout entière. Elle est un outil indispensable au développement et à l'investissement. Et ceci, davantage en Europe qu'ailleurs : en Europe, près des trois quarts du financement de l'économie sont intermédiés par le système bancaire, contre à peine un quart aux États-Unis. La banque, c'est aussi la sécurité de la monnaie, de l'épargne et des échanges. C'est à la fois le réacteur de l'économie et le socle de confiance sur lequel elle se développe. Cette confiance est un facteur décisif, que l'économiste allemand Max Weber avait ajouté pour expliquer les ressorts du développement économique. À la confiance qu'elle reçoit de déposants qui confient leurs avoirs à « leur » banque, cette dernière place à son tour sa confiance en ses futurs clients, en leur accordant plein crédit. Inutile d'illustrer plus avant : la confiance est le moteur du bon fonctionnement des banques, lui-même étant indispensable au développement économique.

Mais la confiance c'est aussi la stabilité, la solidité, la clarté, la prévisibilité. Or, les crises ont mis en lumière la nature instable, fragile et difficile à contrôler de l'environnement bancaire[1]. Ce métier subit les mouvements des marchés et les risques économiques et géopolitiques du monde. En très peu de temps, nous sommes passés d'une crise de liquidité à des excédents, de l'inquiétude des taux négatifs à la crainte de leur remontée. L'incertitude générée par des choix politiques successifs dont l'impact pourrait signifier des changements économiques et monétaires majeurs se conjugue aussi avec des lenteurs et un immobilisme qui renforcent la perte et altèrent la confiance. Cette situation, née de la crise 2008-2009 perdure, avec des conséquences négatives sur l'équilibre des économies et des sociétés. Dans le monde globalisé, les banques sont exposées plus que jamais aux chocs, d'autant que dans le même temps, le volume global de la dette privée a quadruplé en quelques années pour dépasser 80 trillions de dollars. Cette concentration de risques fait entrer le système financier dans « l'ère nucléaire » et rend la situation extrêmement dangereuse et préoccupante. Dans ce contexte, définir la stratégie des banques peut sembler être une gageure. Pourtant, dans la conjonction exceptionnelle de défis auxquels est confronté le secteur bancaire, une grande transformation se joue dans laquelle toutes les banques devront adapter profondément leur stratégie et leur organisation et au terme de laquelle certaines d'entre elles ne survivront pas.

C'est donc dans l'urgence que les États et les institutions ont pris en charge à leur niveau le renflouement, puis le développement d'une politique de dissuasion c'est-à-dire de garantie du système bancaire pour rétablir la

---

1 Minsky H., *The Financial Instability Hypothesis – Capitalist Process and the Behavior of the Economy in Charles Kindelberger,* Financial Crises, Cambridge University Press, 1992.

confiance. Progressivement la mise en place d'une série de mesures de prévoyance et de renforcement des banques a contribué à stabiliser le système financier pour le remettre en état de marche. Ces mesures sont inévitablement autant de contraintes appliquées à un secteur malade, sauvé certes, mais très affaibli et dont des pans entiers ne se rétabliront pas. La rentabilité se dégrade inéluctablement et, malgré les annonces de restructurations, les coûts baissent peu. Surtout, la complexité et les volumes ne facilitent pas un exercice de vérité face aux risques. Face à une rentabilité déclinant inexorablement et des risques difficiles à évaluer, les investisseurs passent leur chemin, montrant moins d'appétit pour investir dans des titres bancaires au moment même où les banques ont le plus besoin de renforcer leur capital.

En effet, les mesures de sauvegarde prises par la BCE ont leur prix : renforcer les banques exige plus de capital et aussi des taux d'intérêt maintenus le plus bas possible pour faciliter le remboursement des dettes de leurs clients, parmi lesquels les États. Mais cette situation détériore la rentabilité qui serait pourtant nécessaire pour rémunérer le capital[1] : moins de risque, mais aussi moins de rentabilité, dans une quadrature du cercle destructrice. Car un secteur malade est aussi un secteur attaqué par la concurrence et bousculé par une révolution numérique dont la survenance n'est pas due au hasard. Le secteur ne peut s'en sortir que profondément transformé. La question est de savoir comment et surtout avec quelles méthodes, quelles capacités, quelle vitesse ? C'est à cette question que cet ouvrage tente d'apporter des réponses.

Envisager les options et les solutions réclame une vision complète des contraintes, des difficultés et des mesures qu'elles requièrent car elles sont pour nombre d'entre elles, complexes et contradictoires. La recherche de la martingale, réaction favorite des banquiers, s'avère être du temps perdu lorsque l'on considère la conjonction de défis auxquels le secteur est confronté. Le caractère exceptionnel, inédit et durable de cette situation requiert à la fois une reconfiguration profonde du secteur et des

1 Pour être tout à fait équilibré, précisons que les banques ont aussi bénéficié des TLTRO et possibilités de refinancement à prix réduit.

méthodes de transformation appropriées. C'est à présent aux banquiers d'agir par eux-mêmes.

Pour y répondre deux grandes visions s'affrontent. La première fait le pari d'une adaptation des *business models* face à la révolution digitale et de la désintermédiation. La deuxième préconise de profondes transformations.

Pour s'engager dans cette transformation, les banques développent des intentions et des initiatives pour mener à bien leurs activités et sortir gagnantes et renforcées du mouvement en cours. Nous essaierons d'apporter quelques éléments de réponse aux questions qui se posent quant aux choix et parfois aux dilemmes stratégiques auxquels les dirigeants de banques sont confrontés.

Au-delà des choix, il y a aussi des certitudes, celle de la réduction des capacités bancaires et des coûts, d'une concurrence plus aiguë et agressive, et par conséquent, d'une profonde transformation des organisations bancaires pour les rendre plus légères, plus agiles, plus productives, en bref, aptes à s'adapter rapidement et à améliorer leur offre de services. La question ici est de savoir quelles capacités, quelles ressources, quels talents les banques pourront et sauront mobiliser pour mener à bien ces projets. Au cœur de ces capacités, le management et les ressources humaines seront des facteurs clés.

Dès lors que l'environnement et les règles du jeu sont organisés et pilotés par les banques centrales, la stratégie des banques commerciales s'articule essentiellement autour de leurs ressources internes, de leur organisation, bref de leurs propres forces et faiblesses. Les critères de reconfiguration du secteur et les équations stratégiques se clarifient mais ce sont les acteurs eux-mêmes qui vont décider de leurs choix et, à terme, de leur sort.

Pour engager cette transformation, nous en sommes convaincus, les banques ont beaucoup d'atouts : une demande récurrente et intarissable de crédits émanant d'une clientèle large, une parfaite connaissance historique des habitudes de consommation de produits financiers, un accès à des sources de financement significatives (ayant en Europe accès à des ressources accrues de la BCE), une expérience forte dans la gestion des risques, enfin, une tradition de dialogue permanent avec des régulateurs. Alors, pourquoi malgré tant d'atouts, les banques doivent-elles refonder leurs modes opératoires si elles veulent survivre ?

Certes, les banques jouissent d'une demande importante de crédits, du fait de la décision des banques centrales et des États, de leur confier exclusivement les pouvoirs de création monétaire. Cependant, les récentes décisions de la Banque centrale européenne de ramener les taux d'intérêt à des niveaux proches de zéro, limite la faculté des banques à facturer un niveau élevé de taux d'intérêt à leurs clients, puisque ceux-ci font face à un environnement déflationniste créé justement par les faibles taux d'intérêt des banques centrales. Aussi pour les banques, dans un environnement de taux très bas, ne suffit-il plus de prêter pour générer une marge d'intérêt suffisante. D'où la nécessité de revisiter les fondements du modèle pour le garder profitable.

Certes, les banques disposent toutes d'un historique des habitudes de consommation de produits financiers, leur permettant d'étoffer leurs gammes de produits et services traditionnels par des nouveaux services. Il n'en demeure pas moins que les banques, dont les modes de production des biens et services reposent sur des processus de production anciens, se trouvent bien souvent en concurrence avec des acteurs produisant ces mêmes services à un coût de revient inférieur à celui des banques. Pour une banque, refondre les processus de production devient donc vital, pour rester compétitive.

De façon similaire, si les banques en France ont traditionnellement accès à des sources de financement significatives, notamment par leur accès à des dépôts peu ou pas rémunérés, lorsque les taux d'intérêt sont nuls ou négatifs, il est souvent plus rentable de se refinancer sur les marchés monétaires que de collecter des dépôts à travers des réseaux d'agences. Ainsi se pose la question du maintien des réseaux bancaires, moins utiles depuis que la majorité des clients privilégient l'accès à leur compte bancaire par des canaux digitaux.

Quant à cette expérience historique majeure dans la gestion des risques que chaque banque a patiemment bâtie depuis des décennies, rien ne prouve qu'elle reste pertinente, tant les conditions de vie ont changé : le taux de chômage est structurellement plus élevé ; la proportion de ménages faisant face à des accidents de la vie de type longue maladie, divorce, voire chômage de longue durée ne cesse d'augmenter ; enfin, le niveau d'endettement des particuliers n'a jamais été aussi élevé suite à un recours accru au crédit à la consommation. Aussi, le profilage de risque des clients devient plus complexe, ce qui exige des banques encore plus de vigilance dans leurs opérations de prêts.

Enfin, s'il est vrai que traditionnellement, les banques françaises avaient su tisser une relation de confiance avec leur régulateur local, les mettant à l'abri de surprises désagréables sur le front réglementaire, la multiplication d'instances de régulation ne met plus les banques à l'abri de déconvenues. Ainsi BNP Paribas l'a-t-il appris à ses dépens, lorsque cette banque leader en France fut condamnée à payer une amende de près de 9 milliards de dollars en 2014 aux régulateurs américains, pour avoir mené des transactions libellées en dollars avec l'Iran, alors même qu'elle n'avait enfreint aucune des lois françaises.

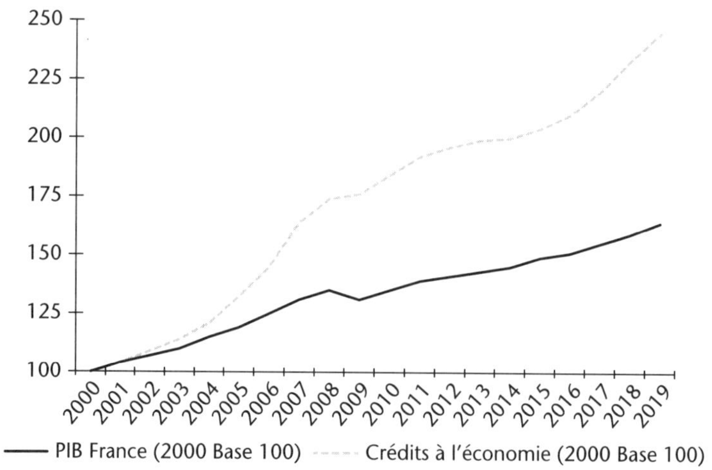

Figure 1 – PIB *vs.* distribution de crédits (France)

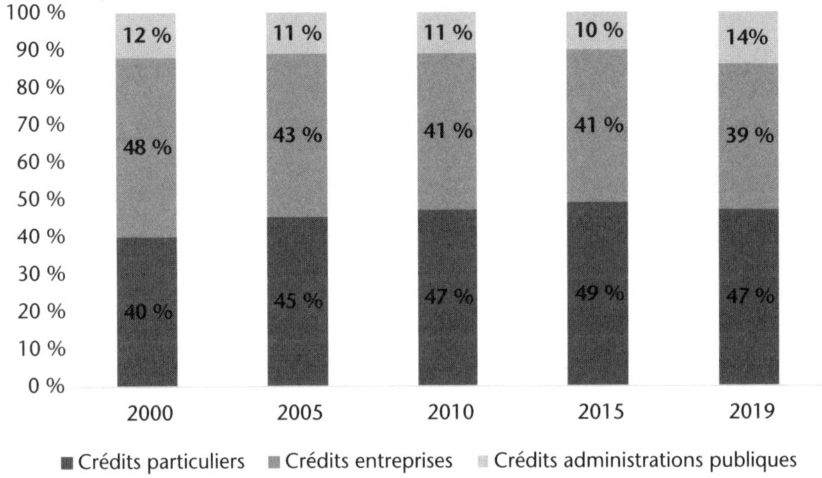

Source : INSEE, Banque de France

Figure 2 – Structure des encours de crédit (France)

On le voit, les mutations profondes du monde économique rendent obsolètes de nombreuses connaissances accumulées dans le passé. Aussi les banques doivent se réinventer pour survivre. Ce constat, hélas, n'est pas nouveau. Il y a déjà plusieurs années que le développement de l'économie et la prospérité des banques suivent des évolutions divergentes avec une économie qui croît et une rentabilité bancaire qui baisse. Ainsi, alors qu'au cours des vingt dernières années, le PIB de la France aura augmenté de 64 % selon les calculs publiés par l'INSEE, les crédits distribués à l'économie par les banques françaises (particuliers, entreprises et administrations publiques) ont plus que doublé, confirmant la dépendance accrue du financement de l'économie française aux concours bancaires. On peut même remarquer que l'essentiel de la progression de la distribution de crédits a été principalement le fruit d'une expansion rapide de la demande de crédits immobiliers des particuliers (57 % de la croissance), ces derniers représentant à fin 2019 la moitié des encours contre seulement 40 % en 2000.

Cependant, et contrairement aux revenus et aux actifs pondérés qui ont tous deux enregistré des croissances similaires à la croissance des crédits, les fonds propres et les résultats ont connu des évolutions divergentes : non seulement les résultats ont progressé 30 % moins vite que les crédits, mais les fonds propres nécessaires pour soutenir le *business model* ont cru deux fois plus vite. D'où l'érosion de la rentabilité des fonds propres alloués aux activités bancaires en France depuis 2000. Comme le suggèrent les courbes des figures 3 et 4, non seulement la rentabilité des fonds propres a été très volatile, mais elle se situe maintenant depuis plusieurs années en dessous de la moyenne historique. En résumé, s'il est exact que la prime de rémunération que reçoivent les actionnaires des banques françaises (écart entre la rentabilité moyenne dégagée par les banques françaises et le taux sans risque), est ainsi passée de 2,3 % en 2000 à 7,3 % en 2019, c'est essentiellement à cause d'une augmentation des engagements et de l'intensité capitalistique du secteur et d'une baisse des taux d'une ampleur inattendue, la rentabilité moyenne des fonds propres étant stable (7,3 % en 2000 à 7,4 % en 2019).

Nous tenterons dans une première partie de livrer un tableau synthétique et réaliste du contexte stratégique et des enjeux auxquels le secteur bancaire doit faire face. Nous exposerons les premières initiatives et orientations prises par les banques pour répondre à ces défis et sauvegarder leurs positions concurrentielles et leur rentabilité.

Dans une deuxième partie nous envisagerons les options, opportunités, risques et nécessités qui jalonnent le parcours de transformation dans lequel les banques sont engagées. Nous proposerons quelques pistes et scénarios possibles à partir de critères qui nous paraissent pertinents pour anticiper la reconfiguration à venir du secteur.

Enfin et alors que les exigences auxquelles elles sont soumises sont fortement relevées par les crises successives – financière puis sanitaire et économique –, c'est la capacité des banques à mobiliser leurs ressources humaines, managériales et organisationnelles qui sera l'objet de notre troisième partie. La vision stratégique, le management, la gestion prévisionnelle des ressources humaines et l'agilité des organisations sont les principaux atouts et méthodes que les banques devront mettre en œuvre dans un contexte profondément nouveau pour elles pour construire avec succès la banque de demain.

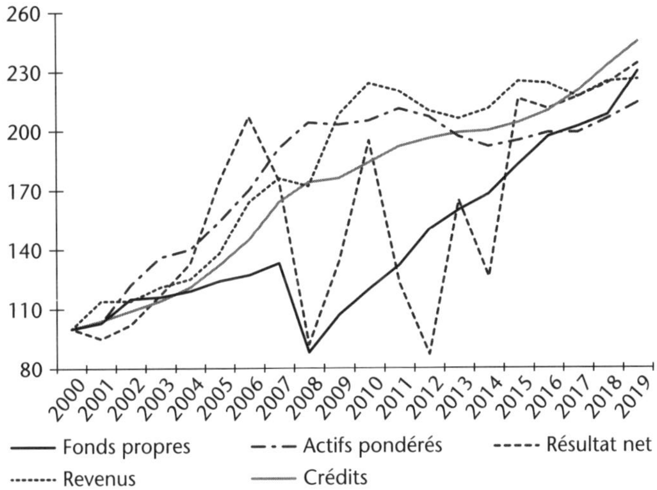

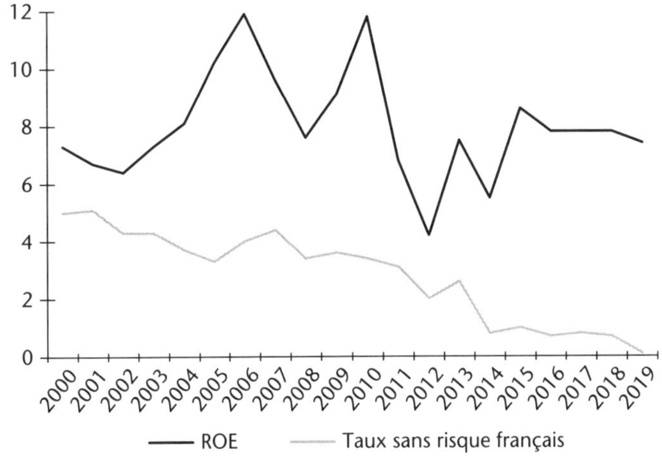

Source : Banque de France – Évolution de la situation ;
ensemble des établissements assujettis.

Figures 3 et 4 – Fonds propres en hausse – Résultats en baisse

Partie 1

La banque sous pression : 5 défis majeurs

Plus de 10 ans après la crise de 2008 et les mesures prises par les États et les banques centrales pour le sauver puis le consolider, le secteur bancaire reste confronté à de nombreux problèmes fondamentaux au point que la survie du métier et des banques elles-mêmes est souvent questionnée. Pourtant, la plupart des problématiques et défis que le secteur doit surmonter pour construire son futur restent posés car les progrès réalisés depuis 2008 sont limités et peu rapides. Ce constat est d'autant plus alarmant que la récession imminente résultant de la crise du Covid-19 limitera les ressources disponibles pour mettre en œuvre les restructurations. Quels sont ces défis ?

1. **Le défi réglementaire.** La crise a mis en lumière crûment le besoin de réguler et d'encadrer l'activité des banques. La gestion des

risques pratiquée les années précédant la crise de 2008 a, il est vrai, été prise sévèrement en défaut dans plusieurs domaines à la fois.

2. **La technologie et la concurrence**. La transformation digitale qui révolutionne à la fois la relation client et les processus opérationnels, avec une clientèle mieux informée, donc plus exigeante, se conjugue avec un contexte plus concurrentiel de plus en plus ouvert et des acteurs non bancaires plus présents : tout conduit à une reconfiguration du secteur.
3. **L'image, la fiabilité et la sécurité des banques.** La multiplication des fraudes constitue une source croissante de doutes sur la capacité des banques à garantir la sécurité des transactions dont on leur confie l'exécution et à agir en toutes circonstances dans l'intérêt du client. Reconquérir la confiance de la société et des clients est un enjeu majeur pour les banques.
4. **La courbe des taux d'intérêt.** Les activités de transformation qui consistent à collecter les ressources et dépôts clientèle pour les transformer en emplois et prêts à la clientèle ont historiquement généré 70 % des revenus d'intérêt des banques de détail. Avec une courbe des taux durablement plate, les banques ne peuvent pas rester rentables et doivent d'urgence revoir leur *business model* et particulièrement leur modèle de revenus.
5. **La transformation inéluctable des organisations bancaires.** Les banques ne pourront donc pas se dispenser d'une transformation profonde de leurs structures, organisations et modes opératoires si elles veulent retrouver une rentabilité pérenne et satisfaisante. Pour relever ce défi, les banques devront mobiliser et déployer toutes leurs ressources et leurs capacités internes pour reconfigurer leur organisation et améliorer leur efficacité opérationnelle.

Explorons donc dans cette première partie les différents défis auxquels le secteur bancaire est confronté, les contraintes mais aussi les opportunités qu'ils représentent et les premières réponses que les banques développent pour rester compétitives et assurer leur rentabilité future.

Chapitre 1

Le défi réglementaire

L'urgence d'un renforcement a surgi de la crise de 2008 et contraint États et banques centrales à mettre en place des opérations de sauvetage destinées à sauver, puis stabiliser banques et institutions financières, noyau dur du système financier.

Premier effet de la crise, l'accès de plus en plus restreint aux liquidités a mis les établissements les plus vulnérables au bord d'une faillite rapide – effet quasi comparable à une crise cardiaque foudroyant un malade dont le cœur cesse d'être irrigué. Parce que l'on a cru à tort que le marché interbancaire serait à lui seul capable d'assurer la liquidité suffisante entre les banques et aussi, il faut bien le dire, parce que la gestion de trésorerie et de couverture des établissements bancaires était basée sur des hypothèses dont le réalisme a été balayé par la crise, les conséquences de la crise ont été mal anticipées.

La solvabilité ensuite – qui si elle se révèle insuffisante pour absorber des pertes générées par une crise brutale peut être fatale pour tout établissement –, s'est avérée trop faible. Songez qu'en 2008 le ratio moyen de fonds propres rapporté à l'ensemble des engagements pris par les banques était inférieur à 5,8 %. Ceci signifie que personne ou presque n'avait imaginé qu'une banque pouvait cumuler des pertes équivalentes représentant plus que 5,5 % de ses engagements pondérés, alors qu'en réalité, Dexia par exemple, en France, a perdu deux tiers de ses fonds propres en 2010 suite à la crise de 2008, soit l'équivalent de 8 % de ses engagements pondérés de 2009.

Les mesures d'urgence ont permis de recapitaliser, d'injecter les liquidités nécessaires et surtout de fournir les garanties et la confiance nécessaires. Seuls les États, car ils ont le pouvoir de lever l'impôt – donc le pouvoir illimité de lever du capital frais –, ont permis de sauver le système financier de la faillite immédiate en procurant à la fois liquidités et garanties. Après ces mesures d'urgence les banques centrales ont pu progressivement et avec beaucoup de maîtrise déployer des mesures qui combinaient à la fois un support à la liquidité et à la capacité de refinancement des banques – taux d'intérêt progressivement réduits à zéro ou négatifs, plans successifs de rachats de dettes – d'États puis d'entreprises d'une part, et, d'autre part, redéfinir les règles nécessaires pour renforcer la solvabilité de la liquidité des banques par une série de normes dont l'application s'étale sur près de 10 ans.

Le débat s'est dès le départ cristallisé autour de cet équilibre difficile à trouver entre d'une part l'encadrement de l'activité des banques pour assurer leur viabilité à court terme – liquidité et solvabilité – et d'autre part le souci de garantir aux banques un niveau d'activité et de rentabilité qui leur permette d'assurer leur rentabilité à moyen terme, visant à investir et à rémunérer leurs actionnaires.

L'action des États puis des banques centrales a été marquée constamment par cette préoccupation avec un déploiement très progressif des mesures et règles imposées aux établissements bancaires en respectant des priorités et des urgences, s'assurant de régler les questions de liquidité et de fonctionnement des marchés interbancaires avant de progressivement relever les niveaux de fonds propres et les coussins de sécurité pour assurer un bon niveau de solvabilité en cas de nouvelle crise. Les actions des banques centrales sont l'objet de beaucoup de questions et de critiques, mais elles interviennent dans un contexte complexe avec une équation quasiment impossible à résoudre. La critique est aisée, mais l'art est ici très difficile. Les contraintes sont difficiles à concilier entre d'une part, la solidité du système financier, les banques et le financement de l'économie d'autre part. D'un côté, des règles prudentielles sont nécessaires pour assurer la liquidité des établissements bancaires et des réserves de fonds propres suffisantes pour absorber les pertes potentielles sur les engagements de crédits.

En même temps, la relance de l'économie ne se conçoit pas sans injections et créations massives de liquidités et de dettes nouvelles pour dynamiser l'investissement et la croissance. Or, ces volumes de liquidités nouvelles viennent augmenter à nouveau les risques de liquidité et de solvabilité. L'équilibre entre stabilité et limitation des risques d'une part, et dynamique économique d'autre part, est devenu impossible à piloter car contradictoire. Les banques centrales agissent sur les taux d'intérêt pour à la fois rendre la charge de la dette supportable, réduire les risques de contrepartie, ouvrir de nouvelles possibilités d'endettement *via* le système bancaire et donc – croit-on – d'investissement, en décourageant l'épargne et en créant une possibilité d'amélioration immédiate de la marge d'intermédiation des banques[1]. Mais les effets pervers à moyen terme de cette politique sont là : l'argent gratuit nourrit l'illusion de la dette sans limite, qui contribue à créer des bulles financières et des valeurs d'actifs qui sous-évaluent les risques. Le canal bancaire est questionné sur son efficacité comme instrument de relance et de distribution des liquidités, l'épargne reste abondante malgré la faiblesse des rendements, dans un contexte de forte instabilité qui encourage la préférence pour la liquidité. Enfin, les taux d'intérêt nuls ou négatifs finissent par réduire durablement les marges d'intérêt des banques à des niveaux qui, non seulement, ne permettent plus de financer le risque, mais tendent même à ne plus pouvoir couvrir les coûts d'exploitation.

Voici donc posée la quadrature du cercle : pour maintenir en état un système gonflé à bloc par l'endettement, éviter une crise profonde et un assainissement dont les dégâts seraient incontrôlables, le choix a été fait de sacrifier l'épargnant, et son épargne invitée à prendre des risques élevés en échange d'un rendement minimal. Dans le même

1 En particulier *via* les programmes de TLTRO mis en place par la BCE pour faciliter le refinancement des banques.

temps, les banques ont été incitées à se transformer et à réduire leurs coûts au plus vite car elles n'ont plus de sources suffisantes de revenus et de marge pour financer à la fois leurs coûts de structure, leurs coûts du risque et pour accumuler les réserves et le niveau de capital requis.

Le déploiement des règles dites de Bâle III et des dispositions prises pour encadrer le métier et le fonctionnement des banques suit cette logique de recherche d'équilibre et de progressivité, mais conduit aussi à la chute des rendements de l'épargne, ainsi qu'à la mise sous pression des banques et de leur modèle économique.

De Bâle I à Bâle III : 30 ans de bouleversements prudentiels

Trente ans après les premières mises en place, il est maintenant acquis que l'harmonisation des règles prudentielles bancaires aura été tout sauf un long fleuve tranquille.

Tableau 1.1 – Les 6 étapes de la réforme réglementaire

1er juillet 1988	31 décembre 1992	30 juin 2004	31 décembre 2006	Novembre 2010	2013-2019
Publication de Bâle I					
	Entrée en vigueur de Bâle I				
		Publication de Bâle II			
			Entrée en vigueur de Bâle II		
				Publication de Bâle III	
					Entrée en vigueur de Bâle III

Dès la mise en place du ratio Cooke en 1988, première étape dans la tentative d'harmonisation des ratios de solvabilité par le comité de Bâle, les banques se sont lancées dans la création d'instruments hybrides, permettant de gonfler leurs fonds propres, préoccupées avant tout à ne pas diluer leurs actionnaires historiques. Ainsi sont nés les titres subordonnés, ou encore des actions préférentielles sans droit de vote, qui non seulement étaient éligibles dans le calcul des ratios de solvabilité, mais qui de surcroît, payaient des coupons qui étaient déductibles fiscalement. Finalement, cette option s'est révélée être efficace pour recapitaliser les banques, tout en restant moins coûteuse que le paiement de dividendes classiques sur des actions ordinaires. Après cinq années de transition, toutes les banques françaises ont ainsi, dès la fin 1992, accru leurs fonds propres de façon à les hisser au-dessus du seuil minimum réglementaire de 8 % de leurs engagements pondérés. Il convient de remarquer que le ratio Cooke n'étant principalement focalisé que sur le risque de crédit, sa mise en place n'a pas permis de constater une augmentation de l'exposition des banques françaises aux autres types de risques tels que risques de marchés ou risques opérationnels. Ce n'est en effet que plus tard, à partir de 1996, que la couverture des risques de marché par un coussin spécifique de fonds propres a été mise en place. On ne rappellera jamais assez qu'une portion très significative de l'accroissement des fonds propres requise par la mise en place du ratio Cooke a été obtenue à travers l'émission de titres hybrides.

En 2004, la signature de l'accord de Bâle II qui est entré en vigueur le 1er janvier 2007 a forcé les banques européennes à passer du ratio Cooke de 8 % à la norme plus complexe dite Bâle II. Le ratio Cooke s'était vu reprocher, en effet, de faire assez peu de distinction entre les établissements bancaires exposés à des emprunteurs de bonne qualité de ceux exposés à des contreparties moins solides. Cette nouvelle approche du minimum de solvabilité introduisait pour la première fois des minima spécifiques de fonds propres pour chaque type de risque : risque crédit, risque opérationnel, risque de marchés. Avec Bâle II, le régulateur pour la première fois exigeait davantage de fonds propres pour mener des opérations de trading qu'il n'en exigeait pour faire des prêts immobiliers. Dans l'esprit du régulateur, ce calibrage de solvabilité par métier était avant tout destiné à prendre en compte la différence de risque dans chaque type d'activité bancaire. En plus, Bâle II exigeait des banques d'avoir, à partir de son entrée en vigueur, un minimum de fonds propres dits durs, représentant au minimum 4 % des risques pondérés. Enfin sont introduits pour la première fois dans le calcul des emplois pondérés, les éléments hors bilan, permettant de prendre en compte des prêts encore non utilisés mais susceptibles de le devenir, dès lors que le tirage reste entièrement laissé à la discrétion des clients eux-mêmes.

Il convient tout de même de préciser qu'une des conséquences de l'introduction de la notion de « fonds propres durs » aura été de devoir émettre de nouveaux fonds propres destinés à se substituer aux fonds propres hybrides qui avaient été émis en 1988 à la suite à l'entrée en vigueur du ratio Cooke.

2010 représente une deuxième révolution avec l'adoption de Bâle III qui a pris son plein effet le 1er janvier 2019. Cette révolution entend répondre aux questions posées par la crise des *subprimes* de 2008, qui a entre autres révélé que :

1. le recours débridé à la titrisation avait contribué à minimiser la perception des risques des grandes banques ;

2. le recours excessif à l'effet de levier était une source de risque mal appréhendée ;

3. la faillite de banques portait en soi les germes d'un risque systémique.

1988 Bâle I

- **1992 Dir. 89/647/CEE**
  Mise en place d'exigences de fonds propres pour les risques de crédit et de marché
- **1998 Dir. 98/33/CE**
  Amélioration de la prise en compte des risques hors bilan

2007 Bâle II

- **2007 CRD I**
  - Revue des exigences de fonds propres sur les risques de crédit et opérationnels (pilier I)
  - Renforcement de la surveillance prudentielle (pilier II)
  - Utilisation de la communication financière pour améliorer la discipline de marché (pilier III)
- **2009 Solvency II**
  - Exigence de provisions techniques et de fonds propres (pilier I)
  - Normes internes qualitatives de contrôle des risques (pilier II)
  - Transparence des informations avec le public et les autorités de contrôle (pilier III)

2011 Bâle II bis

- **2011 CRD II**
  - Éligibilité du capital hybride
  - Gestion des contreparties centrales
  - Gestion des risques de la retitrisation
- **2012 CRD III**
  - Augmentation des fonds propres sur le trading book
  - Traitement de la retitrisation
  - Amélioration de la transparence financière
  - Modifications des politiques de rémunération des opérateurs de marché

2013 Bâle III

- **2013 CRD IV**
  - Pondération des établissements systémiques
  - Amélioration de la qualité des fonds propres
  - Augmentation de la quantité des fonds propres avec un capital de conservation et un capital contra-cyclique
  - Augmentation du risque de contrepartie sur le trading book (IRC et CVA)
  - Mise en place d'exigences de liquidité (LCR et NSFR)
  - Mise en place du ratio de levier
  - Encadrement de la rémunération des opérateurs de marché

Figure 1.1 – Les décisions du Comité de Bâle en quelques dates

Avec Bâle III, le ratio minimum de fonds propres dit durs passe de 4 % (jusqu'en 2012) à 7 % (2019 – pilier 1), une inflation expliquée notamment par l'introduction d'un coussin de fonds propres dits de conservation (2,5 %). Cependant, le principal durcissement dérivé de Bâle III vient de l'instauration d'un ratio de levier, exigeant d'avoir un niveau de fonds propres représentant au moins 3 % des actifs. À cela s'ajoute l'instauration de ratios de liquidité, obligeant les banques à maintenir un niveau minimum de liquidité court terme (LCR) et long terme (NSFR) destinées à sauvegarder le refinancement des établissements pendant un minimum de temps en cas de stress du type clôture des marchés interbancaires. Ainsi, avec Bâle III les banques perdent en flexibilité pour optimiser capital, liquidité et effet de levier. Enfin, le coussin contra-cyclique s'ajoute, dans une proportion entre 0 % et 2,5 % des actifs pondérés, pour lequel le montant minimum requis est laissé à la discrétion de chaque régulateur national. De cela résulte que le niveau minimum de CET1 requis peut s'élever jusqu'à 9,5 %.

Bâle III sera donc l'occasion d'imposer une définition des risques pondérés plus contraignante qui se traduira par un relèvement du niveau des risques (du fait des créances titrisées réintroduites dans le bilan), ainsi que par l'accroissement des risques de marché, ce qui débouchera mécaniquement sur de nouvelles exigences en capital.

Par ailleurs, en plus du pilier 1, Bâle III impose aux banques un second pilier, requérant de détenir un montant de fonds propres durs spécifiquement destiné à lutter contre une croissance exagérée du crédit, le coussin de fonds propres dit « contra-cyclique », variant de 0 à 2,5 %, et dont le montant est défini par les autorités nationales.

Indirectement, l'une des conséquences des multiples changements réglementaires aura été d'avoir conduit à une disparité dans les méthodologies utilisées par les banques pour calculer leurs risques, en particulier le calcul des risques pondérés (*Risk*

Weighted Assets). Ainsi, à titre d'exemple, pour une banque dont la majorité des risques pondérés est calculée en se basant sur des modèles internes, et dont le portefeuille de crédit aux grandes entreprises était pondéré à hauteur de 47 % en 1995, ce même portefeuille le serait à un niveau de 91 % en utilisant exclusivement les méthodes standard. Il en résulte, dans ce cas théorique, que cette banque, qui auparavant allouait environ 13 milliards d'euros de fonds propres à ses activités de crédit aux grandes entreprises, devrait sous une stricte application des méthodes standard, allouer deux fois plus de fonds propres, soit 26 milliards d'euros théoriquement. Dans un autre cas théorique d'établissement spécialisé dans le prêt immobilier, les portefeuilles de crédit immobilier sont pondérés à seulement 19 %, du fait de l'utilisation de modèles internes prouvant des historiques de défaillances nettement inférieures aux moyennes du marché. Sur la base des méthodes standard, un tel établissement devrait utiliser des pondérations proches de 45 %, donc consommer plus du double des 10 milliards d'euros de capital actuellement consacrés au portage des portefeuilles de crédit immobilier.

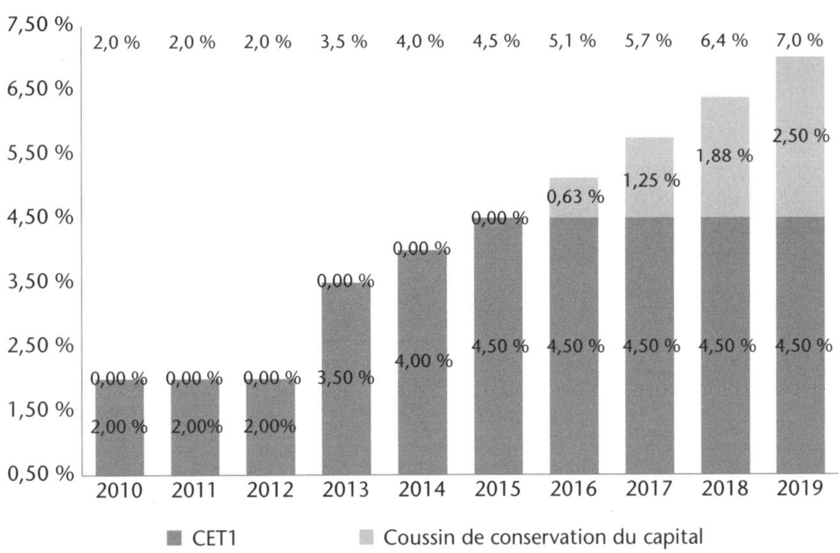

Figure 1.2 – Fonds propres réglementaires de précaution

Vers une pause réglementaire

Le floor plancher de 50 % dans le calcul d'actifs pondérés par modèle interne

Depuis l'entrée en vigueur de Bale III début 2019, peu de nouvelles contraintes réglementaires ont été introduites. Il semble acquis que d'ici 2025, peu de nouveaux chantiers réglementaires seront ouverts. Ne reste donc qu'à finaliser les chantiers encore en phase transitoire, parmi lesquels celui lié au calcul des actifs pondérés. L'option laissée aux établissements bancaires d'évaluer leurs risques sur la base de modèles internes aura de toute évidence permis de limiter l'inflation des risques pondérés, et donc de limiter le risque d'augmentation significatif des fonds propres requis pour opérer. Toutefois, cette liberté a été contenue par un encadrement de modèles internes par la mise en place de *floor*s. Le *floor* constitue en effet un « plancher » sous lequel le calcul des actifs pondérés dérivé de l'utilisation de modèles internes ne peut pas dévier du modèle standard de plus de 50 % en 2022, pour progressivement atteindre 72,5 % en 2027.

Ainsi, alors que les méthodes standardisées considèrent qu'un portefeuille de crédit de 100 euros équivaut à 55 euros de risques pondérés, un *floor* de 50 % suggère que l'utilisation de modèles internes ne devrait pas abaisser le calcul de risques pondérés à moins de 50 % de 55 euros, même si le modèle interne suggère un niveau plus faible. Dans le cas des banques françaises dont la majorité des crédits portés aux bilans sont constitués de crédits immobiliers (deux tiers) et de crédits aux entreprises, l'utilisation des modèles internes aura permis de réduire leurs fonds propres de près de 50 %, par rapport à ce qui serait en théorie exigé par les méthodes standard.

De plus, pour les pays où le crédit immobilier (actif exigeant le moins de fonds propres du fait de la valeur des biens servant de collatéral au prêt) est encore plus prépondérant qu'en France, comme les Pays-Bas, le Danemark ou la Suède, un *floor* de 50 % est encore plus positif que pour les banques françaises.

Tableau 1.2 – Calcul des actifs pondérés : modèle interne *vs* modèle standard

	Modèle standard	Modèle interne	Économie
Crédits (euros)	100	100	
Crédits pondérés (euros)	55	27,5	
Ratio CET1 requis	7 %	7 %	
Minimum CET1 (euros)	3,85	1,93	1,93

Même si le régulateur compte valider d'ici la fin 2020 les calculs d'actifs pondérés à l'issue d'une revue exhaustive des modèles internes (TRIM), il paraît probable que la version définitive des règles de solvabilité Bâle III ne sera pas aussi négative pour les banques françaises qu'elles ne le craignaient au début de ce processus.

Fonds propres Tier 1 additionnels : pilier 1, pilier 2 et art. 104a

En plus du ratio « Core Tier 1 » minimal de fonds propres durs fixé à 7 % des encours pondérés (pilier 1), le régulateur peut au cas par cas, exiger des établissements bancaires qu'ils constituent un coussin de fonds propres durs supplémentaires (pilier 2), destiné à absorber un risque spécifique lié à la nature de l'activité de chaque établissement. Jusqu'à présent, le régulateur a toujours exigé que le pilier 2 soit constitué de fonds propres durs, de qualité identique à celle des fonds propres constituant le pilier 1.

De plus, Bâle III permet également au secteur bancaire la constitution d'un coussin de fonds propres supplémentaires de 1,5 % des encours supplémentaires, communément appelé « alternative Tier 1 ». Ces quasi-fonds propres, constitués de titres de dettes perpétuels, ont principalement pour vocation d'être immédiatement convertis en fonds propres durs lorsque les ratios de fonds propres durs (pilier 1) tombent au-dessous d'un certain niveau. Ces titres de dettes convertibles à la demande expresse du régulateur, offrent en général une rémunération un peu moindre que celle des fonds propres durs, en raison de leur nature d'obligation, donc ayant un coupon garanti, sous réserve que l'émetteur ne tombe pas sous le coup d'une demande de conversion. La nouveauté est venue d'une évolution de la doctrine du régulateur initialement prévue pour entrer en vigueur dès 2021, et qui autorise les banques à utiliser des quasi-fonds propres (Tier 1 additionnel ou Tier 2) pour constituer la réserve de pilier 2. De plus, cette mesure a été anticipée et *de facto* introduite dès le printemps 2020, à la suite du paquet de mesures de la BCE destinées à soutenir l'économie européenne, alors en plein marasme pour cause de « crise Covid-19 ». Il va de soi que, pour des banques françaises, pouvoir rendre des titres de dettes perpétuelles éligibles au rang de fonds propres durs repousse toute nécessité de lever de nouveaux fonds propres durs.

Trois exemples qui montrent pourquoi et comment la réglementation bancaire pourrait aller encore plus loin

■ La Garantie des dépôts

Les files d'attente à la porte de certains établissements bancaires européens mis en faillite lors de la crise de 2008 ont brutalement rappelé que garantir les dépôts des particuliers contre une faillite de leur établissement reste un élément clé de la confiance des déposants dans le système bancaire. C'est pour cette raison que l'Union européenne s'est mobilisée pour l'adoption de la Directive sur le redressement et la résolution des crises bancaires qui établit de nouvelles règles pour les 28 États membres afin de mettre un terme au schéma traditionnel de renflouement des banques, qui a coûté des centaines de milliards d'euros aux contribuables durant la crise. Avec cette loi qui ancre le principe de *bail-in*, un fonds de résolution bancaire, financé par le secteur bancaire lui-même permet de garantir la protection des déposants, dans une limite de 100 000 euros maximum.

Toutefois, la garantie du Fonds de garantie français ne s'applique qu'à certaines des banques qui proposent leurs services en France :

- celles qui ont leur siège en France (métropolitaine, DOM, TOM et Principauté de Monaco) ;
- ou celles qui sont succursales d'une banque établie en dehors de l'espace économique européen (Amérique, Asie...).

Choisir de placer ses dépôts dans la succursale d'une banque européenne signifie que c'est le système de garantie du pays d'origine qui sera applicable. Et si, le cas échéant, ce dernier est moins favorable que les dispositions du système français, celui-ci peut le cas échéant être complété par le fonds français.

On le voit bien, la garantie des dépôts telle qu'elle existe au niveau européen n'est pas de nature à rassurer complètement les clients de banques disposant de dépôts importants. D'autant plus que parmi les exclus de la garantie, on retrouve notamment les dépôts espèces liés aux comptes titres et constitués dans une devise autre que celles des pays de l'espace économique européen. Par conséquent, nous restons convaincus que l'absence de réponse à ce type de clientèle à avoirs élevés restera un frein au rétablissement de la pleine confiance des déposants dans leurs banques.

■ Les produits dérivés

Les pertes massives enregistrées par certaines banques dans des opérations mal contrôlées sur des marchés dérivés contribuent elles aussi à altérer la confiance des Français dans leur banque.

Créés à l'origine pour permettre aux entreprises de se couvrir contre différents types de risques financiers, les produits dérivés représentent désormais l'essentiel de l'activité des marchés financiers. Le produit dérivé – contrat entre un acheteur et un vendeur qui fixe des flux financiers futurs fondés sur ceux d'un actif sous-jacent – est en effet devenu l'instrument favori des spéculateurs permettant de vendre des produits sans les posséder ou de les acheter sans avoir la liquidité pour les payer. Le problème est que la défaillance d'une de ces contreparties peut se révéler funeste pour la banque, potentiellement contrainte de se substituer à la contrepartie défaillante. Ainsi se rappelle-t-on :

- en 1995, la faillite de la banque Barings à la suite d'une perte de 860 millions de livres sterling, engendrée par des positions sur des produits dérivés sur l'indice japonais Nikkei 225 ;
- en 1998, la faillite de Long Term Capital Management à la suite d'une perte de 4,6 milliards de dollars, engendrée par des positions sur des *swaps* de taux d'intérêt ;
- en 2008, les 4,9 milliards d'euros de pertes de la Société Générale engendrées par des positions sur des contrats à terme sur l'indice DAX ;
- en 2011, les 2,3 milliards de dollars de pertes de la banque suisse UBS à la suite de positions sur le marché des dérivés sur actions ;
- en 2012, les 6 milliards de dollars de pertes de la banque JP Morgan, du fait de positions sur le marché des dérivés de crédit CDS (*Credit Default Swaps*).

Ainsi, il est préoccupant que les régulateurs internationaux ne parviennent pas à trouver un accord permettant d'imposer des mesures encadrant davantage le fonctionnement des marchés de produits dérivés.

■ Le hors-bilan

Même si les produits dérivés, qui font porter des risques cachés aux banques, constituent en général le poste le plus important du hors-bilan des banques, il n'en demeure pas moins que d'autres types d'opérations tels que des engagements de crédit irrévocables à accorder, des cautions, des achats et ventes de titres non encore enregistrés pour tenir compte des délais de règlement/livraison, viennent gonfler le hors-bilan, ce qui explique que dans bien des cas, le hors-bilan représente plusieurs fois la taille du bilan des banques. Or, un grand nombre d'autorités de contrôle estiment que l'information sur les engagements hors bilan fournie actuellement dans les comptes publiés par les banques est insuffisante pour que les actionnaires et les déposants puissent se faire une idée raisonnable de leurs activités. Parmi les éléments manquant de clarté, figurent sans doute les éléments exposant les banques au risque de liquidité potentiellement occasionné par des retraits de fonds soudains ou exceptionnellement importants. Cela explique en général pourquoi les déposants sont parfois inquiets lorsque leurs banques ont de larges expositions hors bilan. De notre point de vue, seule une publication exhaustive, claire et détaillée des expositions hors bilan serait de nature à rassurer les investisseurs, épargnants et actionnaires des banques.

Chapitre 2

Révolutions technologiques et concurrentielles

Dans l'industrie bancaire, le progrès technique prend différentes formes qui provoquent une série de disruptions dans la production et la distribution des services bancaires. Les innovations techniques s'accompagnent le plus souvent d'adaptations réglementaires qui accélèrent leur diffusion en l'ouvrant notamment à des acteurs nouveaux non bancaires qui multiplient les offres de nouvelles solutions. L'essentiel des progrès réside dans la technologie Internet, sa diffusion et surtout dans les usages de la clientèle.

Dans le secteur bancaire, le progrès technique a plusieurs effets conjugués et intervient à plusieurs niveaux :

- par les technologies Internet et les capacités qui se sont développées et améliorées depuis 10 à 15 ans ;
- dans les possibilités offertes par l'intelligence artificielle et le traitement des données ;

- dans les nouvelles technologies du type blockchain et les nouveaux systèmes d'information et d'échange de données.

Ces progrès, dont les niveaux de maturité et d'usage sont différents induisent de profonds changements :

- dans le mode de distribution et d'accès aux services bancaires avec la possibilité donnée au client d'accéder à tout moment, en tout lieu et de façon autonome à la plupart des produits et services ;
- dans le type de relation client et la nature des interactions entre le client et la banque ;
- dans les processus opérationnels et le traitement des opérations bancaires ;
- dans la gestion des risques en particulier les nouveaux risques opérationnels et cyber-risques.

Ces progrès dont les premières formes remontent au tout début des années 2000 modifient profondément les conditions de marché et l'exercice des métiers bancaires. Cela se manifeste sous plusieurs formes différentes :

- l'émergence et le développement des banques en ligne, des néo-banques intégralement sur mobile et le développement des services en ligne proposés par les banques traditionnelles ;
- le développement des acteurs non bancaires, fintech et autres acteurs, proposant des services et solutions bancaires innovantes et plus simples d'accès.

Enfin, et surtout, le progrès technique modifie radicalement les possibilités et les normes en matière de productivité et de coûts. C'est dans ce domaine que le secteur a le plus de progrès à faire. Investir dans des outils est une chose mais traduire leur potentiel en termes d'organisation, d'effectifs et de réduction des coûts exige d'importants efforts en management, en organisation et en innovation, c'est-à-dire dans des domaines qui ne sont pas traditionnellement des points forts de la banque. Il s'agit d'un grand secret bien gardé : tout montre que le potentiel des différents progrès techniques peut affecter le tiers, voire la moitié, des emplois du secteur. L'enjeu est donc considérable.

L'émergence et le développement des banques en ligne et des néo-banques

Le développement de la banque suit l'évolution des usages de la clientèle et les besoins non couverts par les banques traditionnelles.

En particulier, l'accès distant n'importe où, n'importe quand sous toutes ses formes, couvre un besoin largement insatisfait par les réseaux bancaires. Les banques traditionnelles proposent des horaires d'ouverture et des types de relation clientèle et de service qui génèrent de l'insatisfaction comme le montrent chaque année les enquêtes de recommandation NPS[1], au contraire des services proposés par les banques en ligne. L'expérience client, nouveau *credo* du marketing bancaire est ainsi significativement meilleure dans ce type de relation car elle repose sur une plus grande autonomie et donc une plus grande liberté du client, plus de simplicité et de clarté des services et enfin des tarifs extrêmement compétitifs, voire gratuits pour certains. Bousculant les pratiques de la banque traditionnelle de réseau, instaurant un nouveau type de relation et de services à la clientèle, les banques en ligne ont introduit une rupture profonde dans la façon de pratiquer le métier de la banque, répondent aux besoins insatisfaits jusqu'alors en créant de nouvelles attentes. Il s'agit là du levier principal de transformation, mû par des solutions techniques toujours plus grandes, par la multiplicité des modes d'accès et le foisonnement des usages, *via* la généralisation de l'utilisation du smartphone.

Le développement de la banque en ligne prend deux formes différentes, la première par la création et le développement d'opérateurs entièrement en ligne et la seconde par le développement de services en ligne proposés progressivement à la clientèle par les banques traditionnelles dans une approche multicanale. Les opérateurs développent une série d'avantages compétitifs pour conquérir des parts de marché significatives dans les ouvertures de compte et plus progressivement dans les

1 *Net Promoter Score* = taux de recommandation exprimé par les clients.

services bancaires de base et plus récemment dans le crédit immobilier. Le potentiel de croissance de la banque en ligne est très important car toutes les possibilités techniques et juridiques sont disponibles pour développer une offre de produits et de services complète en ligne, y compris le conseil. Toutefois, la rentabilité des banques en ligne n'est toujours pas au rendez-vous même près de 20 années après leur lancement. Il faut donc s'interroger sur le *business model* développé d'une part, et les tarifications, les coûts et la rentabilité des différents segments de clientèle d'autre part.

Il est intéressant de voir comment les banques traditionnelles pilotent et organisent progressivement le développement de leurs services en ligne et le basculement de leur clientèle vers une relation digitale et non plus *via* les réseaux d'agences.

Marché, usages et acteurs de la banque en ligne

Si les clients n'étaient que 13 % à souscrire à des produits en ligne en 2010, la proportion augmente régulièrement : elle était de 19 % en 2012 et de 21 % en 2014. Ce taux continue d'augmenter régulièrement malgré l'absence d'étude récente selon la même méthodologie. La souscription de contrats d'assurance-vie en ligne a par exemple significativement progressé au cours des dernières années.

La souscription de produits en ligne se généralise. Elle devient courante pour les produits d'épargne et pour l'ouverture d'un compte courant avec tous les services qui lui sont associés. Même si elle est encore faible, la souscription d'un crédit, de produits d'investissement comme l'assurance-vie ou le crédit immobilier progresse sensiblement au fur et à mesure que l'offre des banques en ligne se développe et se simplifie.

En réduisant fortement les frais bancaires par rapport aux banques traditionnelles, en pratiquant la gratuité sur toute une série de services de base et en multipliant les offres promotionnelles, les établissements 100 % en ligne séduisent de plus en plus de clients et développent leur attractivité.

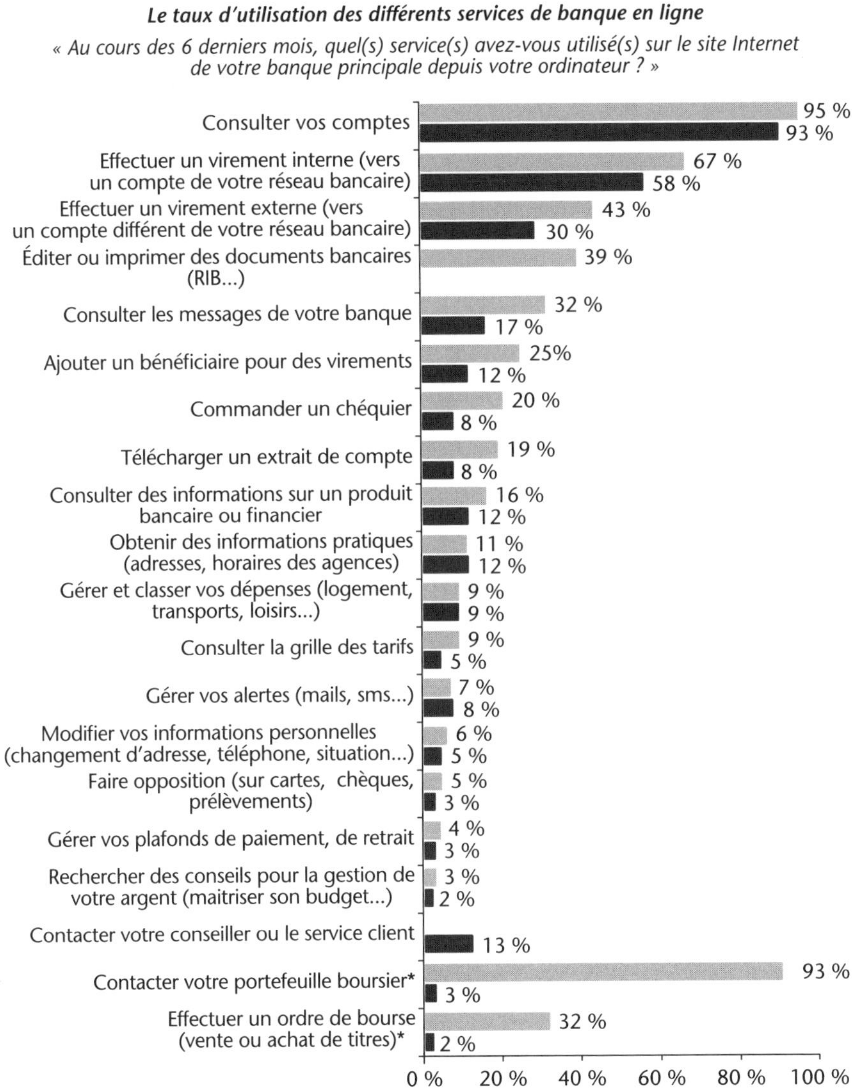

Sur la base des clients qui se sont connectés à leur espace client depuis un ordinateur au cours des 6 derniers mois.
** Sur la base des clients disposant d'un portefeuille boursier.*
Plusieurs réponses possibles.
Source : CCM Benchmark

Figure 2.1 – Taux d'utilisation des différents services de banque en ligne

Les banques en ligne bénéficient également du phénomène de multi-bancarisation avec une proportion de plus en plus grande de clients disposant d'une seconde, voire d'une troisième banque, pour couvrir leurs besoins qu'ils ont tendance à segmenter entre banques au quotidien (service transactionnel) et banque patrimoniale (épargne).

Concernant les usages, l'utilisation du mobile est en forte progression et la moitié des clients préfèrent y recourir désormais plutôt que leur ordinateur. Enfin, la crise sanitaire de 2020 aura accéléré l'adoption des outils et des usages digitaux au détriment de la relation client physique et aura probablement fait gagner 2 à 3 années à la tendance actuelle.

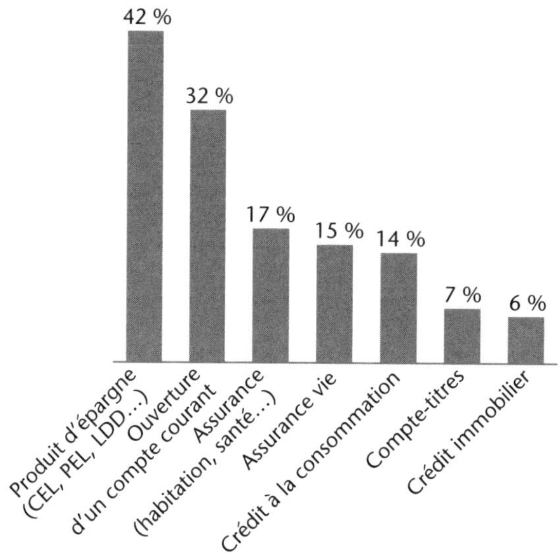

Source : CCM Benchmark

Figure 2.2 – Les produits souscrits en ligne

Mais les avantages de la banque en ligne conduisent de plus en plus de clients à l'adopter comme banque principale ou à leur transférer tout ou partie de leurs avoirs. Parmi ceux qui disposent d'un compte dans une banque 100 % en ligne, 44 % envisagent d'y transférer leur compte principal.

La fréquentation des agences bancaires est en chute libre, puisque, désormais seuls 17 % des Français se déplacent à leur guichet plus d'une fois par mois, soit quatre fois moins qu'il y a 5 ans. Ce phénomène s'explique principalement par l'usage des solutions en ligne pour les transactions courantes[1].

À ce stade, pourtant, les banques en ligne ne représentent qu'environ 3 % du marché si l'on considère leurs bilans et leurs revenus, mais elles se développent rapidement en particulier dans l'acquisition de nouveaux clients, grâce à leur marketing et à leurs offres promotionnelles : un compte nouveau sur 4 est ouvert aujourd'hui dans une banque en ligne.

Sur le marché français, la plupart des grandes banques ont développé, souvent depuis plusieurs années, leur propre banque en ligne sous forme de filiales indépendantes qui leur sont adossées et de marques clairement distinctes. Parmi les 5 principaux groupes bancaires français qui détiennent environ 95 % du marché (Crédit Agricole, BPCE, BNP Paribas, Société Générale, Crédit Mutuel et Banque Postale), tous détiennent leur propre filiale en ligne. Les deux derniers à s'en doter, BPCE et Banque Postale, ont, pour le premier, acquis en 2016 un opérateur étranger spécialisé pour s'en défaire 2 ans plus tard, et pour le second investi dans un outil dédié « My French Bank » dont le lancement plutôt laborieux a finalement été effectué à l'été 2019. En outre, la banque en ligne est aussi un outil développé par les assureurs, distributeurs et opérateurs Internet comme Orange qui, avec Orange Bank, s'est également lancé dans cette activité après avoir acquis Groupama Banque. Le panorama des différents acteurs sur le marché français de la figure 2.3 montre également que l'offre de produits proposés n'est pas encore complète même si elle progresse vite et que les niveaux de revenu par client et de résultats restent proches de zéro voire dans certains cas négatifs.

1 Source : Opinionway, 2015.

Les banques en ligne ne représentent encore que 3 à 4 % du marché en France

- **Principales banques en ligne**

	ING	AXA Banque	Orange Bank	BNP Paribas – Hello bank!	Société Générale – Boursorama Banque	Ma French Bank	Crédit Mutuel – Fortuneo	Crédit Agricole – BforBank
Nb clients Nombre en milliers	1 000	780	400	450	2 000	100	400	155
Résultat net (dernier connu)	–15	NC	–160	NC	–50	NC	9	–15

- **Gamme de produits**

	ING	AXA Banque	Orange Bank	Hello bank!	Boursorama Banque	Ma French Bank	Fortuneo	BforBank
Compte courant	✓	✓	✓	✓	✓	✓	✓	✗
Titres, Fonds, Ass-vie	✓	✓	✗	✗	✓	✗	✓	✓
Crédit immobilier	✓	✓	✗	✓	✓	✗	✗	✗
Crédit consommation	✓	✓	✓	✓	✓	✓	✗	✗
Assurance	✓	✓	✗	✓	✓	✗	✓	✗

Estimation sur base des dernier chiffres publiés

Figure 2.3 – Les principaux acteurs de la banque en ligne en France

Les 5 leviers de la banque en ligne

Les atouts de la banque en ligne peuvent être résumés autour des cinq leviers suivants :

- **Un outil de conquête de clientèle :** la banque en ligne est indéniablement un outil incomparable d'acquisition de clientèle commerciale. De la même façon la distribution de produits simples en ligne est plus efficace qu'une démarche classique en réseau car elle rend possible une gamme beaucoup plus vaste d'outils marketing et de méthodes commerciales. Il reste néanmoins à maîtriser les coûts marketing et à les comparer avec le coût d'un réseau.
- **Une gamme de produits de plus en plus large** a été développée, elle est accessible en ligne et donne un atout décisif aux banques en ligne pour fidéliser la clientèle et améliorer leur rentabilité par client. Il s'agit de produits simples mais couvrant de mieux en mieux les besoins de la clientèle tels que le crédit immobilier, l'assurance-vie et les comptes-titres. Ainsi, alors qu'elles étaient spécialisées à leurs débuts autour d'un ou deux produits, la plupart des banques en ligne deviennent pour une clientèle bancaire classique des véritables banques de détail complètes.
- **Une meilleure interaction entre le client et la banque** : la relation digitale crée une nouvelle forme de proximité car elle favorise les interactions entre le client et la banque. La relation est à distance, mais elle est continue et reste proche car elle permet un dialogue plus large permettant de poser des questions à tout moment alors que ce dialogue est plus ponctuel et moins spontané en agence. En outre, la relation digitale donne accès au client à des informations plus nombreuses et plus ciblées permettant d'obtenir des réponses, des comparaisons, des échanges avec d'autres clients et des conseils. Elle permet de construire une relation et une expérience client plus interactives, plus fluides et sans frictions (*frictionless*). Le digital amplifie la relation client, multiplie les interactions et élargit le champ des besoins du client et des possibilités pour la banque de les servir.

- **Un service et une expérience client parmi les meilleurs du marché :** 3 clients sur 4 ne recommanderaient pas leur banque, mais les banques directes recueillent de loin les meilleurs scores – grâce aux atouts de la banque en ligne : prix, accessibilité, autonomie, liberté, simplicité. En 2018, lors de l'étude annuelle de Bain & co, ING Direct, Boursorama avec 45 % et 42 % de recommandations arrivent en tête des banques françaises les plus recommandées par leurs clients, alors que les banques traditionnelles affichent des scores négatifs. Ces scores ont un effet sur les comportements de clients et l'acquisition de clientèle. Pour motiver leur changement de banque, les Français invoquent la recommandation client, la qualité de service, le niveau du conseil et le prix.

  Globalement, la majorité des banques historiques ont toutefois du mal à faire progresser leur base de clientèle : parmi les neuf leaders du marché (CIC, Crédit Mutuel, LCL, Crédit Agricole, Caisse d'Épargne, Banque Populaire, BNP Paribas, Société Générale, Banque Postale) seuls quatre y sont parvenus en 2018. Elles se sont donc partagées 144 000 transferts de comptes. Dans le même temps, cinq autres réseaux ont perdu 388 000 clients. Le sujet est crucial car ce sont les clients les plus jeunes et les plus aisés qui sont les plus enclins à quitter leur banque. Le taux d'attrition moyen atteint jusqu'à 7 % pour les 25-34 ans et pour les clients dont les revenus annuels atteignent 80 000 euros ou plus.
- **Les coûts de distribution des banques en ligne sont réduits** *de facto* par l'absence de réseau, mais cette réalité est atténuée par des budgets marketing très élevés, surtout ramenés au nombre de clients. De même, il n'y a quasiment pas d'avantages liés aux coûts opérationnels, ceux-ci étant équivalents et de même nature à ceux des banques traditionnelles, ces dernières ayant progressé de leur côté dans l'efficacité opérationnelle. Enfin, on le constate à l'expérience des banques en lignes lancées au cours des dernières années, les investissements réalisés dans les systèmes opérationnels sont considérables et alourdissent les comptes d'exploitation pour plusieurs années.

Un fort potentiel de croissance et de conquête du marché de la banque de détail

Grâce à leur simplicité d'accès, leur bonne réputation et leurs tarifs agressifs, les banques en ligne conquièrent peu à peu des parts de marché en banque de détail. Leurs performances dans l'acquisition de nouveaux clients et l'élargissement de leur gamme de produits leur permettent de rivaliser directement avec les banques de réseau. Leur plus grand défi est de pouvoir devenir la banque principale de leurs clients et de pouvoir rentabiliser leur offre de services. Leur potentiel de développement reste très important car elles peuvent se positionner en banque universelle pour quasiment tous les segments de la banque de détail, y compris le segment de la banque patrimoniale et de la clientèle conseillée.

Le tableau 2.1 propose une segmentation des différents services proposés par les banques :

- La banque au quotidien qui correspond aux services de base : compte courant, livrets d'épargne, crédits consommation et immobilier.
- La banque patrimoniale qui propose et conseille en matière d'épargne avec des produits d'investissement simples, assurance-vie, OPCVM, PEA et compte-titres.
- La banque privée qui propose, au-delà d'un certain seuil d'actifs financiers[1] détenus, un service sur-mesure et proactif, incluant du conseil juridique et des produits structurés.

Tableau 2.1 – La banque en ligne conquiert peu à peu les différents segments de la clientèle

	Client autonome	Client assisté	Client conseillé
Banque au quotidien	En ligne	Agence	En ligne
Banque patrimoniale	En ligne	Agence	En ligne
Banque privée	En ligne	Agence	Agence

1 Au-delà de 500 000 à plusieurs millions d'euros selon les établissements.

À ces différents niveaux correspondent des comportements ou des besoins clients différents :

- Autonome : un client qui est informé, donc autonome dans ses choix et réalise ses opérations en ligne. Il a besoin d'exécution de ses ordres, mais en général pas ou peu de conseil.
- Assisté : un client qui a besoin d'une assistance permanente dans la réalisation de ses opérations et de ses investissements. Il ne réalise pas d'opérations en ligne et a besoin d'un conseiller en agence.
- Conseillé : un client peut être autonome ou assisté mais réclamer de l'information et du conseil dans ses choix patrimoniaux et d'investissements.

Or, la banque en ligne a la possibilité technique et fonctionnelle de couvrir tous les besoins de banque au quotidien et de banque patrimoniale pour les clients autonomes et conseillés.

Les clients en banque privée autonomes sont également des utilisateurs usuels de la banque tout au moins en tant que seconde banque pour les services bancaires transactionnels.

Il n'y a guère aujourd'hui que les clients de type assisté qui regroupent pour une large part des catégories d'âge les plus élevées qui n'entrent pas dans le champ de la banque en ligne. Cette cartographie fournit une idée du potentiel de développement, c'est-à-dire à peu de chose près la totalité du marché de la banque de détail. Ceci ne signifie pas qu'à terme l'agence ou le contact physique incarné par un conseiller financier ne sera plus nécessaire, mais il devra se positionner sur un niveau d'accueil et de conseil plus élevé et à plus forte valeur ajoutée qu'aujourd'hui. À ce titre, le développement de la banque en ligne pose clairement le cadre des évolutions à venir et des transformations nécessaires.

Les banques en ligne ont procédé à un élargissement progressif de la gamme des produits proposés en ligne. Le tableau 2.1 montre que désormais, seuls les clients au profil « conseillé » ou en banque privée ont toujours besoin de recourir aux services des agences. Tous les autres segments de clientèle peuvent trouver une réponse à leurs besoins *via* les banques en ligne. Elles ont commencé à distribuer les produits les plus simples, comme les livrets d'épargne (ING Direct) ou le *brokerage* en ligne (Boursorama) pour ensuite évoluer et converger vers les services de banque universelle et l'acquisition de clientèle *via* l'ouverture de comptes courants. Elles fidélisent ensuite ces clients en distribuant du crédit immobilier en ligne, des produits d'investissement (assurance-vie principalement) ou des produits d'assurance.

Mais une rentabilité qui reste à démontrer

Les banques en ligne sont très visibles, extrêmement présentes par leur marketing et leur politique d'acquisition, très appréciées par la clientèle et en quelque sorte à la pointe de l'innovation – quoique fortement concurrencées par les fintech et les banques traditionnelles – mais elles ne sont pas rentables. C'est une dure vérité qu'il est toujours indispensable de rappeler car elle est une variable déterminante en ces temps stratégiques compliqués. La plupart des banques en ligne dégagent des résultats financiers négatifs depuis plusieurs années. C'est aussi le cas des néo-banques (offre bancaire exclusivement en ligne) telles que Revolut ou N26 qui ont contribué à banaliser les banques en ligne mais n'affichent pas de meilleurs résultats. Voici plusieurs explications à ce phénomène :

Encore trop peu de Primary clients[1] : ces derniers ne représentent que 20 à 30 % des clients des banques en ligne, car la transformation des clients acquis dans le cadre des campagnes d'ouvertures de comptes est très lente et coûteuse, d'autant plus que de nombreux clients utilisateurs de banques en ligne conservent par ailleurs leur banque principale.

La clientèle des banques en ligne est en outre la plus instable et recourt surtout aux services transactionnels qui sont les moins rentables et les plus faiblement facturés par les banques en ligne.

1 Clients dont la banque en ligne est la banque principale.

Une gamme de produits et un équipement des clients insuffisants : les livrets et comptes courants sont des produits peu rentables et les produits plus rentables tels que le crédit, l'assurance-vie, titres et assurances sont à la fois encore trop peu développés et exigent un équipement opérationnel nettement plus important.

Une facturation à revoir en particulier :

- La facturation des services de banque au quotidien (CB, tenue de compte, etc.) s'effectue en dessous des coûts de revient.
- Les marges d'intérêt sont réduites par l'impact des taux d'intérêt et des ratios réglementaires[1].
- Les frais d'acquisition de nouveaux clients sont trop élevés pour être amortis avec les niveaux actuels de revenu par client.

Des coûts opérationnels encore élevés : hormis les coûts de distribution, les coûts opérationnels, d'instruction de crédit, de mise en place et de gestion sont équivalents à ceux des banques traditionnelles, voire supérieurs[2], d'une part car ils n'ont pas fait l'objet pour l'instant d'investissements particuliers et, d'autre part, parce qu'ils traitent des volumes limités. Banque en ligne ou pas, la digitalisation des processus opérationnels reste encore largement à faire.

Compétition digitale : la riposte des banques traditionnelles

En 2019, les néo-banques ont totalisé 6,1 millions de clients, et les banques en ligne, 5,5 millions. Face à elles, les acteurs historiques du secteur renforcent leurs services en ligne. Le constat est clair. Avec 6,1 millions de clients en 2019, les néo-banques (N26, Revolut, Orange Bank, Ma French Bank...) ont tout juste dépassé les banques en ligne de première génération, filiales des grands réseaux bancaires (Boursorama, Fortuneo, Monabanq, ING...), qui en totalisent 5,5 millions en France. Rien d'étonnant : 2019 a été une année record pour

1 Notamment les ratios de liquidité.

2 Pour des questions de taille et de volumes encore trop faibles.

les néo-banques en matière de création d'entreprises et de levées de fonds. Les banques traditionnelles (ou banques de réseau) ont réagi face à cette menace. Elles ont assez largement entamé leur conversion numérique pour maintenir et récupérer des parts de marché. À tel point qu'elles rattrapent progressivement les banques en ligne de première génération, voire les néo-banques. Aujourd'hui, selon le dernier baromètre sur la performance numérique des banques françaises de D-Rating, 68 % des banques de réseau proposent en 2019 l'ouverture d'un compte à distance. Un chiffre qui grimpe très sensiblement en deux ans (39 % en 2017). Par ailleurs, 60 % de ces acteurs historiques étudiés par D-Rating proposent un accès à une offre de crédit à la consommation en ligne. Ce chiffre s'élevait à 16 % en 2017. L'offre des banques traditionnelles est de plus en plus étendue et performante sur la partie digitale et se met progressivement au niveau des banques en ligne et des néo-banques. Cela s'observe nettement dans l'amélioration des parcours clients, des sites Internet et des applications mobiles.

Pour la plupart des banques traditionnelles de réseau, les investissements réalisés commencent à porter leurs fruits et devraient contribuer à fidéliser leurs clients, parfois tentés par les néo-banques, surtout les plus jeunes. Avec la digitalisation progressive d'offres plus complètes et plus personnalisées, elles entendent ainsi garder une valeur ajoutée équivalente plus forte que leurs jeunes concurrentes et conserver leurs avantages en termes de nombre et de profils de clients.

Banque en ligne et transformations de la banque de réseau

De façon moins visible que les banques en ligne, les banques traditionnelles ont engagé depuis longtemps de lourds investissements et expérimentations pour développer leurs services en ligne. Dans la plupart des réseaux, de lourds investissements informatiques ont été réalisés dans les années 2000 pour unifier les plateformes et les outils et engager une centralisation de plus en plus poussée des *back-offices*, des opérations et des services clients. Cela se traduit par des regroupements d'unités et le développement de *call centers* (appelés centres de relation clientèle), d'un large recours à l'*out-sourcing* et aux délocalisations des *back offices* et de l'informatique comme l'ont montré les exemples plus récents de Natixis et BNP Paribas.

Le tout s'accompagne enfin d'une réorganisation progressive des différents niveaux et structures usant de toute la gamme des simplifications possibles : centralisation d'activités, suppression d'échelons hiérarchiques, regroupement de structures. Ces mesures d'organisation internes ne sont pas seulement nécessaires pour réduire les coûts et simplifier la gouvernance, elles sont également un préalable indispensable pour centraliser et unifier les services avant de pouvoir les proposer en ligne.

Cette démarche s'intensifie et s'accélère depuis 2016 en raison de la pression sur les produits nets bancaires et sous l'effet de la concurrence de plus en plus forte et surtout de la baisse des marges en raison de la faiblesse des taux d'intérêt. Cependant, l'essentiel reste encore à faire au cœur des organisations bancaires en matière de simplification et de réduction de coûts.

Ces transformations s'effectuent selon trois axes, le développement de l'approche et de l'offre multicanale, la fermeture des agences et le recentrage de l'offre et des niveaux de service en agence.

L'approche multicanale

Le développement du multicanal n'est pas nouveau, mais il s'accélère et se démultiplie. Il s'agit de coupler banque en ligne et banque traditionnelle de réseau et tenter de gérer progressivement le basculement de l'un vers l'autre. Mais, d'une part la montée très rapide du mobile comme moyen d'accès privilégié aux services bancaires provoque une obsolescence rapide des autres canaux – agences, *call centers*, ordinateurs et tablettes. D'autre part, offrir tous les canaux dans les meilleures conditions en même temps réclame des investissements colossaux et des délais souvent trop longs. Cela pousse les établissements à faire des choix et des arbitrages d'investissements pour limiter les coûts liés à la multiplication des canaux et à l'obsolescence technique très rapide des applications et des plateformes. La banque multicanale est donc utile pour satisfaire les besoins de tous les segments de clientèle Mais elle impose une course à l'armement en matière d'investissements technologiques que beaucoup de banques n'auront pas les moyens de financer. Elles devront faire des choix stratégiques et structurels, d'autant qu'au même moment les services facturés ont atteint un niveau trop faible pour assurer une rentabilité durable. Le sursaut récent de plusieurs grandes banques pour relever la facturation de tenue de compte est un signe, mais cela ne suffira pas à rentabiliser les services bancaires de base et les investissements réalisés. Les choix sont progressivement effectués pour limiter et spécialiser les canaux de distribution, au premier rang desquels se trouvent les agences, en raison de la chute de la fréquentation et de leurs coûts fixes.

Fermeture et diversification des agences bancaires

L'annonce dès 2015 de la Société Générale de supprimer 20 % de son réseau d'agences à l'horizon 2020 a sonné le lancement d'un vaste mouvement de fermetures d'agences dans la plupart des réseaux. Même les mutualistes tentés dans un premier temps de « sortir par le haut » comme le répète l'un de ses dirigeants se sont résolus à engager des regroupements et des fermetures de points de vente. Les regroupements dans les grandes villes sont les plus faciles à réaliser notamment pour gérer la mobilité du personnel, concerné. Ce sont les premières étapes de reconfiguration de réseaux de même que les fermetures de points de vente proches les uns des autres ou doublonnant à la suite de fusions passées (BNP Paribas Fortis ou Crédit Agricole et LCL, réseaux BPCE et petites banques régionales). De plus, certaines agences (ouvertes parfois au début des années 2000) sont fermées en raison de leur faible rentabilité.

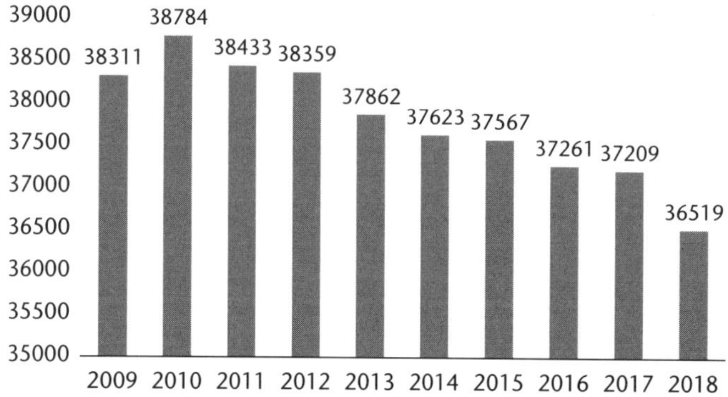

Source : FBF

Figure 2.4 – Évolution du nombre d'agences bancaires

Du point de vue du nombre d'agences par habitant, la France est l'un des pays les plus bancarisés. Toutefois, ce ratio a ses limites car il faut aussi considérer la configuration du territoire, la densité de population, les zones rurales. Ce qui est certain, en revanche, c'est que le nombre d'agences bancaires avait plutôt augmenté pendant les années 2000 pour atteindre un pic en 2010 avec près de 39 000 agences. Ce chiffre a diminué très progressivement, de 5 % seulement depuis 2010. Au-delà de l'effet d'annonce et bien que la tendance soit engagée dans les faits, la décrue n'en est qu'à ses débuts. En considérant à la fois les annonces qui se succèdent et qui représentent en moyenne des plans de réduction de l'ordre de 10 à 20 % et l'évolution de la fréquentation, en chute libre, il ne paraît pas irréaliste d'escompter une réduction de près de 30 % du nombre d'agences en 5 ans. Ce chiffre signifierait la suppression de plus de 10 000 agences qui serait relayée par la montée du numérique mais avec des conséquences considérables sur la gestion du personnel concerné. L'un des enjeux principaux de la transformation bancaire est dans la transformation de ses ressources humaines sur une période relativement courte compte tenu de l'ampleur du sujet. Et il ne s'agit pas simplement de questions quantitatives, l'essentiel se situe aussi dans le développement et le repositionnement des compétences car le nombre d'agences à terme dépend du niveau et de la nature des services qu'elles seront capables d'offrir.

Car, derrière les fermetures d'agences, se joue également la transformation de la relation client avec des rôles nouveaux pour les agences, recentrées, diversifiées et délivrant des services à la carte et à valeur ajoutée. Les expériences sont différentes d'un réseau à un autre et les annonces d'idées nouvelles se multiplient, mais il faut bien avouer qu'elles ne sont pas à la mesure du problème posé. L'équipement en automates engagé depuis longtemps est accéléré, les compétences en conseil sont développées pour servir une clientèle plus spécialisée et la gamme des produits et services enrichie. Tous les réseaux accélèrent leur capacité de distribution en assurance, ce qu'ils auraient d'ailleurs pu faire et développer depuis longtemps, mais nécessité fait loi. D'autres distribuent des services téléphoniques, de télésurveillance, réfléchissent à des partenariats de distribution notamment avec des producteurs locaux ou des partages de bureaux avec des start-up ou d'autres entreprises. Certains ont trouvé une autre solution encore : ouvrir leurs bureaux à temps partiel ou accessibles sur rendez-vous seulement. On le voit

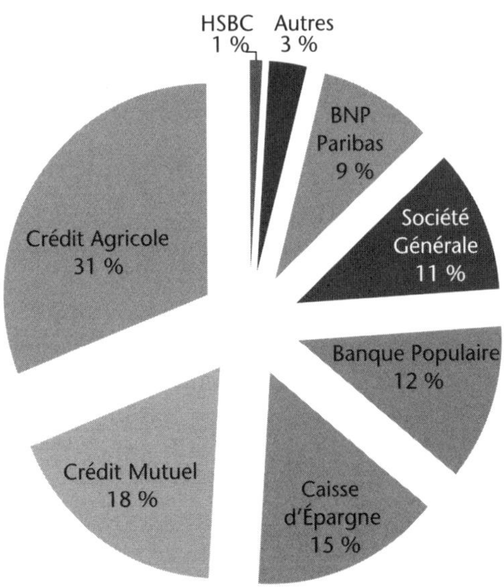

Source : FBF

Figure 2.5 – Répartition des agences bancaires par grands réseaux

bien, ces démarches, dont on peut espérer qu'elles réussissent, sont surtout le signe de tentatives un peu désordonnées de réutiliser les capacités existantes et redéployer les activités. À ce stade, il s'agit de démarches défensives et tactiques d'adaptations successives. Le succès dépendra surtout de l'existence d'une véritable stratégie et de la capacité à reconvertir organisations et compétences vers d'autres services à valeur ajoutée. Compte tenu de la structure des coûts bancaires actuels, notamment des coûts de personnel, il faudra absolument que les services délivrés présentent une plus forte valeur ajoutée pour les clients et puissent être facturés.

Pourquoi l'agence reste un canal essentiel

Dans cette transformation, l'agence et le contact humain restent des canaux essentiels, mais leur rôle et leur place évoluent pour se recentrer sur des prestations plus larges et de niveau supérieur pour le client car :

- la proximité reste un argument de poids dans le choix d'une banque ;
- le contact humain et la confiance sont déterminants (4 clients de banques classiques sur 10 envisageraient de transférer leur compte dans une autre agence si leur agence fermait) ;
- l'agence reste le premier canal de vente de produits à haute valeur ajoutée (assurance-vie, titres, conseil patrimonial, etc.) ;
- les dépenses moyennes des agences en infrastructures et personnel continuent à diminuer grâce aux efforts de reconfiguration et à la multiplication des automates.

Pour repositionner le rôle et l'image des agences bancaires, de nombreux établissements investissent dans le concept d'agence :

- en misant sur les innovations numériques, ce que font la plupart des grandes enseignes : Banques Populaires avec ses e-Novagences, les agences pilotes de la Caisse d'Épargne, etc. Les clients recherchent ce qui correspond à leurs usages : complémentarité *off-line/on-line*, flexibilité et adaptabilité ;

- en veillant à ce que les innovations proposées ne soient pas uniquement des gadgets. Avec L'Innovation 100 % utile (Crédit Agricole), les technologies proposées doivent servir la relation client et faciliter les opérations quotidiennes (tablettes pour signature électronique, archivage numérique, etc.) ;
- en veillant à ce que les coûts engendrés par la mise en œuvre de ces structures restent maîtrisés et que leurs effets sur les ventes et les facturations soient évalués.

Les banques cherchent à reproduire certains aspects du modèle développé dans la distribution, en reconfigurant les implantations et les formats en fonction des produits et services proposés. Cela aboutirait à des réseaux organisés autour d'agences formatées selon les lieux, les services et les segments de clientèle dans l'épargne, les entreprises ou les particuliers.

Cependant, le fait que ce mouvement doive se combiner avec une forte diminution des agences bancaires est une prédiction récurrente car la baisse de fréquentation observée depuis plusieurs années, au rythme de 3 % à 5 % par an, accélère le mouvement. En outre, au nombre des 36 500 agences bancaires, il faut aussi ajouter 56 000 distributeurs disposant parfois des fonctionnalités permettant d'en faire de véritables guichets automatiques pour les services transactionnels. Les caisses régionales du Crédit Agricole qui sont l'illustration de la banque universelle de proximité ont plus de 7 000 agences auxquelles s'ajoutent presque autant de « points verts » chez les commerçants car 90 % des ventes sont encore réalisées dans les réseaux.

Améliorer les performances, réduire les coûts des réseaux

Pourtant, malgré ces efforts les coefficients d'exploitation restent médiocres et posent la question de l'efficacité et des coûts des réseaux qui représentent l'essentiel des coûts fixes et de structure, dont une large part de frais de personnel. On évalue généralement à 200 000 euros par an le coût de fonctionnement d'une agence de petite taille (trois salariés ou moins), hors frais de personnel. À défaut de pouvoir encore baisser les coûts dans les points de vente, le levier s'est porté sur la mutualisation et l'optimisation des *back offices*, la réduction des effectifs dans les sièges ou les fonctions supports, l'optimisation des processus ou la réduction des frais généraux. Cette démarche constitue le socle stratégique des opérations de rapprochement des réseaux. Le projet « Ensemble » de BPCE de rapprochement des réseaux Banques Populaires et Caisses d'Épargne vise non seulement des synergies de coûts, mais aussi de revenus entre ses réseaux et sa banque de gros, Natixis, notamment dans le crédit à la consommation, l'assurance et les paiements.

Les autres groupes suivent exactement la même logique de rapprochements internes de leurs structures, de centralisation de leurs usines à produits et plateformes de gestion.

Une analyse peu fréquente et pourtant très convaincante pour ceux qui ont eu l'occasion de se pencher sur la rentabilité bancaire a été livrée il y a plusieurs années par un cabinet de conseil dans son « bilan d'une décennie » des banques françaises[1]. Elle avance une explication : « Industries de services de masse, les banques ne réalisent l'essentiel de leurs résultats que sur une minorité de clients. Le segment vraiment rentable de la clientèle des particuliers pourrait ne pas dépasser 40 % des clients, voire 20 % dans certains cas. 70 % du PNB est réalisé avec 30 % des clients et 50 % des comptes ont une contribution négative. » Les professionnels l'admettent et se résignent sur ce point. Ils ne croient pas à une perspective de baisse simple et marquée du coefficient d'exploitation, sauf à ce que les banques ne gardent que les clients les plus rentables, les coefficients d'exploitation auront du mal à s'améliorer tant que les banques continueront de délivrer le même service à tous leurs clients et ne segmenteront pas davantage leur clientèle pour offrir des services et des facturations différenciés. Cette analyse largement partagée fournit une piste d'évolution des réseaux et de leur couplage avec

1 Alméras. G, *Bilan d'une décennie*, Rapport MC Compass, 2012.

les banques ou les services en ligne. À la segmentation de la clientèle peut correspondre une spécialisation des services entre banque en ligne et agences. Les services entièrement en ligne sont plutôt dédiés à une clientèle n'utilisant que les services bancaires transactionnels faiblement facturés et donc peu rentables mais avec un service limité. Dans ce cas, les réseaux d'agence pourraient se recentrer peu à peu vers une clientèle plus rentable car prête à payer le service, y compris le service à la carte et facturé à l'acte, le contact avec un conseiller financier et l'accès à plusieurs canaux de distribution.

■ Redéfinir le rôle de l'agence pour mieux la rentabiliser

La difficulté des groupes bancaires est en fait de définir le rôle de l'agence dans ce nouvel environnement. 22 % des Français trouvent qu'il est devenu compliqué de rencontrer son chargé de compte. Une part de plus en plus minoritaire de la clientèle continue de se présenter fréquemment au guichet pour des opérations courantes, les autres utilisant principalement les canaux à distance. Dès lors, la tentation d'aller voir ailleurs et de changer de banque et choisir une banque en ligne grandit d'autant que celles-ci pratiquent les tarifs les plus bas.

La reconfiguration des réseaux suit une logique de spécialisation : réunir plusieurs agences au sein d'une seule, plus grande et riche d'expertises multiples ; privilégier de petites agences avec moins de personnel pour jouer la proximité notamment dans des zones rurales ; diversifier les modèles pour s'adapter à différents types de clientèles.

De grandes enseignes bancaires sont souvent à l'origine de choix stratégiques en la matière, soutenus par des études de géomarketing pour optimiser le maillage du territoire et la rentabilité des points de vente. La Société Générale rénove spécifiquement une partie de ses agences urbaines. BNP Paribas a défini plusieurs modèles de points de vente. Et les caisses régionales du Crédit Agricole sont autant de laboratoires pour observer les mutations des comportements des clients.

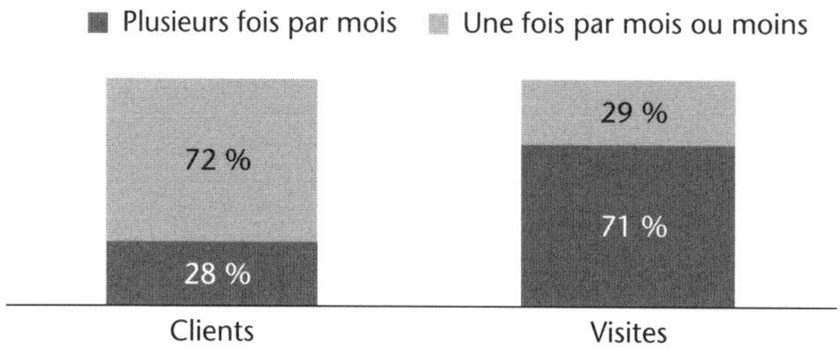

Source : Exton consulting.

Figure 2.6 – Utilisation de l'agence par les clients banque principale

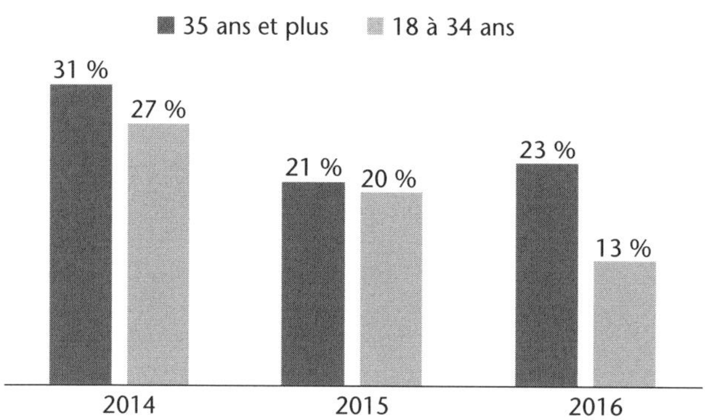

Source : BVA/FBF 2016.

Figure 2.7 – Français fréquentant leur agence plusieurs fois par mois

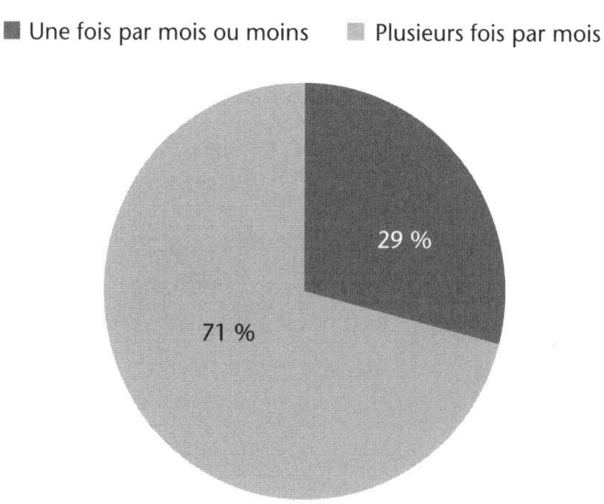

Figure 2.8 – Visites en agences (clients banque principale)

Les fermetures d'agences et la reconfiguration des réseaux déclenchent un profond mouvement de segmentation des services bancaires dans lequel les agences bancaires moins nombreuses et spécialisées en fonction des segments de clientèle sont peu à peu allégées des services transactionnels désormais réalisés en ligne sans intervention d'un conseiller.

Elles peuvent améliorer leur rentabilité grâce aux réductions de coûts et également par les revenus issus d'une montée en puissance des ventes croisées avec d'autres produits tels que l'assurance, ou les services liés à l'habitat par exemple (pertes de clés, vidéo-surveillance, etc.) basés sur l'exploitation de la base client, poursuivant la logique d'équipement de la clientèle de produits se situant soit en amont, soit en aval de l'activité purement bancaire. C'est donc plutôt dans les services digitaux à valeur ajoutée correspondant aux besoins que la clientèle exprime dans l'information, l'explication, la comparaison des produits, les avis de consommateurs, le conseil, la disponibilité, et par conséquent, dans un renouvellement profond de la relation clientèle que se situent les futurs développements d'activité pour les banques. Un nouveau modèle de facturation, y compris par la mise en place de facturation à l'acte, pourrait accompagner le déploiement de ces nouveaux services et constituer la base d'un renouvellement progressif du modèle de revenus des banques de détail.

■ Développer les compétences

La reconfiguration des réseaux ne suffira pas. Non seulement ils ont un rôle à jouer pour accélérer la conversion des clients vers les services en ligne pour leurs besoins transactionnels de base, mais ils doivent en plus maîtriser l'expertise nécessaire pour apporter l'information et le conseil utiles aux clients. Ceci est vrai pour les particuliers, mais aussi les indépendants, TPE, et entreprises. L'efficacité commerciale en agence et la relation client font partie des compétences à développer. La Caisse d'Épargne a défini un modèle spécifique : pour conserver ses agences et son personnel, elle a choisi de faire converger agences et canaux à distance, transformant ses conseillers en commerciaux multicanal capables d'intervenir auprès de leurs clients par tous les moyens disponibles : face à face, téléphone, e-mail, *chat*, visioconférence, etc. Cela nécessite pour les conseillers d'apprendre à travailler autrement, mais aussi pour la banque de faire des choix en matière d'organisation : faire monter en compétence tous ses commerciaux ou bien instaurer des réseaux de spécialistes pour assister les généralistes. La compétence des conseillers reste une attente forte des clients, qui veulent aussi pouvoir compter sur un interlocuteur stable, directement accessible, qui connaît et comprend son client dans la durée et qui ne change pas tous les ans.

Chapitre 3

Banque et technologie

Depuis qu'il est en crise le secteur bancaire fourmille d'idées nouvelles et d'intervenants nouveaux. Tout à coup surgit autour des banques autant de concurrents prêts à porter le coup de grâce ou porteurs de nouveaux bienfaits pour une clientèle en panne de confiance et d'écoute de ses besoins. Clairement la crise a soulevé la poussière d'un secteur attaqué de toutes parts et qui n'est pas très en avance dans toute une série de domaines, en particulier l'expérience client, l'agilité et l'innovation.

Le sujet n'est pas nouveau, mais les faiblesses supposées ou réelles du secteur à suivre les évolutions technologiques et les usages des clients sont des opportunités pour des acteurs extérieurs qu'ils soient géants de l'Internet ou fintechs. Ainsi, après Apple Pay, Apple a lancé en 2019 Applecard, véritable carte de crédit, tout comme Google Pay, et le système de paiement sans contact de Google. Fin 2019, c'était au tour de Facebook de lancer Facebook Pay, système de paiement pour utilisateurs des réseaux sociaux Facebook, Instagram, WhatsApp et autre Messenger.

Trois portes d'entrée principales s'ouvrent aux nouveaux acteurs.

La technologie : première porte d'entrée

La transformation digitale, terme qui recouvre beaucoup de possibilités et d'initiatives, apporte une série d'innovations qui viennent simultanément apporter des transformations profondes dans des processus clés du fonctionnement des banques.

Le progrès technique dans la banque, comme dans tout autre secteur, ne surgit pas tout à coup, mais s'inscrit peu à peu dans les usages dès lors qu'il se banalise et devient facile d'accès et d'utilisation. C'est le cas de la technologie Internet, du numérique et de l'intelligence artificielle (IA). Elles ne sont pas nouvelles, mais leurs capacités et facilités d'utilisation se sont considérablement améliorées et leur maturité atteint un niveau suffisant pour être généralisées à toutes les activités et quasiment à tous les types de clientèle. Autre phénomène d'accélération du progrès technique : les banques n'avaient pas beaucoup investi dans l'Internet avant la crise de 2008, alors que les possibilités techniques étaient déjà disponibles. La crise a aussi de ce point de vue joué un rôle d'accélérateur de prise de conscience du rôle croissant de la technologie dans les métiers bancaires et, par ailleurs, d'un certain retard à rattraper par des métiers qui, par nature, présentent un potentiel considérable de transformation digitale. La décision d'investir et de faire évoluer le *business model* bancaire n'a pas été une décision facile à prendre pour les dirigeants bancaires avant la crise, en raison des risques élevés de cannibaliser leur propre fonds de commerce et de la lourdeur des investissements à réaliser.

L'accélération du progrès technique dans l'industrie bancaire a aussi pour effet de modifier le focus technique jusqu'ici centré sur les produits et les solutions structurées sur-mesure vers le mode d'accès, le service et l'expérience du client. La différenciation ne se fait plus sur les produits dont le nombre est devenu assez souvent pléthorique, difficile à comprendre et à choisir pour le client au profit de la façon dont sont délivrés les produits ou solutions selon qu'elle est digitale transparente, rapide et facile d'accès et d'utilisation. Voilà le nouveau critère de différenciation des services bancaires : celui de la satisfaction instantanée du client. Car rappelons-le, les produits bancaires ne peuvent guère se différencier par leur design, leur originalité ou rareté. Ils répondent à des besoins précis et se différencient par le prix, par leur facilité et rapidité d'accès et d'utilisation, par leur fiabilité et leur sécurité.

Dans ces domaines, le progrès technique apporte un levier considérable à tous les niveaux de services, de l'accès à une information personnalisée jusqu'au traitement instantané d'une demande ou d'un paiement avec le niveau de sécurité et de fiabilité nécessaire. Surtout, le progrès technique rend possible l'intégration verticale et horizontale de tous les actes d'achat, d'acquisition ou d'investissement. C'est là un risque stratégique majeur pour les banques : à défaut d'intégrer et d'étendre leurs services afin de les rapprocher davantage des besoins des clients, l'activité bancaire pourrait devenir tout simplement une activité secondaire, un service périphérique, à ceux des grandes plateformes digitales telles que les GAFA ou des opérateurs de même nature capables de contrôler la relation client.

Ce basculement renforce le besoin et la possibilité de simplification et de standardisation des opérations, des process, de l'informatique et des supports tout en développant l'agilité nécessaire pour développer et renouveler les solutions, les nouveaux services intégrés, les accès et les services clients de premier niveau.

L'enjeu de la transformation digitale se situe à deux niveaux : d'une part, dans les processus et les opérations au sens large, le numérique associé à une simplification et une réingénierie des processus doit permettre d'accélérer les traitements, améliorer la qualité et les coûts ; d'autre part, dans le développement et le renouvellement rapide des formes d'accès à l'information et aux services proposés aux clients tels que les applications pour smartphone par exemple, domaine dans lequel l'innovation, l'agilité et la vitesse de développement et de mise à disposition sont cruciales.

La blockchain : nouvel Eldorado des processus bancaires ?

Apparue en 2009 avec la monnaie virtuelle bitcoin, la « blockchain », registre de transactions numérique, est un protocole informatique qui s'apparente à une gigantesque base de données publique, sécurisée et partagée où sont inscrites toutes les opérations financières réalisées en crypto-monnaie.

Pour être incorporée dans la base de données commune, chaque opération doit être validée par des ordinateurs du réseau qui actualisent le registre en continu. Les blocs de transactions codés et authentifiés s'ajoutent les uns aux autres par ordre chronologique dans le registre numérique, formant une chaîne de blocs : blockchain.

La blockchain fonctionne comme un livre de compte tenu par tout le monde. Il est infalsifiable car si on veut changer une transaction, il faut la changer en même temps chez tout le monde. Séduites par ce processus de certification, les banques et assurances planchent sur des projets de blockchain privés, sans bitcoin, qui permettraient de garantir l'identification de clients et de biens, et simplifier des transactions en supprimant les tiers de confiance. Les applications sont multiples. Le double bénéfice de la blockchain peut permettre d'ouvrir à des nouvelles techniques et produits et simultanément d'améliorer les systèmes d'information bancaires et leur coût.

Des projets sont en cours dans la plupart des banques. Les processus de gestion, d'asset management, de gestion des contrats avec plusieurs contreparties qui par exemple nécessitent des vérifications de documents à chaque étape pourraient être significativement optimisés. Même chose pour le processus d'ouverture de compte ou de crédit en particulier lorsque l'agrégation de données permettra un accès plus large et plus simple aux données clientèle.

De façon générale, le fait de partager une base de données est intéressant notamment sur des actifs complexes comme les titres, actions et produits dérivés, car ce sont des transactions qui demandent beaucoup de vérifications. Le levier d'optimisation est potentiellement considérable en coût et en rapidité.

La validation d'un échange de titres ou d'actions prend actuellement jusqu'à trois jours alors qu'elle ne prendrait que quelques minutes avec une blockchain entre banques.

D'après un rapport de la banque Santander, publié en 2015, cette nouvelle technologie pourrait ainsi réduire les coûts d'infrastructure des institutions financières de 15 à 20 milliards de dollars par an d'ici 2022.

Mais des limites restent à lever, car aujourd'hui la blockchain du bitcoin peut traiter au maximum 600 000 transactions par jour quand Swift, le réseau de transactions interbancaires le plus utilisé, en gère 24 millions. De même, la blockchain, qui est un registre qui grossit au fur et à mesure qu'on l'utilise, exige des performances et entraîne des coûts très élevés. Si la blockchain permet le partage d'information, elle ne répond pas à l'ensemble des besoins de gestion d'une application complexe et les fonctions informatiques de gestion doivent continuer à être développées en parallèle. En outre, le partage d'information entre participants pose des questions d'intégration et d'interface, source de développements, de délais et de coûts qui peuvent s'avérer très élevés. Par ailleurs, la blockchain ayant été conçue pour partager les informations, elle n'est pas *a priori* une solution pour assurer la confidentialité, ce qui réclame des développements spécifiques à intégrer. Les projets en cours sur le sujet permettent de progresser mais n'autorisent pas encore de déploiement à grande échelle.

Le bitcoin : quelles conséquences pour les banques ?

Alors que depuis une décennie – avec l'apparition du bitcoin –, les cryptomonnaies sont utilisées dans un nombre croissant de transactions entre particuliers et entreprises, ces instruments ne sont toujours pas reconnus comme des instruments de paiement. Toutefois, alors que les banques centrales européennes continuent de classer les cryptomonnaies dans la catégorie des titres de reconnaissance de dette, certaines d'entre elles (BCE, Banque d'Angleterre) envisagent maintenant de créer leur propre cryptomonnaie, qui serait indexée sur la monnaie en cours, dans leur zone. La fin de l'opposition du monde bancaire aux cryptomonnaies constitue donc un revirement majeur, car il ôte aux banques commerciales un instrument majeur, les paiements, pour lequel elles avaient un monopole et qui servaient de base à la facturation de commissions (transfert, change, etc.). Cette évolution, il est vrai, s'inscrit sans doute dans la tendance à un recours moindre aux paiements en espèces par des consommateurs, qui disposent à présent d'applications mobiles permettant d'effectuer des paiements électroniques avec leur téléphone portable. De quoi parle-t-on ?

- Les monnaies virtuelles sont les formes de monnaies autres que les espèces, c'est-à-dire des sommes mises en réserves sur un compte et pouvant être utilisées aussi facilement que du cash. Fin 2019, les cryptomonnaies en circulation (près de 2 500 dans le monde) représentaient une capitalisation boursière de 276 milliards de dollars, un montant faible comparé à la capitalisation boursière mondiale des marchés actions (74 000 milliards de dollars en mai 2020). Si l'on parle autant des cryptomonnaies, c'est sans doute à cause des mouvements spéculatifs qui ont vu la valeur du bitcoin passer de moins de 1 000 dollars fin 2016 pour atteindre un plus haut de 19 000 dollars fin 2017 avant de retomber à 4 000 dollars fin 2018.

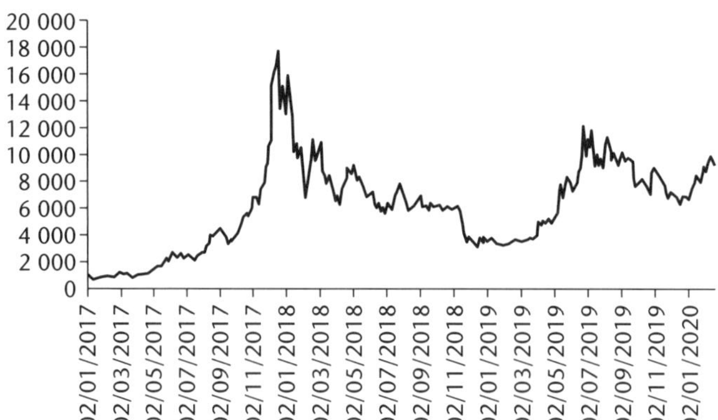

Figure 3.1 – Évolution de la valeur d'un bitcoin en dollar américain

- Dans la vie quotidienne, il est indéniable que les cryptomonnaies permettent le transfert de petites sommes à un coût très bas entre des individus installés dans des pays différents, et de surcroît dans des zones monétaires distinctes. Par conséquent, légaliser le virement international *via* des cryptomonnaies comme les banques centrales pourraient le faire un jour, lèverait un tabou historique, à savoir la difficile circulation des capitaux entre des zones monétaires distinctes.
- Les pays émergents, où peu de consommateurs possèdent un compte bancaire mais tous un téléphone mobile, constituent de ce point de vue un formidable espace développement pour les cryptomonnaies. Tous ces consommateurs pendant longtemps tenus à l'écart des transactions bancaires retrouvent, grâce aux cryptomonnaies, un accès aux services bancaires de base.

Un tel développement peut conduire à plusieurs conséquences distinctes. Pour les banques, on peut comprendre qu'une telle évolution leur ôterait leur statut d'intermédiaire exclusif entre emprunteurs et prêteurs, voire entre détenteurs de devises et acheteurs de devises. Pour les pays émettant des devises reconnues depuis toujours comme des devises internationales incontournables, comme le dollar, une expansion débridée des cryptomonnaies pourrait modifier le pouvoir relatif des devises, l'offre et la demande de cryptomonnaies devenant *de facto* le véritable instrument de mesure du poids international d'une devise.

Le Big Data et l'intelligence artificielle

Collecter, consolider, modéliser, et restituer les données n'est pas un sujet nouveau, mais les capacités d'informatique décisionnelle ont considérablement augmenté en 15 ans et les réseaux sociaux les plus connus génèrent plusieurs téraoctets de données par jour. Le numérique est une machine à fabriquer en quantité considérable des données qui peuvent être récoltées en temps réel. Mais ces données sont massives, brutes, complexes et donc difficiles à exploiter. Mais assurément il s'agit d'une ressource considérable pour la banque qui est par nature idéalement positionnée pour collecter des données intelligentes sur la clientèle, son comportement, ses besoins, etc. Ces données ont jusqu'ici été utilisées dans le suivi du risque client et dans le marketing, mais de façon relativement limitée. La multiplication des données grâce au numérique d'une part, et le développement et la croissance exponentielle des capacités de traitement en temps réel et de stockage d'autre part ont changé la donne. Selon l'institut d'études Xerfi, traiter ces données pour développer et enrichir l'expérience client « c'est le nerf de la guerre d'une meilleure relation client » pour les banques. De fait, le volume des données individuelles ouvre la possibilité de développer la relation client et de formuler des offres individualisées et sur-mesure.

Mais l'utilisation des mégadonnées a de nombreuses applications, dans la relation client et dans l'enrichissement des offres qui peuvent lui être proposées de façon individualisée. L'agrégation et l'analyse des données permettent de suivre le client tout au long du parcours et du cycle de vie du client et formuler des recommandations commerciales. Par nature les données bancaires peuvent permettre aux banques de développer leurs offres et de proposer des nouveaux services et activités non bancaires en lien avec le comportement de leurs clients et de leurs besoins à un moment donné. La connaissance du client et de son comportement permet également de définir le canal le plus approprié pour le contacter et le servir dans l'objectif de lui faciliter l'accès aux biens et services dont il a besoin, lui faciliter la vie tout en enrichissant et développant la proximité et la permanence du lien entre la banque et ses clients.

L'utilisation des données est aussi un outil crucial dans la prévention des fraudes dans la banque de détail comme sur les marchés avec une capacité à réagir en temps réel. Face à la montée exponentielle des risques tant en fraude classique qu'en cybersécurité, les possibilités techniques et la puissance du Big Data, en particulier l'agrégation des données, élargit les possibilités d'identifier en amont les signes distinctifs d'une fraude possible, les comportements atypiques ou aberrants, de contrôler et de réagir en temps réel.

La technologie du Big Data n'a pas encore montré toutes ses capacités et fait l'objet de démarches innovantes de la part des banques, qui cherchent et développent des applications concrètes pour développer à la fois leurs activités et leurs métiers de contrôle et de gestion des risques. Dans ce domaine, l'essentiel des innovations est encore à venir, mais les enjeux sont tels qu'il s'agit là d'un levier stratégique, un domaine d'investissement déterminant pour le secteur.

Les problématiques techniques restent nombreuses. Tout d'abord, la qualité et la sélection des données restent un sujet central. Même si l'harmonisation des formats a beaucoup facilité les choses, la fiabilité, la pertinence, l'analyse constituent les axes de recherche et développement principaux à conduire pour voir se développer les applications concrètes du Big Data.

Comme tout domaine se développant rapidement, le Big Data a besoin de règles d'utilisation. L'EDPS[1] qui supervise le traitement des données personnelles a publié des *guidelines* destinées aux régulateurs et aux banques afin d'encadrer la nature des informations collectées. Car le profilage permet aux banques, comme aux autres entreprises, de collecter des données qui ne leur ont jamais été communiquées et d'utiliser des algorithmes qui ne sont ni connus du public, ni contrôlés par les régulateurs.

Les régulateurs suivent de près l'usage commercial des données personnelles. Bien que des règlements soient en cours de définition et de discussion les banques attendent toujours que les règles en la matière soient précisées de façon claire et stable (RGPD).

Moins transformante sur l'organisation mais décisive, l'intelligence artificielle est un levier d'efficacité incomparable car elle permet d'absorber une grande partie des tâches répétitives et des interactions les plus simples avec le client. Ces technologies sont particulièrement adaptées à la production de services bancaires et sont en constante amélioration. Le potentiel de productivité et d'amélioration de la gestion client est très élevé mais conditionné par des investissements et adaptations majeures de l'organisation du travail.

1 EDPS : *European Data Protection Supervisor.*

Usages et potentiel de l'intelligence artificielle (IA) dans les banques

En recherche permanente de nouveaux moyens pour réduire les coûts associés aux tâches chronophages et volumineuses, les banques ont compris l'intérêt d'accélérer les processus de dématérialisation et d'automatisation. L'usage de la signature électronique ou encore le développement de projets de type RPA (*Robotic Process Automation*) illustrent parfaitement cette nouvelle évolution. La mise en place de tels projets a poussé les banques à considérer la particularité de leurs flux commerciaux B2B et B2C et à se préparer plus vite que d'autres secteurs, apprenant, notamment, à combiner *business network* et nouveaux outils technologiques dédiés à l'exploitation des données.

Contrairement aux autres acteurs industriels ou des services dont plus de 80 % des échanges commerciaux reposent sur des données structurées qui permettent d'accélérer le principe de dématérialisation et d'ouvrir la porte à l'informatique décisionnelle, il n'existe pas de normalisation des échanges au sein du marché bancaire. Une complexité sous-jacente que les institutions financières ont dû prendre en compte dans leurs développements stratégiques.

■ Les limites de l'informatique décisionnelle

Longtemps considérée comme un moyen indispensable pour accompagner les entreprises dans leurs prises de décision, l'informatique décisionnelle alimentée par les solutions de *business intelligence* et de Big Data ne suffit plus à couvrir les enjeux du monde bancaire. La transition vers l'IA répond à cette problématique et permet de travailler en parallèle à des solutions existantes de traitement et d'exploitation des données.

Mais l'IA n'est pas qu'une solution informatique, c'est une technologie au service de l'environnement SI (système d'information) et des processus de décision. Là où les solutions de *business intelligence* (BI) répondent aux attentes des dirigeants dans les activités de pilotage, en fournissant des outils décisionnels, l'IA prend toute sa valeur dans sa capacité de traitement massif de données non structurées. Tandis que la BI établit des dashboards « intelligents » ou dynamiques avec vision en temps réel des résultats d'analyse de sources de données organisées, traitées, qualifiées, l'IA va cibler l'anticipation, les tendances, la prédiction à partir d'une multitude de données hétérogènes : e-mails, SMS, réseaux sociaux en utilisant la technique du « machine learning ». Cette technique, appliquée au domaine de l'IA, permet ainsi aux décideurs de passer de l'existant au prédictif en exploitant les usages, les comportements ou l'évolution de l'environnement.

En enrichissant l'informatique décisionnelle, l'IA apparaît ainsi comme une réponse pour les banques qui souhaitent identifier de nouveaux axes de développement et améliorer leur performance commerciale en déterminant des leviers de productivité supplémentaires dans les tâches à faible valeur ajoutée.

■ L'IA, une opportunité pour les banques de détail et les banques d'investissement

Atout considérable pour la banque de détail, l'intelligence artificielle est un élément clé pour accompagner la recherche de productivité dans les agences et détecter de nouveaux services. Grâce à son approche prédictive, l'IA permet ainsi d'identifier les nouvelles opérations automatisables capables de renforcer la productivité de l'agence bancaire. C'est le cas notamment avec l'utilisation des *bots* 24/7 pour répondre aux questions courantes et décharger les *call centers* sur les questions sans valeur ajoutée. La technologie a également fait son entrée dans le monde du *back office* où l'automatisation des tâches offre une gestion efficace des e-mails pour les conseillers de la banque, ainsi que des plateformes de relecture pour les contrats commerciaux.

Moteur des agences bancaires, le parcours client se trouve aussi optimisé, notamment en termes de fluidité et de fiabilité, par l'usage de l'IA, avec la possibilité d'offrir des services avancés comme les *chatbots*, la reconnaissance biométrique pour une identification et une authentification plus fiables ou encore l'analyse de textes pour la détection de comportements frauduleux. La transition vers l'intelligence artificielle devient alors pour les banques le meilleur moyen de répondre aux attentes des clients, d'enrichir l'expérience client et de réduire les coûts de traitement.

Au-delà de l'automatisation des tâches, le déploiement de l'IA dans l'écosystème bancaire permet de mettre en évidence de manière proactive les services financiers générateurs de revenus. Les banques sont désormais amenées à exploiter de nouvelles informations et à les travailler de manière croisée à partir d'une multitude de paramètres comme l'arrivée à échéance de contrats, les données KYC (*Know Your Customer*) à disposition et les empreintes laissées par les simulations effectuées sur les sites de banque en ligne. Cette forme d'IA est particulièrement intéressante pour les banques cherchant à obtenir à terme des opérations commerciales plus ciblées, plus rentables, à identifier les clients en fonction de leurs besoins et leurs risques et *in fine* à développer de nouveaux services financiers.

Pour les banques d'investissement, l'analyse prédictive, qui s'appuie sur les algorithmes de l'IA, est particulièrement utile. L'agrégation de contenus hétérogènes et non structurés, non qualifiés, tels que des informations de marché sur le Net, des valeurs des devises, la santé des secteurs économiques, des données institutionnelles, permet aux techniques issues de l'IA de prédire des tendances, de modéliser des scénarios et de servir le métier des opérateurs de marché.

Dans le domaine du risque, les applications aident et aideront à prévenir les risques, y compris le risque de cybercriminalité par captation de signaux faibles, à optimiser des transactions à partir de l'orientation d'un marché ou encore à élaborer de nouveaux modèles financiers.

Axe stratégique très attendu de la part des grandes directions d'institutions financières, l'IA au service de la Data ouvre de nouveaux horizons au secteur avec des applications technologiques lui permettant de développer de nouveaux *business models*, de révolutionner la relation client et de traiter les enjeux du futur.

Si l'expérience client, portée par le mobile et le *digital banking*, était au cœur des préoccupations des acteurs du monde de la banque depuis plusieurs années déjà, les derniers développements démontrent tout le potentiel de l'IA et du développement du métier de la banque en mode plateforme. Pour cela, les banques doivent continuer à structurer leur environnement informatique autour des API (interfaces de programmation) et du *Big Data processing*, afin de préparer au mieux les apports de l'IA dans les 5 prochaines années.

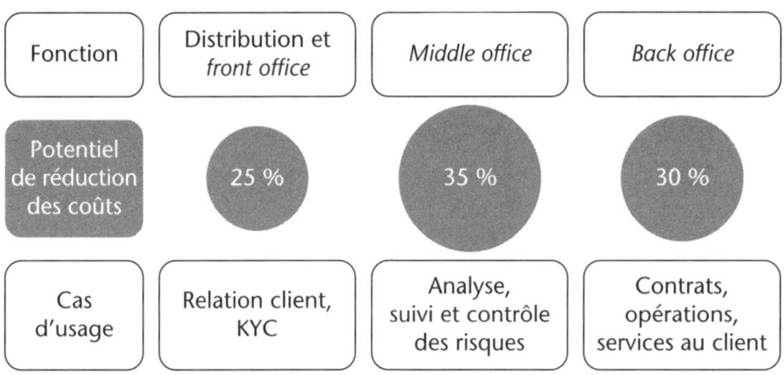

Sources : *Business Insider Intelligence*, Autonomous Next, 2019.

Figure 3.2 – Le potentiel de l'intelligence artificielle sur les coûts des banques

Les trois principales fonctions dans lesquelles les banques exploitent les possibilités de l'IA pour réduire leurs coûts sont la distribution et la relation client (*Conversational Banking*), l'analyse des risques, et la lutte anti-fraude et anti-blanchiment (*middle office*) ainsi que les opérations de *back office* (*underwriting* des contrats et *servicing*). La figure 3.2 montre que le potentiel de réduction des coûts peut être très important et que l'intelligence artificielle couplée aux apports du numérique est l'un des deux leviers dont disposent les banques pour se transformer.

Les nouveaux usages : deuxième porte d'entrée

Si les possibilités techniques se sont multipliées, c'est surtout le développement des usages des clients qui pousse à l'innovation et l'avènement des nouveaux services et solutions. L'innovation n'est pas seulement technique, elle réside le plus souvent dans la capacité à inventer des solutions nouvelles qui améliorent et simplifient le parcours du client, capacité que les banques ont parfois perdue, par excès de bureaucratie, par lourdeur de structures et manque de goût et d'attention pour des idées nouvelles. C'est dans ce domaine que les fintech éclosent et viennent proposer parfois sur des segments très limités des offres qui concurrencent ou complètent les services traditionnels bancaires. Sont concernés le domaine des données et des agrégateurs qui bouleversent le marketing, l'accès et la connaissance client, le parcours et l'information du client et de façon encore peu développée, mais qui présente un fort potentiel encore à exploiter, le conseil et l'information proactive client.

Les besoins et les usages

Seriez-vous prêts à confier vos identifiants bancaires à un établissement de paiement autre qu'une banque ?

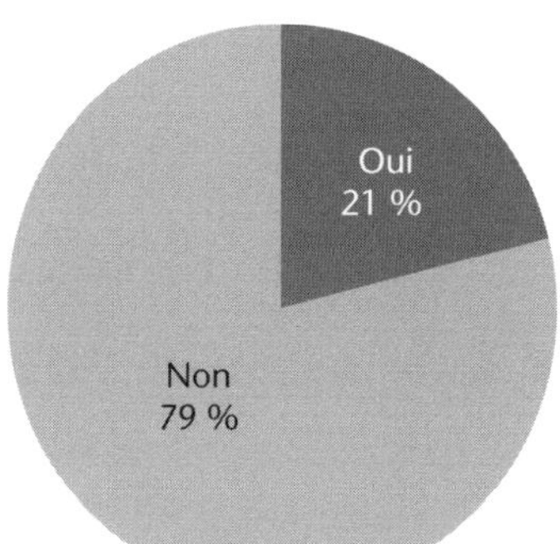

Sources : BVA/FBF 2016.

Figure 3.3 – Acteurs non bancaires, une confiance à construire

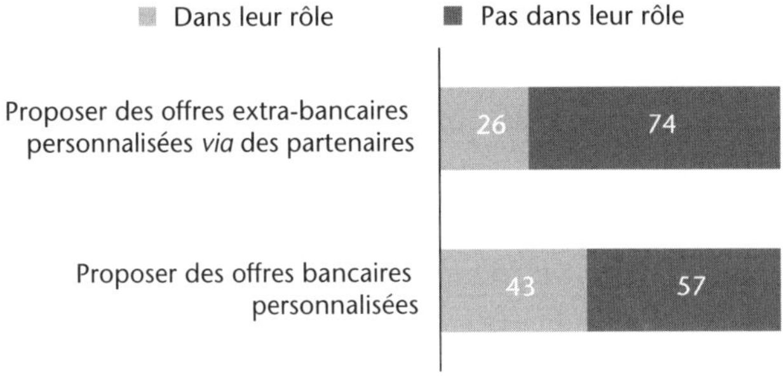

Sources : BVA/FBF 2016.

Figure 3.4 – Légitimité des banques pour l'utilisation des données bancaires

Le premier facteur est celui des usages de la clientèle qui est de plus en plus prête à confier ses finances à des acteurs nouveaux et notamment des acteurs non bancaires.

Alors que la mobilité bancaire est encore assez faible en France[1], la multiplication de solutions et d'acteurs nouveaux tend à attirer de plus en plus les usagers des services bancaires. Selon l'enquête commandée par la Féderation bancaire française en 2016 à la société d'études et de conseil BVA, 26 % des personnes interrogées (contre 21 % un an plus tôt) sont prêtes à ouvrir un compte dans un supermarché, 24 % contre 19 % dans un bureau de tabac et 16 % (26 % pour les 18-34 ans) auprès d'un fournisseur d'accès Internet ou même *via* un réseau social. La défiance vis-à-vis des banques semble s'être transformée en plus de confiance vis-à-vis d'autres acteurs. L'hégémonie des banques dans ce type de services est sérieusement concurrencée désormais par d'autres acteurs à qui les clients font de plus en plus confiance. Un exemple : 21 % des Français sont prêts à donner leurs identifiants bancaires à un établissement de paiement autre qu'une banque, c'est-à-dire un agrégateur de compte du type Linxo ou Bankin acteurs qui peuvent directement ou indirectement venir concurrencer les banques depuis l'entrée en vigueur de la directive DSP 2 en janvier 2018.

1 Le taux d'attrition est de l'ordre de 4 % en incluant les clients qui conservent un compte dans leur ancienne banque. Ceci représente près de 2 millions de clients en France. À ce chiffre s'ajoutent environ 700 000 primo-bancarisés chaque année.

Même sur la question des données, souvent controversée, 43 % des Français admettent que leurs données pourraient être utilisées par les banques pour leur fournir des offres personnalisées.

Les usages et les habitudes des clients les amènent à se tourner de plus en plus vers d'autres acteurs, d'autres services en qui ils ont de plus en plus confiance, parfois autant qu'en leur banque.

La bataille de la confiance se livre aussi sur le terrain de la sécurité et la capacité à garantir la sécurité des paiements et des données. Il s'agit là de l'un des leviers fondamentaux pour les banques dans les années à venir et sur lesquels elles ont sans doute potentiellement un avantage déterminant. C'est assurément sur ce terrain de la sécurité et de la confiance que se déterminera le paysage bancaire futur.

Réglementation et concurrence : troisième porte d'entrée

La directive sur les services de paiement DSP 2 adoptée le 25 novembre 2015 (faisant suite à la DSP 1 adoptée en 2007) vise à harmoniser les règles en matière de paiement électronique au sein de l'espace économique européen, en vue de garantir un accès équitable et ouvert au marché des paiements, est applicable depuis janvier 2018. Ces dispositions ont pour objectif affiché de permettre la mise en place de services de paiement modernes, efficaces et bon marché et de renforcer la protection des entreprises et des consommateurs européens dans le cadre d'un marché unique des services de paiement en Europe. Cette directive bénéficie aux consommateurs et aux entreprises, notamment parce qu'elle :

- constitue un pas en avant sur la voie d'un marché unique numérique ;
- garantit des paiements en ligne plus sûrs et plus pratiques ;
- facilite l'arrivée de nouveaux acteurs ;
- permet l'entrée sur le marché de nouveaux services.

L'objectif de la DSP 2 est d'encadrer les nouveaux acteurs déjà présents sur le marché, dont nous dressons la liste.

Les prestataires de service d'information sur les comptes

C'est par exemple le cas des agrégateurs de données Linxo, Moneydoc ou Budget par exemple qui sont des applications permettant d'analyser, de centraliser et d'avoir accès partout et tout le temps à l'ensemble de ses comptes bancaires. Ces applications ont besoin d'un accès aux comptes des utilisateurs.

Les prestataires de service d'initiation de paiement

C'est un service de paiement qui n'est pas fourni par une banque mais qui permet notamment les paiements sur Internet, et à l'utilisateur de demander à un tiers de donner l'ordre de paiement à sa banque pour son compte. Il est important de préciser que ces prestataires ne sont impliqués ni dans les transferts, ni dans les flux financiers mais uniquement dans des flux informationnels. Ils ne remplacent pas un établissement de crédit. Ce ne sont que des passerelles logicielles. Ainsi, ce n'est pas en les utilisant que l'on peut éteindre la dette que le consommateur a à l'égard du commerçant.

Les prérequis pour l'accès aux systèmes de paiement

Le principe majeur est celui de l'accès non discriminatoire aux systèmes de paiement. Dans l'esprit de la DSP, un système de paiement est un système de compensation et de règlement entre établissements de crédit. En Europe, c'est TARGET : il est géré par la BCE (Banque centrale européenne), seuls les établissements de crédit européens ont accès aux infrastructures d'échange et de règlement et ont un compte TARGET. Il fonctionne en monnaie centrale tout comme ABE (système d'échange bancaire européen) et SWIFT.

Il est important de préciser qu'historiquement, il existait un monopole bancaire de la gestion des moyens de paiement. Les moyens de paiement étaient très encadrés. Les DSP 1 et 2 sont venues briser ce monopole en introduisant des établissements de paiement et de monnaie électronique.

La volonté étant d'aboutir à un marché unique européen, les critères doivent être appliqués de la même manière dans tous les pays, ce qui n'était pas le cas auparavant. Par exemple, il était nécessaire d'attendre 8 jours pour obtenir un agrément au Luxembourg, alors qu'en France le temps d'attente était de plus de 18 mois.

La sécurité des paiements électroniques est fondamentale pour favoriser le commerce électronique et rassurer les consommateurs. Le principe majeur est l'exigence de proportionnalité entre les mesures de sécurité et le niveau de risque associé au service de paiement. La sécurité est associée au souci de renforcer la protection des consommateurs. L'utilisateur doit pouvoir choisir quel instrument de paiement il souhaite utiliser sans avoir de frais associés à ce choix avec une responsabilité accrue du prestataire en cas d'opérations de paiement non autorisées.

Les acteurs non bancaires

■ Les fintech

Les fintech sont le plus souvent des start-up qui développent des services qui s'insèrent entre le client et la banque, en proposant une relation nouvelle plus simple plus rapide, plus attractive et en créant de la valeur dans la relation. Le danger pour les banques est d'être cantonnées dans la gestion et l'exécution de produits standardisés non différenciants. Toutefois, l'usage des fintech reste encore limité, les clients privilégiant les services qui renforcent la sécurité des transactions. Pour les services les plus populaires comme les agrégateurs de comptes, ils représentent encore moins de 10 % de clients utilisateurs[1]. Dans le domaine des robots *advisors* et de l'épargne, malgré une forte visibilité de ces services, le nombre de mentions dans la presse reste supérieur au nombre de clients réels et les montants d'actifs sous gestion sont très faibles encore. Le potentiel des fintech et des nouveaux services qui s'installent entre les clients et les banques

1 Source : Deloitte Conseil et Harris Interactive.

est très élevé. Mais si les clients se disent globalement intéressés, ils y recourent progressivement aussi parce que ces services sont gratuits. L'enjeu pour les banques est de prendre à leur compte les innovations à plus forte valeur ajoutée, puis de les intégrer à leur offre et, surtout, de conserver l'exclusivité de la relation client à un moment où la DSP 2 qui entre en vigueur ouvre l'accès à la concurrence des données des clients. Elles multiplient ainsi les initiatives, par exemple pour contrôler les paiements à distance sur les cartes (Crédit Mutuel), gérer les plafonds de paiements en temps réel (Ma carte – Crédit Agricole), ou épargner en un clic sur son mobile (Rapid'Épargne – Banque Populaire) ou encore faire un virement en temps réel.

Ce contexte concurrentiel ouvre le champ à des acteurs nouveaux qui disposent d'avantages compétitifs leur permettant de développer des solutions qui répondent aux besoins et aux attentes des clients des banques.

■ Les GAFA et les géants de l'Internet

Les banquiers comme les assureurs le répètent souvent : « nos concurrents de demain s'appellent Amazon, Apple ou Facebook ». Certes, les GAFA, comme on nomme habituellement les géants de l'Internet, pourraient distribuer une large part des produits bancaires ou d'assurance existants, de l'ouverture de compte jusqu'à l'assurance santé.

Mais l'on s'interroge également sur les barrières à l'entrée techniques ou réglementaires qui laissent pour l'instant la menace à distance. En souhaitant « bienvenue au Comité de Bâle » à tous ces nouveaux acteurs, Philippe Brassac, président du Crédit Agricole, exprimait le sentiment partagé au sein de la communauté des dirigeants de banques selon lequel tous ces nouveaux intervenants ne sont pas soumis pour l'instant aux mêmes règles.

Pourtant, progressivement, l'avancée des géants non bancaires devient visible. Tous ont lancé leur solution de portefeuille électronique (Wallet), de paiement sans contact comme Apple Pay ou de transfert d'argent entre particuliers comme Messenger Payments (Facebook). Le domaine des paiements est privilégié car les investissements en infrastructures sont rentabilisés par les volumes, et, surtout, peuvent être intégrés dans les parcours d'achat des clients. C'est la force de ces acteurs de pouvoir intégrer le paiement ou le transfert d'argent comme un acte parmi d'autres sans avoir recours à un service bancaire extérieur dans un processus qu'ils maîtrisent de bout en bout. Pour chaque acteur, la maîtrise des flux de paiements peut prendre des intérêts différents, mais pour la plupart cela permet d'acquérir une meilleure connaissance de leurs clients en collectant à chaque passage en caisse leurs habitudes et en définissant mieux leur profil. Pour d'autres, c'est le cas des réseaux sociaux qui mettent en relation et font produire de l'information à leurs abonnés, le paiement est un levier supplémentaire de mise en relation et de rétention.

Dans ce contexte, les GAFA et autres acteurs de l'Internet comme Orange maîtrisent avec une certaine avance la collecte de données et la connaissance de leurs clients. Si l'on combine l'avantage que constitue leur base client, la connaissance qu'ils en ont, à la force de frappe financière qu'ils représentent, il paraît clair que les services bancaires sont largement à la portée de ces nouveaux acteurs de très grande taille (la capitalisation bancaire de Google ou d'Apple leur permettrait d'acquérir facilement d'un seul coup les 10 plus grandes banques européennes)[1].

L'offensive se précise car pour la plupart des géants de la tech, la banque est un relais de croissance très important. Avec les initiatives qui se multiplient, la stratégie des GAFA devient plus claire. D'abord, elle leur offre la possibilité d'améliorer la connaissance de leurs clients et de leurs données. La *Data* est leur principal capital et l'accès aux données financières est leur prochain objectif.

1 Pour référence capitalisation au 31 mars 2020 : Apple (1 378 milliards de dollars), Microsoft (1 197 milliards de dollars), Google (977 milliards de dollars), Amazon (972 milliards de dollars), HSBC (95 milliards de dollars), BNP Paribas (41 milliards d'euros), UBS (41 milliards de CHF).

Des accords importants entre GAFA et banques signent la volonté des GAFA de prendre pied sur ce marché. L'accord passé entre Google et Citibank pour lancer dès 2020 des comptes courants aux États-Unis est très significatif, tout comme l'avait été le lancement par Apple sur le même marché d'une carte de crédit en partenariat avec Goldman Sachs. Enfin, et surtout, Amazon, dont le *business model* d'e-commerce est déjà connecté avec les consommateurs, les vendeurs et les banques, peut à tout moment étendre ses premières initiatives prises dans les cartes de crédit et l'assurance santé, par exemple, pour entrer de plain-pied dans le monde de la banque. Plus encore que les autres GAFA, Amazon dispose de beaucoup d'avantages, en particulier une marque et une relation unique dans le monde en ligne, mais aussi physique qui, grâce à ses implantations locales, peut donner la confiance nécessaire. Les capacités informatiques et technologiques d'Amazon sont des atouts déterminants surtout lorsqu'on les compare à la situation des banques dans ce domaine. Cette capacité à délivrer en un temps record de plus en plus de services pourrait s'étendre sans difficulté à tous les produits bancaires.

Ainsi, dans un tel *business model*, les services bancaires deviennent des produits dérivés et complémentaires, des produits de fidélisation du client et de production de données financières. Deux obstacles peuvent tout de même freiner l'appétit des GAFA pour le secteur :

- la forte régulation. Si les autorités bancaires et gouvernementales redoublent de vigilance la question sera de savoir quel rapport de force elles peuvent réellement exercer. Mais après tout, les GAFA sont tout à fait en mesure des respecter les règles bancaires et de gérer des risques financiers ;
- la faible rentabilité. Dès lors qu'il s'agit d'un produit secondaire et de complément destiné à fidéliser les clients et à générer des données utiles pour le développement des autres services, cette question devient aussi secondaire.

Il faut donc s'attendre à une montée en puissance progressive et continue des grandes entreprises technologiques qui exploitent leur marque, leur relation client, leur technologie et leur taille pour proposer des services bancaires comme services complémentaires destinés à fidéliser les clients, à exploiter leurs données et étendre plus encore leurs capacités à délivrer leurs services.

La figure 3.5 décrit les activités bancaires développées par les grandes entreprises technologiques.

	Google	Amazon	Facebook	Apple	Microsoft	Alibaba	Tencent
Paiements	Google Pay	Amazon Pay	Messengerpay	Apple Pay	Microsoft Pay	Alypay	Tenpay
Crédit	Google Tez (seulement en Inde)	Amazon Lending	Programme en développement	-	-	MyBank	WeBank
Comptes courants	-	-	-	-	-	MyBank	WeBank
Gestion d'actifs	-	-	-	-	-	Yu'e Bao	LiCaiTong
Assurance	-	Amazon Protect	-	-	-	Xiang Hu Bao	Shuidihuzhu

« LES ÉCHOS » / SOURCE : FINANCIAL STABILITY BOARD

Figure 3.5 – Les activités financières des grandes entreprises technologiques

Certes, les banques gardent des atouts importants : leur base clients est très large, la confiance et la relation tissées avec leurs clients sont anciennes et solides, leurs compétences dans la gestion des risques et leur technicité sont éprouvées.

Les GAFA ne seront pas en mesure immédiatement d'avoir le même type de relation client et de conseil, c'est-à-dire fondés sur la durée, la stabilité et la loyauté, pas seulement sur un modèle transactionnel. Car la banque ce n'est pas simplement de la distribution et des process opérationnels, ce n'est pas seulement de « l'instant satisfaction », c'est aussi une relation de confiance et de loyauté dans la durée. Ceci éclaire pour les banques la valeur de leurs réseaux d'agences et doit les aider à bâtir leur stratégie dans ce domaine. Car le tout Internet les priverait d'un avantage et d'une différenciation forte avec ce type de concurrents sur la relation et la confiance dans la durée sur un segment de services différent et bien plus étendu que celui des paiements. Par ailleurs, les banques, et en particulier les données dont elles disposent, constituent un capital déterminant pour autant qu'elles investissent pour l'utiliser et que les usages soient encadrés de façon sereine, stable et transparente.

Le crédit et la gestion du risque sont et restent le métier principal et les compétences clés de la banque. Amazon *via* Amazon Lending est le premier GAFA à avoir lancé son activité de crédits, mais seulement à des vendeurs tiers sélectionnés avec prélèvement sur leurs ventes, car la maîtrise du risque d'impayés reste un avantage compétitif des banques. De même, d'autres acteurs plus petits interviennent dans ce marché, mais dans des conditions particulières (cas des crédits immobiliers aux États-Unis) et avec des difficultés (cas des défauts de remboursement très élevés du *crowdlending*). Face à cette concurrence, les banques européennes n'ont pas beaucoup d'autre choix que d'adopter une stratégie défensive en tentant de conserver leurs atouts actuels tout en investissant massivement dans le digital et en réduisant fortement leurs coûts pour rester compétitives et protéger leur fonds de commerce. C'est un énorme défi, et les retards pris dans la consolidation du secteur qui aurait permis à la fois de mutualiser les investissements et de réduire les coûts sont un handicap supplémentaire.

Un autre scénario, peut-être plus probable à terme, est celui d'une association entre banques et GAFA, avec évidemment une série de problématiques nouvelles (GAFA soumis aux réglementations bancaires, par exemple). À l'inverse, les banques disposent d'un capital de données clients considérable qui intéresse les GAFA et autres grandes entreprises technologiques qui pourraient l'acquérir à bon compte pour déployer encore plus largement leurs services et leur présence.

Chapitre 4

Les clients et la société ont un problème avec leurs banques

Relation client-banque : évolutions et ruptures

Depuis la crise de 2008, le nouveau *credo* des banques est « l'expérience client ». Quoi ? La banque tout compte fait, aurait donc des clients ?

Cette réaction, visible dans les campagnes publicitaires d'un nouveau genre après la crise de 2008 (« j'aime ma banque »), marque bien cette volonté de développer une relation nouvelle avec les clients. Elle est l'expression et le résultat de plusieurs évolutions et ruptures.

Il est vrai que l'évolution des habitudes de consommation, pour les banques comme pour les autres secteurs, joue un rôle déterminant, car le client devient plus autonome, exigeant, attentif et volatil puisqu'il peut comparer, changer.

Mais ce n'est pas tout : la relation client/banque a en réalité connu trois phases différentes.

La première date des années 1980. Jusqu'à cette période la relation client était directement pilotée par le conseiller en agence et, au-dessus de lui, le directeur d'agence. La relation était *intuitu personae* et, surtout, le conseiller ou le directeur d'agence possédaient autonomie et compétence pour répondre aux besoins du client, créer les différenciations nécessaires et faire si besoin du sur-mesure.

Souvenons-nous que c'est à cette période que la banque de détail a connu ses premières grandes interrogations sur sa rentabilité et son avenir et que le rapport prémonitoire Nora-Minc annonçait déjà avec 40 ans d'avance 30 % de réduction d'effectifs dans les banques et assurances.[1] Le service à l'ancienne avait pourtant quelques vertus pour la clientèle, mais n'a plus suffi pour alimenter un produit net bancaire qui devait absolument continuer à croître significativement pour payer à la fois des coûts de structure en augmentation constante, des investissements informatiques importants et un coût du risque supérieur à ce qu'il est aujourd'hui. Alors a été mis en place dans tous les réseaux « l'équipement » du client, c'est-à-dire la vente systématique de produits, parfois parfaitement inutiles avec les facturations correspondantes. L'organisation des banques et leurs compétences ont été adaptées à cette nouvelle démarche : développement de produits, marketing produits, formation à la vente de produits et commissionnement en fonction des produits vendus et des facturations. Ce n'est pas un hasard si c'est à ce moment-là, au cours des années 1990, que les premières réclamations, plaintes et réactions clients, notamment *via* les associations de consommateurs ont commencé à fortement se développer. Tout à coup, le service devenait payant et les catégories de frais se sont multipliées, prélevées ponctuellement, avec un manque de clarté tel que peu de clients étaient capables de savoir approximativement combien leur coûtaient leurs services bancaires.

---

1 Nora. S, Minc. A, *L'informatisation de la société*, Le Seuil, 1978.

Mais la facturation du service n'est pas choquante en soi dans la mesure où elle rémunère un service qui a un coût et une valeur pour le client. Le problème vient aussi du manque de clarté qui a prévalu entre les banques et leurs clients au sujet de leur facturation et ce problème est aujourd'hui plus que jamais d'actualité. En somme, le *deal* était le suivant : compte courant non rémunéré en échange de frais prélevés sur la tenue des comptes et les opérations. Peu à peu cette logique s'est étendue à tous les produits qui se sont multipliés, en particulier les produits d'investissements et d'épargne ou le fameux *share of wallet* a procuré une source de revenus très importante pour les banques. L'échange implicite se situait entre la marge d'intermédiation que les banques réalisent (entre le coût de leurs ressources, y compris le coût des dépôts des clients, et le produit d'intérêt sur les crédits accordés) et les commissions diverses qu'elles facturent. En échange de la gratuité des dépôts laissés par les clients sur leurs comptes, certains services étaient gratuits, puis sont devenus peu à peu payants sans véritable lien entre valeur ajoutée du service et prix. Bien que le sujet soit ancien, il atteint aujourd'hui son paroxysme, car l'équilibre économique est mis en cause entre coût des ressources et coût de services d'une part, et facturation d'autre part, mais aussi parce que les clients ayant perdu confiance et gagné en exigence ont besoin de mettre une valeur ajoutée en face du prix qu'ils payent. La relation nouvelle qui s'ouvre depuis quelques années impose une relation clarifiée entre le service délivré et le tarif facturé et, par conséquent, une refonte complète des tarifications des banques.

La deuxième évolution significative est celle de la banalisation des banques comme entreprises de services plutôt qu'institutions quasi publiques dominantes dans leur attitude délivrant une sorte de service public imposé auquel les clients s'étaient résignés. Aujourd'hui, la résignation est terminée, car les clients ont compris que la faible qualité de service fournie par leur banque n'était pas irréversible et qu'elle pouvait être significativement meilleure grâce, notamment, au numérique, mais pas seulement. Non seulement les banques sont attendues sur leur rôle de fournisseur de services et de financements et non d'investisseur pour leur compte propre, mais il leur est demandé d'être compétitives, transparentes et citoyennes. Il leur est demandé d'intervenir comme des entreprises normales soumises aux exigences de leurs clients et de la concurrence. Jacques Attali a une formule pour exprimer cela : « les banques doivent recommencer à exercer un métier ennuyeux », ce qui signifie qu'elles doivent se remettre entièrement au service de leurs clients et des besoins de l'économie avec l'efficacité nécessaire.

Les exigences de la clientèle sont ainsi centrées sur leur « expérience client » qui regroupe une série d'attentes sur lesquelles malgré les progrès entrepris, les banques ont encore beaucoup de chemin à faire, notamment en matière de simplicité et de transparence :

- Simplicité car, devenu autonome, le client est de plus en plus capable de savoir ce dont il a besoin et de se servir lui-même. La démultiplication des produits n'a pas toujours servi ni les besoins ni les intérêts du client. Les conseillers eux-mêmes ne sont plus capables de connaître réellement les produits qu'ils vendent. Une étude de Stanwell Consulting a montré que les conseillers de clientèle ne connaissent pas tous les produits qu'on leur demande de vendre : produits bancaires, produits d'épargne, d'assurance habitation, assurance santé, de prévoyance, forfaits téléphoniques.
- Transparence car le nombre de produits et leur packaging ont créé de la complexité au détriment du service et de la clarté vis-à-vis du client. Les méthodes de vente à tout prix au détriment du conseil apporté au client, et aussi, malheureusement, de la formation des conseillers bancaires se sont développées. Le comble ici est que les conseillers ont été traités comme leurs clients, dans une logique mécaniste consistant à profiter de chaque occasion pour vendre un produit au client, peu importe son besoin et son intérêt. C'est ainsi que, par exemple, nombre de personnes âgées se retrouvent aujourd'hui avec des comptes titres inactifs mais sur lesquels des frais continuent d'être prélevés pendant des années.

Cette situation a peu à peu contribué à altérer la confiance, envers la banque, envers les conseillers et leurs bons conseils, certes gratuits, mais dont la plupart n'avaient pour but que de vendre des solutions et des produits supplémentaires facturés sans être utiles au client.

Simultanément la situation des conseillers en agence est devenue de moins en moins tenable : difficultés à maîtriser les produits, activité organisée selon les campagnes commerciales, difficulté d'adapter les produits aux besoins (le mois du crédit immobilier, le mois du crédit auto, etc.), difficulté à comprendre le besoin global du client et à le conseiller. Cette situation déjà pénible s'est aggravée avec la progressive perte d'autonomie provoquée par la multiplication de procédures de travail. Ces dernières, de plus en plus contraignantes, ont limité les aménagements sur-mesure pratiqués en fonction des attentes et des spécificités du client. Conseillers, comme directeurs d'agence, se retrouvent sans l'autonomie et parfois sans la compétence nécessaire pour recevoir et traiter les réclamations des clients avec qui ils sont en contact.

À la longue, les clients ont bien senti cette progressive inutilité de l'agence et l'incapacité des conseillers et de leur directeur d'agence à répondre à leurs problèmes. À la méfiance liée à la multiplicité de produits et de frais, parfois inutiles, s'est ajoutée la décrédibilisation des conseillers dont on perçoit bien la marge de manœuvre très limitée.

Ce phénomène n'est pas sans conséquence, car combiné à la troisième évolution numérique, il accélère le mouvement de désertion de l'agence bancaire en même temps qu'il appauvrit considérablement l'offre de conseil bancaire apportée au client qui n'a finalement pas d'autre choix que de devenir autonome. Au moment même où l'agence bancaire pourrait mieux valoriser son offre, elle a perdu une partie de ses capacités après des années de campagnes produits systématiques qui ont altéré à la fois la relation client et les compétences.

Un autre enjeu, plus général apparaît ici : celui de l'éducation financière des clients. Certes, elle s'est renforcée et améliorée, mais elle reste encore très insuffisante lorsqu'il s'agit de gérer son patrimoine et tout ce que cela comporte en matière d'endettement, d'acquisition, de succession, de fiscalité, de droit de la famille, de prévoyance, de retraite, etc. Si les clients fréquentent moins leur agence, et utilisent de plus en plus des services et des informations en ligne, alors se posera la question de leur information, de leur connaissance financière et de leur conseil. Certes, les clients sont de plus en plus autonomes et informés, mais sont-ils bien informés ? Plus des trois quarts des Français ne savent pas que l'assurance-vie n'est pas un produit mais une enveloppe fiscale à l'intérieur de laquelle leur épargne peut-être investie dans de nombreux supports, y compris les plus risqués. Avec un encours de plus de 1 700 milliards d'euros d'assurance-vie en France, un effort d'information/formation des clients n'est-il pas urgent et nécessaire ?

Le deuxième thème sur lequel la banque doit reconquérir la confiance de ses clients est celui des comportements et sa réputation. Certes les banquiers n'ont jamais fait partie des professions préférées mais il y a là un vrai problème entre la banque et la société.

La crise de 2008 a révélé une telle série de scandales qu'il s'agit là d'un vrai sujet pour les banques de reconstituer leur réputation et leur image. Elles y consacrent d'ailleurs une large part de leur budget marketing. Naturellement, l'amalgame a plongé dans les mêmes eaux troubles des établissements qui ont multiplié les entorses aux réglementations et nombre d'établissements qui ont continué à faire leur métier avec conscience et professionnalisme. Mais tout de même, ces années 2000 auront été des années noires, et toutes les opérations de communication sur le thème de l'éthique n'ont souvent servi qu'à masquer des pratiques répréhensibles. Sur l'échelle des dérives des pratiques et comportements, tout n'a pas le même degré de gravité, mais la multiplication des problèmes démontre bien l'ampleur du mal. Inutile de revenir sur des exemples – ils sont nombreux – mais plutôt sur le temps et les actions nécessaires pour reconquérir un niveau de réputation et de confiance propres à restaurer des relations normales entre les banques et la société.

Le vaste chantier de l'éthique

L'origine de ces dérives prend racine dans une culture professionnelle conservatrice, marquée par l'entre-soi, une faible diversité de profils, le goût du secret et une éthique visiblement trop faible pour les empêcher. Empruntons une conception classique de l'éthique et confrontons-la à la réalité[1]. Les trois dimensions de l'éthique sont l'éthique comme respect de la loi, l'éthique comme ensemble de vertus et l'éthique comme utilité pratique. Il n'y a pas de raison que ces trois conceptions ne puissent pas se combiner dans la stratégie comme dans la gestion quotidienne des banques.

Considérons tout d'abord le respect de loi et des règles. Bien sûr, l'esprit des règles n'a pas été suivi, et il y a eu ces différents scandales et ces amendes pharaoniques infligées par les États-Unis, mais, proportionnellement à l'ampleur de la crise, il serait faux de dire que les règles ont été systématiquement bafouées. En somme, les règles organisant l'exercice du métier de la banque étaient sans doute largement insuffisantes, mais à l'évidence, elles ne peuvent traiter l'essentiel du problème.

C'est bien ces comportements affranchis des vertus et d'éthique qui ont nourri le cœur des dérives. Rigueur dans l'analyse, morale, sens de l'intérêt général, responsabilité, lucidité pour soi-même et sincérité vis-à-vis des autres, détachement des passions du pouvoir et de l'argent et humilité : ces vertus se sont parfois tellement éloignées des centres de décision des banques qu'elles ont été bien souvent considérées comme des signes de faiblesse et des contraintes dans la recherche du profit. Or, de ce point de vue, la crise de 2008 a bien servi de leçon en montrant combien le dispositif, malgré sa puissance et sa globalisation, était fragile et finalement dépendant des institutions publiques et des États et, en dernier ressort, des citoyens qui assument les conséquences des risques pris par les banques à la fois comme contribuables et accessoirement comme déposants des banques. Les banquiers vivent mal aujourd'hui cette tutelle forte

1 Droit R.-P., *Les héros de la sagesse*, Plon, 2009.

exercée par les États et les banques centrales qui agissent elles-mêmes comme banquiers du système en l'approvisionnant de liquidités, en soutenant les prix des actifs et en soulageant les bilans bancaires afin qu'ils puissent se consacrer à nouveau au financement de l'économie. Mais cette situation pénible est nécessaire au moins pour un temps – probablement assez long – sous la pression de l'urgence économique et financière, mais aussi parce que la demande sociale, de régulation et d'intervention publique est forte et légitime.

Ces comportements et cet état d'esprit ont-ils réellement changé ? La réponse ne peut être franchement positive. Le sentiment de supériorité qui a conduit certains banquiers à considérer qu'ils pouvaient se situer au-dessus des lois, des États et des règles a pris racine et il reste encore malheureusement très présent. Ceux qui ont vu certains dirigeants de banques venir expliquer à leurs équipes que la crise était de l'entière responsabilité des États, des régulateurs ou des normes comptables ne peuvent que s'interroger sur l'ampleur du problème. À l'intérieur des banques lorsque le discours invite à l'irresponsabilité plutôt qu'à l'humilité, plus aucun garde-fou ne fonctionne. Mais soyons optimistes, les contrôles, le temps et les difficultés feront leur œuvre pour ramener à plus de mesure.

La reconquête pour les banques et les banquiers passe par davantage de retenue dans toutes les composantes de l'exercice de leur métier : dans la contraction de leurs bilans, dans le recentrage de leurs activités vers l'économie réelle, dans la gestion de leurs entreprises, dans la reconstitution de leurs marges et la maîtrise de leurs coûts et de leurs rémunérations. Cela aussi fait partie des programmes de transformation à venir. La transformation ne doit pas être que digitale, elle doit aussi être managériale, organisationnelle et culturelle ; guidée par le souci de servir ses clients et d'être rentable avec les méthodes d'une entreprise classique, et non en recourant à corps perdu aux innovations financières et autres martingales qui permettent d'améliorer le ROE et… les bonus.[1]

---

1 ROE (*Return on Equity*) : rentabilité du capital.

Mais pourquoi tant d'exigences ? Parce que, on l'oublie souvent, le métier de la banque en raison de son rôle, de sa nature et de ses caractéristiques a des responsabilités et des exigences propres : une responsabilité vis-à-vis de l'économie, dans la stabilité monétaire et également dans la sécurité des échanges et de l'épargne, par conséquent beaucoup de responsabilités publiques à assumer. Cela aussi justifie et légitime l'intervention publique lorsque l'un de ces rôles n'est pas assuré avec suffisamment d'efficacité et en même temps renforce considérablement les enjeux auxquels le secteur est confronté.

La responsabilité sur la sécurité des échanges et des paiements est un de ces enjeux, non pas nouveau, mais considérablement accru par l'explosion des fraudes et des risques liés à la dématérialisation.

Digital et confiance : une relation à construire

Le digital est un facteur de simplicité et de gain de temps pour le client. Mais il développe aussi des difficultés nouvelles. Prenons l'exemple des fraudes à la carte bancaire. Le sujet est si préoccupant que peu de statistiques en reflètent l'augmentation exponentielle. Pour le client, cela devient un sujet de préoccupation nouveau. Il est encouragé à utiliser ces moyens de paiement, mais le nombre d'incidents auxquels il est confronté ne cesse de croître, occasionne beaucoup de perte temps et de stress (plus de carte bancaire pendant une semaine, faire des démarches pour en obtenir une nouvelle, changer de mot de passe, faire opposition et au final disposer de plusieurs cartes bancaires pour se couvrir contre de tels inconvénients...). Cela altère la confiance du client dans les moyens de paiement utilisés, crée de la complexité et de l'opacité et l'incite, phénomène nouveau, à surveiller de très près les opérations sur son compte car il perçoit un risque. Certaines possibilités offertes par le digital peuvent donc avoir un prix assez élevé pour le client lorsqu'il est victime d'une fraude ainsi que pour les banques qui doivent développer et sans cesse renforcer des dispositifs et des moyens pour assurer la sécurité et la confiance.

Le principal risque pour les banques est de digitaliser sans transformer, sans simplifier, ni revoir de fond en comble leur mode de fonctionnement. Le risque serait de digitaliser la bureaucratie, de s'en remettre aux seuls outils sans remise en cause profonde de l'organisation du travail et des processus.

Cela montre qu'il faut du temps pour que le digital apporte tout son potentiel, mais cela montre surtout que l'intelligence organisationnelle et la capacité à simplifier et à transformer l'organisation du travail sont déterminantes pour que le digital se traduise en gains réels.

Chapitre 5

Les taux d'intérêt nuls voire négatifs : défi à la rentabilité

La situation des taux d'intérêt nuls ou négatifs représente un enjeu fondamental pour le compte d'exploitation des banques.

Premier effet des taux négatifs : transformation anéantie

La transformation consiste à utiliser les dépôts des clients (dont le coût de collecte inclut la rémunération de dépôts, actuellement ~ 0,6 % et le coût – fixe – des agences, ~ 0,8 %) pour refinancer les prêts accordés. Vu que les taux d'emprunt sont indexés sur les taux de base de la Banque centrale européenne, la baisse actuelle des taux de base à zéro a entraîné la plupart des taux d'emprunt vers leurs plus bas niveaux historiques. Ainsi, le taux d'emprunt des nouveaux prêts accordés aux sociétés ressortait à 1,55 % en janvier 2020 (contre ~ 3 % en janvier 2013), et celui relatif aux nouveaux crédits immobiliers à 1,44 % en janvier 2020 (contre ~ 3,2 % en janvier 2013). Par conséquent la marge de transformation est aujourd'hui nulle pour les crédits octroyés actuellement.

En moyenne sur la période 2010-2015 pour la banque de détail, l'activité de transformation a représenté environ les deux tiers des revenus. Ce chiffre est même supérieur pour les banques françaises et allemandes en raison des crédits immobiliers à taux fixes, largement majoritaires, dans ces deux pays. En effet, les crédits immobiliers s'étendant traditionnellement sur des durées assez longues, entre 15 et 25 ans, tant que les taux restent élevés, la marge de transformation peut être pérennisée sur une durée assez longue. Hélas, en période de taux bas, la marge de transformation reste faible ou nulle pendant de longues années également.

Dans ces conditions, la seule option pour abaisser le coût de collecte pour une banque privilégiant un refinancement par des dépôts est d'abaisser le coût du réseau de distribution.

Si l'on prend l'exemple de la France et selon les chiffres de la banque de France au 30 Septembre 2019 (tableau 5.1), on observe que les dépôts de la clientèle non financière atteignent 1 620 milliards dont près de 600 milliards à un taux de rémunération équivalent à zéro. Au même moment, le taux de l'Euribor 3 mois, taux de marché de référence pour les crédits à taux variables était négatif à – 0,42 %.

Tableau 5.1 Taux de rémunération des dépôts

	Comptes courants ordinaires	Livrets réglementés	Autres livrets	Épargne logement	Comptes à terme	Total
montants en Md€	604	253	214	284	265	1 620
taux de rémunération moyen	0,02	0,78	0,22	2,66	0,74	0,59

Source : Banque France. Statistiques dépôts bancaires.

Nous sommes donc dans une situation où non seulement les taux de marché sont inférieurs et de loin aux taux de rémunération des dépôts, mais surtout ils sont nettement inférieurs au prix des comptes courants non rémunérés. Clairement, dans ces conditions, il est plus avantageux pour les banques de se refinancer sur le marché financier, avec tous les risques de liquidité que la crise a rappelés, plutôt qu'en utilisant les dépôts de la clientèle.

De façon schématique, cela montre que l'élasticité à la baisse du prix des ressources est très inférieure à celui des taux de marché et indirectement à celui des taux de crédits, d'une part parce que l'adaptation est beaucoup plus lente (dépôts réglementés) et d'autre part parce qu'elle est, pour l'instant en tout cas, limitée à un plancher de zéro. Il faut en outre se souvenir que la collecte de dépôts, et particulièrement de dépôts non rémunérés, comporte des coûts fixes incluant les coûts de la collecte – réseaux et *front office* et le coût de gestion des comptes courants – coûteuse et exigeante – et celle des autres comptes à taux réglementés, sur livrets ou à terme. La baisse du coût des ressources des banques est par conséquent contrainte par, à la fois une élasticité plus faible, mais aussi et surtout, par le niveau des coûts de collecte et opérationnels qui constitue un plancher à la baisse du coût de la ressource. Prenons un exemple pratique pour tenter de montrer l'impact de ce phénomène et *de facto* l'impact sur la marge des banques. Comme le montre le tableau 5.1, les ressources clientèle non rémunérées, donc gratuites pour les banques, représentent en moyenne 35 % des dépôts. En période de taux plus élevés comme cela a été le cas pendant plusieurs années disons autour de 3 %, le fait de détenir des dépôts gratuits non rémunérés procure un avantage très significatif qui correspond tout simplement au taux de marché (taux de rémunération + coût de collecte et de gestion).

Considérons maintenant l'hypothèse réaliste d'un coût de collecte et de gestion de l'ordre de 80 points de base en moyenne. Dans la période précédente, l'avantage pris globalement pour les banques françaises s'élevait à 3 % – (0,0 % + 0,8 %) soit 2,2 % sur ces ressources soit sur 35 % des ressources clientèle soit 0,35 × 2,2 % = 80 points de base, un avantage que l'on retrouve mécaniquement dans les marges des banques. Dans ce cas, les banques de dépôts sont avantagées par rapport à celles qui refinancent une partie significative de leurs crédits sur le marché. Dans le cas contraire, cet avantage disparaît et peut même devenir un handicap.

La marge d'intermédiation est donc affectée non seulement par la faible élasticité à la baisse de la rémunération de dépôts clientèle, mais surtout parce que le coût de gestion et de collecte n'a pas changé en dépit de la baisse des taux. La différence que l'exemple simple exprime ci-dessus correspond, toutes choses égales par ailleurs, à l'impact sur la marge d'intermédiation et montre pourquoi la réduction significative du coût de la ressource et de la collecte des dépôts est fondamentale. Ceci est d'autant plus nécessaire que les excédents de dépôts déposés dans les banques centrales sont facturés aux banques avec un taux négatif.

Pourtant, le problème ne se limite pas à celui de la marge. Car, en outre, les leviers à la disposition des banques pour reconstituer ou maintenir leurs marges entrent en contradiction directe avec les règles prudentielles et les principes de renforcement de la solidité des banques :

1. emprunter sur le marché pour refinancer les crédits, au lieu de recourir aux dépôts clients, contribue à accroître le risque de marché et de liquidité, en cas de blocage du marché interbancaire, et à accroître le volume des bilans ;

2. accroître le volume des crédits et des crédits ou financements à risques mieux rémunérés car plus risqués augmente mécaniquement les risques de contrepartie ;

3. réduire les coûts. C'est ce que font les banques de réseau pour réduire progressivement mais de façon encore trop limitée leur nombre d'agences. Elles le font également en modernisant leur approche pour faciliter l'ouverture de comptes en ligne et raccourcir les délais d'ouverture (le compte courant express du Crédit Agricole).

Cette évolution devrait contribuer à amplifier encore davantage la baisse de fréquentation des agences. Côté gestion opérationnelle, les règles et principes de sécurité ainsi que l'envolée des fraudes pèsent encore sur les coûts et les *back offices*, car, malgré des investissements significatifs dans la numérisation des documents, l'automatisation des tâches et des contrôles n'a pas réalisé de progrès notable. Pour l'instant, les économies d'échelle en matière de *back office* sont généralement décevantes en pratique car la mutualisation et l'automatisation butent sur la gestion du contact et les interactions avec le client, qui exigent pour l'instant du temps et des ressources nombreuses qualifiées et disponibles. Dans ce domaine, en attendant que le potentiel de l'intelligence artificielle se traduise dans les chiffres, ce sont les opérations structurelles comme les rapprochements et les mises en commun de plateformes entre banques et l'externalisation qui sont les plus efficaces en réduction de coûts.

Deuxième effet des taux négatifs : investissements en obligations moins attrayants

Cet effet est décrit en détail par Patrick Artus[1]. La baisse des taux entraîne normalement un recul de la demande d'obligations et la contraction des investissements en obligations en particulier en assurance-vie traditionnelle. Les épargnants se reportent vers les placements liquides et monétaires (dépôts bancaires) au détriment des obligations, ce qui conduit à l'intermédiation du financement des États et autres déficits publics par les banques, comme c'est le cas depuis longtemps au Japon.

Cette substitution d'actifs liquides aux obligations s'observe déjà dans d'autres pays et concerne tous les segments de la clientèle, ménages, entreprises et institutionnels. Dans ces conditions,

1 Artus. P, *Revue d'économie financière*, mars 2016.

ce phénomène a deux conséquences. La première est une diminution de la demande en obligations et une forte contraction des volumes pour les collecteurs en obligations traditionnels. On observe par exemple une baisse régulière de la collecte d'assurance-vie depuis 2011 car les épargnants se reportent vers les dépôts bancaires et cela se retrouve dans la progression régulière du volume des dépôts clientèle surtout à partir de 2014. Dès lors, l'épargne se retrouve sur les bilans bancaires et transformée par les banques en achats de titres et obligations publics à des rendements le plus souvent négatifs. Cela induit une transformation profonde des bilans bancaires et des risques supplémentaires avec un impact significatif et négatif sur les marges bancaires et à nouveau une évolution contradictoire avec la contraction des bilans rendue nécessaire par les ratios de levier et les exigences en capital.

Le cas des banques en ligne et néo-banques face à la chute des taux

L'effondrement des rendements sur les produits d'épargne a fait fondre les sources de revenus de Boursorama, ING Direct et autres banques en ligne qui doivent se diversifier, fidéliser et augmenter leurs PNB par client pour sauvegarder leur rentabilité.

Mises en difficulté par la baisse des taux de rendement et bientôt concurrencées par des néo-banques 100 % mobiles, les banques en ligne françaises se trouvent à un moment charnière de leur histoire. Elles doivent rapidement diversifier leurs sources de revenus en élargissant leurs gammes de produits, tout en améliorant encore l'expérience client en ligne pour lutter contre l'arrivée sur le marché des nouveaux acteurs.

Les banques en ligne françaises se sont lancées dans les années 2000 en misant d'une part sur des coûts moindres que celles des banques traditionnelles, grâce à l'absence de réseaux d'agences physiques et d'autre part, sur une gamme de produits très peu étendue, principalement d'épargne, pour collecter les fonds destinés à assurer leur financement. Collecter de l'épargne était encore rentable avec des taux à 7 ou 8 %, mais aujourd'hui, avec des taux proches de zéro, la marge d'intérêt des encours de comptes courants ou d'épargne est quasiment nulle.

Des choix et des mouvements stratégiques sont attendus : les banques en ligne détenues pour la plupart par de grandes banques de réseaux se cherchent un avenir. Resteront-elles séparées des réseaux traditionnels comme cela est le cas aujourd'hui, deviendront-elles un outil d'acquisition de clientèle combiné à des réseaux d'agences réduits et recentrés sur le conseil et le développement des clients patrimoniaux, ou à terme, ont-elles vocation à se substituer entièrement aux agences, ces dernières étant simplement destinées à accueillir les clients qui accepteront de payer le service correspondant ?

De premiers arbitrages ont déjà eu lieu : après avoir essuyé un échec avec l'acquisition de Fidor, BPCE a racheté à Auchan Oney Bank et Carrefour Banque a stoppé ses activités. La banque en ligne se rapproche inexorablement de la banque traditionnelle. De la combinaison des deux naîtra la banque de demain, essentiellement en ligne, combinée à un nombre limité d'agences recentrées sur les activités de conseils et dont l'accès sera payant.

Deux sources de revenus taries

Outre une marge d'intérêt en berne pour les banques, la baisse des taux a aussi pour conséquence de rendre de moins en moins attractifs les produits d'épargne aux yeux des clients et donc potentiellement de ralentir la progression des encours sous gestion. Or, les frais de gestion prélevés sur les sommes placées en assurance-vie constituent l'une des principales sources de revenus des banques en ligne telles que ING Direct et Fortuneo, notamment, mais le rendement des contrats étant de moins en moins intéressant, le potentiel de collecte est destiné à se réduire.

Les deux sources principales de revenus des banques en ligne sont donc mises à mal, alors même que leurs modèles sont encore assez peu rentables. Il faut compter environ 500 euros de coût d'acquisition par client pour une banque en ligne, alors que chaque client génère à peine 100 euros[1] de produit net bancaire, contre 300 euros de coût d'acquisition et en moyenne 500 euros de PNB pour une banque traditionnelle. La banque en ligne rentabilise donc bien moins rapidement l'acquisition de ses clients que ses concurrentes traditionnelles.

Un désavantage d'autant plus pénalisant que le taux d'attrition est à l'inverse plus élevé chez les banques en ligne. Ceci est logique avec un client qui souscrit en moyenne chez elles au maximum un ou deux produits contre 6 ou 7 dans les banques traditionnelles et un lien de fidélité par conséquent plus faible. Élargir la gamme des produits distribués à leur base de clients acquis sur une base promotionnelle est une stratégie qui permet à des banques en ligne comme Boursorama ou ING Direct de fidéliser leurs clients et d'augmenter progressivement leurs revenus par client. Pourtant, le passage du tout gratuit à des offres payantes est un défi difficile à relever.

Diversification pour les banques en ligne : crédit immobilier et courtage en ligne

Pour pallier la baisse des taux, les banques en ligne réinventent leur *business model* en diversifiant leur offre et surtout en la complétant. Boursorama d'abord, puis ING Direct, suivi par Fortuneo se sont lancés dans le crédit immobilier en ligne pour augmenter leurs revenus par client et surtout fidéliser leur clientèle. Mais cela leur demande du temps pour développer un encours de crédit suffisant et pour acquérir un savoir-faire notamment en matière de risques, un temps que l'érosion du PNB ne leur concède pas.

1 Cette somme est plus proche de 50 euros en moyenne pour les néo-banques du type Revolut ou N26.

La volonté des banques en ligne est aussi de montrer qu'elles peuvent proposer toute la gamme de produits et se positionner comme de véritables banques de détail universelles. « Nous voulons être identifiés sur le créneau de la banque de détail et montrer que nous ne faisons pas que du compte courant », confirme l'un de ses responsables. Mais c'est un défi rendu difficile par des taux de crédit qui ont chuté en même temps que les marges, malgré l'accès à des taux de refinancement très bas.

Les banques en ligne accélèrent aussi sur les activités de courtage en ligne qui peuvent être génératrices de commissions élevées. Il s'agit de l'activité de base de Boursorama, mais elle est moins développée chez ses concurrents directs. L'acquisition par Fortuneo de Keytrade, un broker en ligne belge, relève de cette logique : compléter et élargir la gamme de produits en ligne et se doter d'une source de revenus complémentaire tout en fidélisant les clients. À l'inverse du crédit à la consommation qui est un métier difficile parce que générateur de risque de contrepartie et exigeant un savoir-faire en matière de recouvrement, les produits d'investissement sont les plus rentables pour la banque en ligne comme pour la banque de réseau traditionnelle. Enfin, suivant la diversification réussie des réseaux bancaires dans la distribution d'assurance, les banques en ligne développent leur gamme de produits d'assurance, mais avec là aussi une capacité de distribution qui reste modeste si d'importants moyens marketing ne sont pas mis en œuvre.

Chapitre 6

En quête d'un nouveau modèle économique

Les banques et le secteur bancaire tout entier sont confrontés à de multiples défis simultanés et parfois contradictoires : contraintes réglementaires fortes, évolutions technologiques et concurrentielles très rapides, déficit de confiance durable, politique de la BCE et de taux d'intérêt défavorables aux marges d'intérêt.

Cette situation n'est pas tenable dans la durée et provoque des transformations profondes dans l'organisation et la manière d'exercer le métier. La crise de 2008 n'est pourtant pas encore digérée car de nombreux établissements ont leur bilan encore chargé en créances douteuses souvent sous-évaluées, ont besoin de capital neuf pour renforcer leurs ratios réglementaires que les banques voient à nouveau leur rentabilité – déjà faible – à nouveau menacée. Dans ce processus de transformation du secteur, des établissements vont soit disparaître, soit s'adosser par voie de rapprochement. Dans ce mouvement, des arbitrages sont nécessaires pour réduire les capacités et les adapter au marché, pour arrêter des activités non rentables, pour céder des métiers périphériques ou pour reconstituer leur capital. Le secteur se transforme d'abord par le haut par des opérations structurantes qui sont indispensables pour solidifier l'ensemble du système bancaire, sa solvabilité et sa résistance aux chocs dans une économie marquée par plus de volatilité et de risque.

Mais cette transformation doit également s'effectuer en profondeur au sein de l'organisation des banques pour faire évoluer leur *business model* qui est remis en cause sous plusieurs angles et retrouver un niveau de rentabilité capable de rémunérer le capital qui leur est indispensable et supporter le coût du risque inhérent au métier.

Pour cela, elles doivent agir sur leurs revenus en se redéployant selon des parcours clients, des services et des accès que la révolution digitale rend possible. Ces investissements sont indispensables pour rester compétitifs mais ils sont, aussi et surtout, le moyen d'une extension et d'une montée en gamme des services pour les clients, de pouvoir répondre aux attentes et proposer les solutions les plus rentables. Ceci signifie aussi que les banques devront profondément revoir leurs tarifications pour sans doute les augmenter, facturer le service, facturer le conseil et mieux adapter les tarifs à la valeur apportée au client.

Du côté des coûts, l'effort à réaliser est encore plus considérable. Il touche à l'organisation et aux structures des banques qui sont trop lourdes et trop coûteuses. La productivité du secteur, qui est un sujet rarement abordé, est trop faible et le progrès technique et numérique devra se traduire par des réductions probablement très importantes en effectifs en même temps que les compétences devront être développées pour suivre cette montée en niveau et en gamme des services apportés aux clients.

Les évolutions de la relation client à l'heure du numérique

Comment les banques vont-elles s'adapter ? Comment peuvent-elles réinventer leur relation client dans ce nouveau contexte ? Constat préalable : les canaux à distance s'imposent aujourd'hui dans les interactions entre les banques et leurs clients, et sont plutôt sources de satisfaction. Les Français ont en effet de plus en plus recours au Web pour consulter leurs comptes, s'informer sur les produits ou réaliser toutes sortes d'opérations bancaires simples ou complexes. Le succès des canaux digitaux s'explique en grande partie par l'essor du smartphone et son utilisation croissante dans les transactions et la souscription de produits et services bancaires. Tout le secteur bancaire doit investir massivement dans le digital pour intégrer efficacement toute son offre aux nouveaux usages et modes de distribution.

Mais cela ne suffit pas à améliorer la qualité de la relation entre les clients et leurs banques. Le niveau de confiance des clients dans leur banque principale est médiocre tout comme le taux de recommandation spontanée, qui reste négatif, sauf pour les banques en ligne, malgré une légère amélioration en 2018. À titre de comparaison, l'indice de recommandation de Metrobank au Royaume-Uni atteint presque 80 %, et celui des sites de vente en ligne aux États-Unis plus de 50 %.

Pour se transformer, les banques doivent travailler pour construire une offre de services et une valeur ajoutée nouvelle, et celle-ci passera par trois axes de développement :

1. **La digitalisation.** Les clients sont de moins en moins nombreux à avoir recours aux services de leur agence car leurs opérations courantes sont en effet réalisées *via* les canaux digitaux, et ils peuvent s'ils le souhaitent être en contact avec leurs conseillers par téléphone ou e-mail. Les banques en ligne le démontrent : la plupart des produits et services peuvent être consommés en ligne sans intermédiaire et de façon largement autonome par les clients. Le développement de la banque en ligne s'effectue rapidement au rythme des usages des clients. La multiplication des possibilités techniques de mise en relation, de distribution et de gestion transactionnelle transforme aussi les unités de *middle* et *back office*. L'intelligence artificielle, la numérisation et le *Big Data* simplifient, fiabilisent, préparent, documentent

et augmentent le travail des conseillers et gestionnaires. Dans cette perspective, les multiples implantations des banques pourraient être un atout, à condition d'en repenser le rôle. Elles pourraient retrouver de la valeur ajoutée aux yeux des clients en se positionnant davantage comme de véritables lieux de conseil, ce qui correspond d'ailleurs aux attentes d'une grande partie de la clientèle. C'est une opportunité pour les banques ; elle repose sur une redéfinition du rôle et du profil non seulement des agences elles-mêmes, mais aussi des conseillers bancaires.

2. **Les conseillers, leurs compétences et donc le conseil** : par la confiance qu'il incarne, sa stabilité, sa connaissance du client et ses attentes, sa capacité à synthétiser les informations de plus en plus multiples et complexes et ses compétences techniques, le conseiller bancaire de demain pourra apporter la valeur que les fintechs n'apporteront pas. Lorsqu'ils sont interrogés, les clients attendent de leur conseiller avant tout des compétences techniques solides, ainsi qu'une bonne relation et de la disponibilité. Car le relationnel ne fait pas tout, ce qui importe c'est une approche globale des besoins du client et de ses intérêts, ce qui suppose une maîtrise suffisamment étendue et pluridisciplinaire des questions financières. L'effort de développement des compétences doit mettre l'accent sur les connaissances juridiques, fiscales, financières en matière de crédit comme d'assurance pour acquérir la capacité de conseiller valablement les clients dans leur gestion quotidienne ou patrimoniale. Aujourd'hui, ces compétences sont trop exclusivement centrées sur la technique des produits et insuffisamment sur la compréhension du besoin et de l'intérêt du client.
3. **La réelle maîtrise de l'information client**, bancaire et non bancaire. Ceci afin d'être en mesure non seulement de mieux cerner et segmenter les clients et leurs attentes, mais aussi pour leur proposer de nouvelles offres réellement personnalisées, qui valorisent la marque et l'ancrage de la banque dans les lieux de vie dans lesquels elle échange. L'enjeu est majeur pour permettre aux banques d'exister dans un monde où l'information est sura-

bondante. Les efforts à mener en termes d'analyse de données et de meilleure connaissance des clients sont à la mesure de cet enjeu, pour des entreprises bancaires parfois peu agiles et souvent empêtrées dans des systèmes d'information lourds et complexes.

Une rentabilité durablement dégradée qui accélère les transformations

La situation s'est non seulement dégradée, mais il devient urgent de la remettre d'aplomb. Lorsque les taux d'intérêt nuls et négatifs ont sérieusement commencé à attaquer les comptes d'exploitation bancaires, certains dirigeants de banques ont pu s'inquiéter du secteur bancaire européen, car les taux d'intérêt négatifs dans la zone euro posaient un problème majeur en limitant les marges bénéficiaires des banques à des niveaux non viables à long terme.

La question des taux négatifs a fourni de multiples débats, tantôt pour expliquer qu'en effet la politique de taux bas a permis au secteur bancaire de réparer les bilans et en particulier de vendre d'importants volumes de créances douteuses. Ensuite, la politique de taux bas a favorisé une forte expansion du volume des prêts qui a permis de soutenir la rentabilité en compensant la baisse des marges d'intérêt. Il n'y a pas de contradiction ici entre politique monétaire (taux bas) et supervision, mais plutôt une incompatibilité théorique entre le fait de créer les conditions qui facilitent le crédit et vouloir en même temps que les marges se maintiennent à leur niveau antérieur. De fait, le traitement de choc des taux bas a permis de sauver le secteur bancaire et l'économie, mais sur la durée le traitement affaiblit le malade. La politique monétaire ne peut pas tout, elle est un instrument extérieur et temporaire. La vraie réponse se trouve au sein des banques elles-mêmes dans leur transformation, et dans la réduction des coûts qu'elles doivent réussir tout en développant leur fonds de commerce. La restauration de la rentabilité des banques passe d'abord par une forte réduction des coûts et des capacités. Le surcroît de rentabilité contribuera au renforcement de la solvabilité et des fondamentaux nécessaires à un développement assaini. Le débat sur la politique monétaire ne doit pas faire oublier qu'elle ne peut pas être une réponse durable, en effet, car la réponse se trouve à l'intérieur des banques elles-mêmes dans leur transformation digitale et l'ensemble des moyens qu'elles pourront mettre en œuvre pour améliorer leur productivité et leur efficacité.

Car, l'équation économique des banques françaises est désormais clairement posée. Le coefficient d'exploitation des banques européennes, qui se situe aux environs de 70 %, devrait se dégrader progressivement sous l'effet des taux d'intérêt très bas et de réductions de coûts qui se font attendre malgré les annonces successives et ininterrompues de réductions d'effectifs.

Les baisses de marge d'intérêt sont en grande partie compensées par une forte augmentation des volumes de crédits, donc de l'exposition aux risques. Compte tenu de la difficulté pour les banques à restaurer des marges d'intérêt satisfaisantes dans ces conditions, et des limites des prises de risques, il est possible d'estimer la perte de marge d'intérêt jusqu'à un quart de son niveau actuel, ce qui correspondrait à une baisse de 15 à 20 % du PNB en moyenne dans les métiers de banque de détail. Dans ces conditions, le bénéfice net d'exploitation du secteur serait réduit de moitié, voire proche de zéro selon les banques.

Quelles sont les marges de manœuvre disponibles pour desserrer l'étau qui menace la viabilité des banques ? Un premier levier déjà à l'œuvre depuis longtemps est l'effet de l'inertie des résultats des banques aux évolutions économiques et financières. Une partie significative des résultats est issue d'encours porteurs d'intérêt à taux fixe ou de conditions tarifaires et taux d'intérêt historiques qui continuent avec retard d'exercer un effet positif sur les résultats. Cela donne du temps aux banques pour adapter leur *business model*. Mais ce temps est déjà compté car cela fait déjà plusieurs mois que les résultats des banques bénéficient de l'inertie de leurs encours de crédits ou d'actifs.

S'agissant des revenus, les banques vont devoir intégrer la baisse inéluctable et durable des revenus de transformation, c'est-à-dire de leur activité classique qui consiste à transformer les dépôts de la clientèle en crédits. La faiblesse durable des taux d'intérêt, mais aussi les ratios de liquidité et en particulier le NSFR (ratio de liquidité à long terme), tirent à la baisse les revenus d'intermédiation de façon très significative et structurelle. Cela est vrai sur les revenus d'intérêt sur crédit à taux fixe, mais aussi sur les revenus des crédits à taux variables qui comportent de fait un risque de taux potentiellement source de défaillance des emprunteurs.

Pour ce qui concerne les commissions, les banques sont confrontées à plusieurs tendances contradictoires. D'une part les facturations multiples qui sont développées dans la banque de détail spécialement en France, ou le *cross-selling* et la multiplication de produits, ont permis d'augmenter le niveau des commissions. Mais d'autre part et à l'inverse, la compétition menée entre établissements et notamment par les banques en ligne tend vers la gratuité des services de base tels que la tenue de compte, la carte bancaire, les paiements et tire à la baisse les commissions encaissées. Ce phénomène est renforcé par le fait que seulement environ 30 % des clients paient le tarif affiché compte tenu des remises, péréquations et autres gestes commerciaux.

Cette situation ne peut pas durer et exige des plans de transformation immédiats. Quelques banques ont soudainement changé de pied au cours des derniers mois pour relever les frais de tenue de compte, (BNPP, ING direct) pour couvrir une partie des frais en particulier pour les frais et les frais bancaires sont appelés à augmenter encore en 2020 et au-delà.

En réalité, la tarification bancaire est appelée à se transformer progressivement pour s'aligner sur celle des entreprises de services. La facturation actuelle devra probablement être refondue d'abord pour faire le tri entre les services qui ont une valeur pour le client et ceux qui en ont moins, mais aussi pour remettre de l'ordre dans son application, de sorte que les tarifs soient réellement appliqués et les remises commerciales plus rationnelles. Ensuite, il s'agit de facturer davantage en fonction du coût de revient. La facturation pratiquée aujourd'hui par les banques est largement déconnectée des coûts réels de revient. Remettre à plat à la fois la valeur pour le client et le coût des produits et des services rendus est un vaste chantier urgent. Côté gamme de produits et services, le temps est venu de faire le tri pour ne garder que les produits les plus rémunérateurs. De ce point de vue, le développement de nouveaux services est un levier indispensable pour générer des revenus additionnels. Côté coûts, il s'agit de développer le contrôle de gestion dans les banques qui reste malgré de nombreux progrès encore sous-développé.

Ce chantier est réellement stratégique car il doit permettre à la fois d'aboutir à une meilleure adéquation des gammes de produits et services aux besoins de la clientèle, de réduire les coûts liés à la gestion et à la maintenance de gammes de produits obsolètes, d'accélérer le développement de nouveaux services, et, sur la base d'une meilleure maîtrise et connaissance des coûts, de facturer le juste prix des services rendus.

Les commissions encaissées par les banques françaises s'élèvent à environ une douzaine de milliards d'euros, ce qui représente proportionnellement 20 à 25 % de leur PNB en banque de détail. La transformation de la facturation et de la composition de revenus provoquée par la baisse des taux d'intérêt exige deux types d'actions simultanées qui sont la réduction des coûts combinée à une remise en ordre et une augmentation des facturations.

Les proportions, même si elles sont approximatives, sont connues. Le maintien de taux d'intérêt bas devrait conduire à une baisse tendancielle du PNB de l'ordre de 20 % qui ne pourra être compensée que par la restructuration et la réduction des structures et des coûts, et par une facturation des services transformée et augmentée. La forte concurrence entre banques montre néanmoins que le levier de la facturation, bien que nécessaire, reste plus limité par rapport à celui des coûts.

En réalité, la problématique du compte d'exploitation des banques est une combinaison de variables interdépendantes parmi lesquelles :

- le niveau du capital (fonds propres) ;
- le rendement du capital ;
- le total de bilan ;
- les revenus d'intérêt ;
- les commissions sur produits et services ;
- les revenus de trading ;
- les coûts ;
- les coûts du risque.

La figure 6.1 décline les principales variables qui composent le résultat et la rentabilité des banques. Il montre que les principaux leviers disponibles se situent dans la transformation de l'organisation et des ressources internes.

Le niveau de capital rendu nécessaire par les exigences de solvabilité requiert un niveau de rentabilité suffisant, lequel réclame un niveau de PNB relativement stable et un coût du risque stable. Les *stress tests* réalisés en 2016, puis à nouveau en 2018 par l'EBA[1], ont montré qu'une situation économique légèrement déprimée aboutirait à des pertes d'exploitation significatives pour nombre de banques européennes participant aux tests. Ils ont été considérés comme probants car ces pertes, dès lors qu'elles sont temporaires, n'entament les ratios de solvabilité que de façon limitée. Mais les tests ont été fondés sur les hypothèses macroéconomiques classiques comme si seules les variables macroéconomiques pouvaient venir perturber l'équilibre des banques. Est-ce que les indicateurs macroéconomiques classiques (croissance, emploi, etc.) expliquent la crise de 2008 ? Ce n'est que dans les scénarios de stress qu'on a tenu compte des problématiques spécifiques liées aux taux d'intérêt, à l'excès de concurrence, à la volatilité, aux risques politiques,

1 EBA : European Banking Association.

en somme à l'exposition aux risques réels des banques qui peuvent affecter la véritable valeur des actifs qu'elles portent dans leurs bilans.

Mais le discours, lui, est bien plus significatif. La BCE, l'autorité bancaire européenne, et le FMI ont à tour rôle et à plusieurs reprises appelé à une profonde restructuration du secteur bancaire. Ces institutions mettent l'accent sur la variable principale : les coûts. L'analyse est simple et implacable : certes les banques ont fait preuve de résilience et constitué un stock de capital qui les rend davantage capables de résister aux chocs. Mais les problèmes restent nombreux.

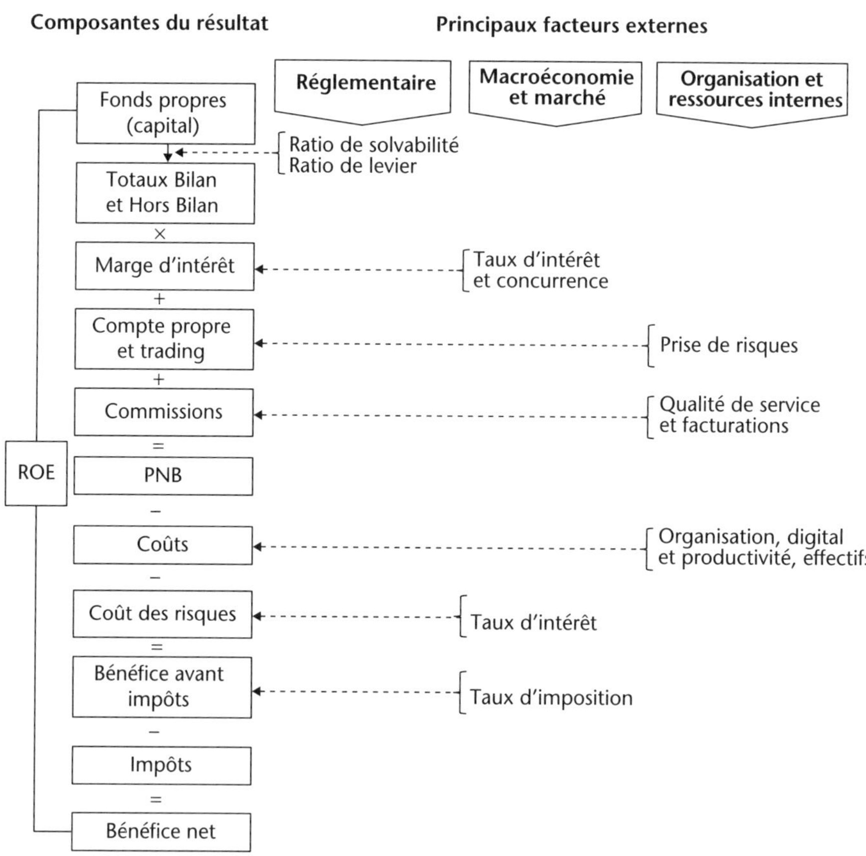

Figure 6.1 – Dynamique du compte de résultat des banques

La qualité et le volume des actifs sont à revoir et l'assainissement est loin d'être terminé : les banques européennes portaient encore a fin 2019 près de 530 milliards d'euros d'actifs non performants (dont 120 milliards d'euros pour les seules banques françaises) qui naturellement pèsent sur leur rentabilité et brident leur capacité à produire de nouveaux prêts alors que le choc du Covid-19 est de nature à augmenter très significativement ce chiffre.

En d'autres temps, avec des taux d'intérêt plus élevés, cette situation aurait été assainie par des passages en perte massifs. Mais ce type d'atterrissage ne serait pas supporté en raison des volumes concernés et des interdépendances du système. Les taux de refinancement maintenus à un faible niveau sont là pour permettre de supporter le choc, mais cela ne suffit pas : encore faut-il débarrasser les banques de ces actifs qui sont en quelque sorte un héritage non réglé de la crise. Car, à défaut, ils pèseront durablement sur l'équilibre économique des banques et de l'économie en général. Le rendement du capital dans ces conditions est de 6 % alors que le coût du capital reste stable proche de 10 % depuis plusieurs années[1].

Le problème du volume des actifs et du total de bilan encore trop élevé est évidemment lié à celui des actifs non performants. L'assainissement des bilans aurait plusieurs vertus : il conduirait à limiter l'exposition, à relever le rendement des actifs et à redonner de l'air et donc une capacité de financement plus grande pour un niveau de fonds propres équivalent. Pour accélérer le nettoyage des bilans, les banques doivent entreprendre une gestion plus active des encours non performants, et par elles-mêmes et sous la pression des superviseurs. En même temps, des initiatives sont nécessaires pour

1 L'histoire a prouvé que les investisseurs actions ne demeurent fidèles que si le rendement qu'ils tirent durablement de leur investissement est supérieur à celui qu'ils auraient perçu s'ils s'étaient contentés d'investir dans des titres sans risque, type emprunts d'États. Intuitivement, le coût du capital résulte de l'addition d'une prime de risque au taux sans risque. Aussi, il est communément admis que la rémunération servie par une action dépasse celle d'une obligation, l'écart représentant la prime de risque. Il est vrai que, tant que la prime de risque est restée stable dans le temps, seule la volatilité des taux sans risque, rémunérant les emprunts d'État, a fait bouger le coût du capital.

encourager le développement d'un marché secondaire, marché sur lequel les fonds d'investissement ont naturellement un rôle à jouer.

Mais l'assainissement ne garantit pas la transformation du *business model*. La grande transformation à réussir est celle des structures et des coûts.

Réduire drastiquement les coûts

Le défi est donc fondamentalement structurel et l'objectif est clairement une réduction des coûts et des capacités. Le diagnostic du FMI[1] sur le sujet des banques européennes est clair. Ce message est relayé régulièrement par la Banque centrale européenne. Même dans un scénario de rebond de la croissance et d'une hausse des taux de 50 points de base, le FMI estime que 30 % des banques européennes représentant 7 600 milliards d'actifs resteraient peu profitables avec une rentabilité des capitaux inférieure à 8 %. Là aussi, le poids des créances douteuses est présenté comme un frein à lever en priorité, mais cela ne suffit pas.

La consolidation du secteur et la restructuration des réseaux et des organisations est le grand chantier à engager pour reconfigurer le secteur bancaire du futur. Il prendra du temps et a besoin d'être anticipé et préparé. La rationalisation des structures, la transformation digitale et organisationnelle des processus, la restructuration des réseaux et, résumons-le, l'optimisation du fonctionnement du secteur présentent un énorme potentiel. La seule restructuration des réseaux que le FMI calibre à hauteur de 30 % de fermetures d'agences représenterait 18 milliards de dollars d'économies annuelles pour les banques européennes. Ce serait le moyen le plus sûr et le plus sain de reconstituer largement leur capital et de retrouver leur capacité à financer l'économie et de recréer de la

1 *Rapport sur la stabilité financière dans le monde*, FMI, octobre 2016.

monnaie, rôle que la BCE a pris en charge depuis plusieurs années. L'enjeu est donc de taille.

Quels coûts ? La structure des coûts bancaires est à la fois simple et stable dans le temps même si elle varie un peu d'un métier à un autre : 60 % des coûts sont en moyenne des frais de personnel, 15 à 20 % sont consacrés aux infrastructures et investissements technologiques, 5 à 10 % aux frais commerciaux et marketing et 10 % au reste des frais généraux, y compris l'immobilier. Bien entendu, des variantes existent entre banques, entre métiers et types d'implantations, mais les proportions sont équivalentes dans la durée et surtout cette structure de coûts n'a pas beaucoup évolué au cours des 25 dernières années. Dans la mesure où les frais de personnel sont largement les plus importants, il est utile de dire un mot des rémunérations moyennes du secteur bancaire pour rappeler qu'elles sont les plus élevées de tous les secteurs et branches professionnelles à l'exception du secteur raffinage. Les statistiques de la Dares[1] ne sont pas publiées très rapidement, mais elles ont le mérite d'être complètes et indiscutables : la rémunération moyenne du secteur des activités financières et d'assurance (822 000 salariés) s'élève à 4 484 euros bruts mensuels, soit la plus élevée à l'exception de la branche du raffinage (9 200 salariés) et 54 % supérieure à la moyenne nationale (avec un indicateur de dispersion élevé). Un esprit simpliste avec un raisonnement un peu rapide pourrait rapprocher ces chiffres des taux de satisfaction client ou du niveau de réputation ou même de l'évolution de la productivité bancaire. Certes, le sujet mériterait un approfondissement, mais à coup sûr et bien que difficile à aborder, le sujet des rémunérations bancaires est une variable importante dans l'équation des transformations à venir.

La variable principale est celle des effectifs. Leur niveau est directement lié à la productivité, c'est-à-dire aux méthodes de travail, aux processus et au management, trois facteurs qui font l'objet des

1 *Les salaires par secteur en branche professionnelle en 2013*, DARES, avril 2016.

programmes de transformation que les banques engagent et qui seront développés dans notre troisième partie.

La banque est une activité de service au sein de laquelle les gains de productivité n'apparaissent pas spontanément lors de l'introduction d'un progrès technique ou organisationnel contrairement aux secteurs industriels par exemple. Par conséquent, c'est au moment de la réduction d'effectifs et du constat qu'une même activité peut être réalisée avec le même niveau de prestation, mais avec des moyens inférieurs, que ces gains sont effectivement constatés.

Dans leur recherche d'économies d'effectifs et de frais de personnel, les banques ont à leur disposition toute la gamme des méthodes classiques dans ce domaine : suppression de surcapacités, standardisation, centralisation des opérations et des fonctions de support, externalisation et sous-traitance, *lean management*. Mais le secteur bancaire peut aussi gagner considérablement en faisant un gros effort de simplification, de débureaucratisation, d'agilité des processus de travail, de renforcement de la coopération et en réalisant un important investissement dans le management opérationnel et le management de projet et les ressources humaines.

L'enjeu pour les banques réside donc pour l'essentiel dans leur capacité interne à se transformer, à réussir leur mue avec efficacité, c'est-à-dire avec des exigences fortes en matière de délais et de résultats. C'est un programme complexe auquel toutes les banques ne survivront pas. La transformation du secteur s'inscrit dans plusieurs tendances et évolutions stratégiques majeures concomitantes et interdépendantes où les acteurs vont devoir opérer de vrais choix stratégiques dont on sait qu'ils seront décisifs sur leur avenir.

Le premier levier est le temps. C'est une situation paradoxale dans laquelle les banques ont *a priori* la possibilité de gérer les transformations tout en ayant la capacité de les financer grâce à la relative inertie de leurs résultats. Pourtant, la course a déjà commencé et il s'agit d'une course de vitesse. En 2018, dans la plupart des banques de détail, le taux d'intérêt porté par les encours de crédits et les différents actifs baissait mécaniquement de 20 à 30 points de base par semestre sous l'effet conjugué de l'arrivée à échéance d'encours anciens et de la baisse des taux. Dans le même temps, la baisse des taux de refinancement n'a pas été toujours aussi rapide malgré la baisse des taux et les programmes de refinancement de la BCE, car le coût de collecte des dépôts clientèle, qui est la source principale de financement des banques, reste stable. Dans ces conditions, les marges d'intérêt ne pourront pas toujours être maintenues. Il paraît donc clair que les investissements en transformation pour, à la fois, rester compétitifs et réduire fortement les coûts futurs doivent être réalisés maintenant tant qu'ils peuvent encore être financés par les marges actuelles. Par conséquent, les banques les plus engagées dans leur transformation, les plus avancées dans leur vision du modèle du futur et les plus efficaces et rapides dans la mise en œuvre de leurs projets en sortiront gagnantes. Anticipation, réalisme dans la vision, efficacité dans l'exécution sont donc les clés du futur pour les banques. Pour beaucoup d'entre elles, il s'agit d'un challenge complètement nouveau.

Le cas ING : une transformation radicale

Sous la pression d'un environnement économique et financier défavorable, ING veut accélérer sa transformation digitale, engagée depuis 2014 et toujours en cours.

Sa démarche est bâtie sur une vision radicalement nouvelle des services et des structures bancaires. Cela engage ING dans une stratégie claire et communiquée qui attire inévitablement l'attention par l'impact qu'elle a sur l'organisation existante avec une réduction prévue de plus de 10 % de ses effectifs.

Le choix fait par ING est celui d'un niveau de standardisation inédit en créant une plateforme unique pour plusieurs pays européens (pour les marchés domestiques du Benelux en fusionnant les différents réseaux et activités de banque de détail des Pays-Bas et de la Belgique) et pour les autres pays secondaires du groupe en Europe (comprenant la France, l'Espagne, l'Italie, la République Tchèque et l'Autriche). Cette plateforme de produits et services bancaires unique concevra et gérera tous les produits et services de façon centralisée et les proposera *via* les canaux digitaux. C'est faire l'hypothèse d'une harmonisation réglementaire et d'usages clients et de pratiques équivalentes d'un pays à un autre au moins pour des segments de clients classiques. Seule la distribution, c'est-à-dire le marketing, pourra être décentralisée et adaptée en fonction de la concurrence et des prix. Cela signifie qu'une usine centralisée à distance pourra créer, produire et gérer tous les produits bancaires et les distribuer en ligne à partir d'une plateforme unique. En termes de coûts, c'est évidemment une rupture très importante car la standardisation et la centralisation permettent de réduire considérablement les coûts de traitement unitaire à l'échelle européenne. C'est un investissement massif dans la technologie avec la digitalisation complète des processus dans le cadre de ce nouvel investissement qui s'effectue au préalable par une remise à plat et une simplification des produits. À la base de cette stratégie, il s'agit d'une vision relativement partagée par nombre de banquiers, dans le fait que la banque est devenue un métier essentiellement technologique, mais c'est un pari opérationnel et financier en termes de réalisation et de retour sur investissement.

C'est aussi un pari en matière d'harmonisation réglementaire alors que la plupart des produits bancaires obéissent encore largement à des régulations locales. C'est aussi le pari d'une harmonisation des usages avec l'objectif de proposer les mêmes services partout en ciblant *a priori* une clientèle qui utilise des produits transactionnels simples avec un accès uniquement digital. C'est également l'hypothèse faite par la plupart des banques selon laquelle cette cible de clientèle sera rentable car elle achètera d'autres produits plus rémunérateurs que les seuls services transactionnels. C'est enfin un pari sur la confiance d'une relation entièrement à distance et *offshore*.

Ce cas est l'exemple d'une réponse forte aux nombreux défis du secteur avec l'opportunité de construire un modèle profondément nouveau. Il montre aussi l'ampleur et l'urgence des transformations et l'exigence d'une forte réduction des coûts.

Toutefois, cette situation est le lot de la plupart des établissements européens et rien ne laisse penser que ces derniers soient dans une meilleure position pour l'affronter. Dans ces conditions, il est intéressant de s'attarder sur la vision anticipatrice et volontariste de la banque néerlandaise : plutôt que d'attendre que la situation devienne intenable jusqu'à la chute de sa rentabilité, elle préfère entreprendre dès aujourd'hui les transformations alors qu'elle est dans une position de force et dispose de temps pour mener à bien son projet.

Naturellement, ce raisonnement entraîne de nombreux et difficiles changements, même si les suppressions d'emploi sont étalées dans le temps et remplacées par d'autres fonctions, notamment dans le développement de la banque digitale, et même si elle est accompagnée de très importants investissements. Car ne rien faire ou pratiquer par simples adaptations de court terme n'apparaît pas comme une solution viable à moyen terme car la banque s'exposerait à des difficultés plus profondes, des mesures plus brutales à prendre et surtout au risque de ne pouvoir réaliser les investissements nécessaires à temps.

Il y a dans la démarche d'ING l'idée qu'une course de vitesse est engagée et qu'elle conditionne la survie à terme des banques. La stratégie est ambitieuse et expose ING à de nombreux risques, en raison des profonds changements qu'elle implique, alors que la banque semble aujourd'hui dans une situation relativement confortable, incitant plutôt à l'attentisme. Elle a pourtant le mérite de dessiner une réponse pragmatique à une évolution du monde bancaire en mobilisant les moyens nécessaires pour y faire face. La figure 6.2

résume la vision d'ING sur les évolutions en cours et le sens que la banque donne aux transformations à engager (source : *ING Think Foward Strategy,* 2015).

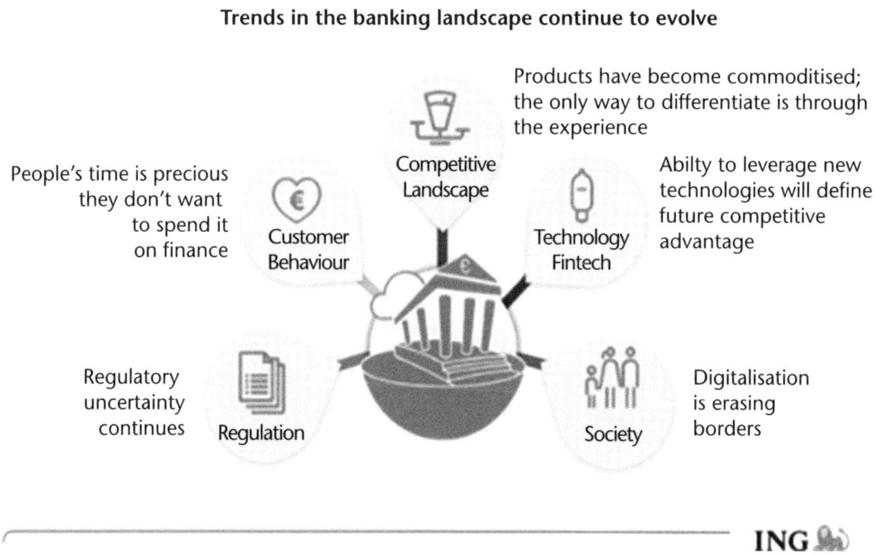

Figure 6.2 – Les tendances dans le domaine bancaire continuent d'évoluer

Partie 2

Transformer pour survivre

La crise sanitaire survenue début 2020 est bien partie pour être le catalyseur d'une profonde transformation bancaire, tant les conditions nécessaires pour sa mise en œuvre étaient depuis longtemps réunies. De nécessaire, la transformation devient désormais urgente, car, non seulement, la crise économique révèle toutes les faiblesses du secteur, mais de plus elle met en lumière les solutions que de nombreuses banques hésitent à mettre en œuvre face à l'ampleur de la tâche : une profonde révolution digitale, accompagnée d'une remise à plat complète des structures et un objectif central de réduction forte des coûts.

Dans ce contexte nouveau, transformer, oui, mais quelles transformations pour le secteur bancaire et quelle vision de la banque dans 10 ans ? Une brève revue des métiers bancaires met en effet en évidence, pour chaque métier de la banque, des opportunités et des contraintes très spécifiques.

– **La banque de détail**, le cœur du métier, est profondément transformée par la révolution digitale qui bouleverse la relation client et les modes de distribution tout en offrant un potentiel très important de réduction de coûts. Cette situation nouvelle est amplifiée par un environnement concurrentiel plus ouvert et une courbe de taux d'intérêt défavorable. Elle place ce métier au centre des préoccupations stratégiques et des programmes de transformation qui œuvrent à une reconfiguration profonde du secteur et de très importants investissements technologiques qui devraient conduire à une relation client essentiellement digitalisée et à des processus de fonctionnement profondément transformés grâce à la robotisation des *back offices* et le recours à l'intelligence artificielle dans la gestion et le suivi des opérations clients.

– **La gestion de l'épargne et d'actifs** voit ses principales difficultés venir d'une pression sur les marges de gestion et d'intermédiation et rendues également plus accentuées par la faiblesse des taux d'intérêt. La compression des coûts de gestion obtenue par l'automatisation des processus et par les opérations de consolidation sera-t-elle suffisante ? Les apports du digital en matière de distribution, mais aussi de gestion de fonds, vont-ils modifier le *business model* de ce métier pour le rendre progressivement indépendant du secteur bancaire ?

– **Les services financiers** à destination des particuliers ou des entreprises dont les paiements, le crédit à la consommation ou les financements spécialisés regroupent souvent une large part des métiers bancaires. Ces métiers de fabrication de produits obéissent à des logiques de spécialisation, de taille et d'innovation, tout particulièrement dans leurs modes de distribution et d'accès au client.

– Le quatrième métier, celui des **banques de financement et d'investissement**, représente environ 30 % des revenus et un peu plus des fonds propres alloués des grandes banques généralistes. Ces activités exigent des niveaux d'expertise et de fonds propres très élevés. Le recentrage sur les métiers du financement et du conseil exigerait de privilégier les produits basiques et des organisations consolidées, plus standardisées et digitalisées recourant à l'intelligence artificielle en particulier dans l'analyse et la surveillance des risques.

À partir de ces quatre métiers, les banques devront faire leur choix, compter sur leurs forces et leurs faiblesses, leur base de capital, leur positionnement sur les marchés respectifs et sur les synergies possibles. Sous pression, le secteur se reconfigure à marche forcée et nous tenterons d'en dessiner les futurs contours.

Chapitre 7

Crise sanitaire, crise économique : accélérateurs de la transformation

L'ampleur de l'impact économique de la crise sanitaire liée au Covid-19 dépendra de sa durée et du niveau d'incertitude qu'elle introduit dans le comportement des agents économiques. D'ores et déjà, elle déclenche une crise économique dont la nature est inédite mais qui diffère fondamentalement des crises financières et monétaires connues au cours des décennies précédentes. Le ralentissement brutal imposé à presque toute l'économie mondiale entraîne une succession de mécanismes classiques de récession : baisse de la production, baisse des revenus, augmentation du chômage, baisse de la consommation, réduction des investissements, baisse de la valeur des actifs. Compte tenu des niveaux d'endettement, les mécanismes de déflation bien connus[1] et décrits par Irving Fisher se déclenchent malgré les mesures de soutien monétaires et keynésiennes.

1 Fisher Irving, 2010, *The debt-deflation theory of great depressions*, Thaisunset publications.

Plusieurs effets conjugués de cette crise viennent affecter profondément les équilibres financiers des banques et s'ajoutent à toutes les problématiques développées en première partie. La crise sanitaire apparaît *de facto* comme un accélérateur de la transformation bancaire dont tous les ingrédients sont réunis, mais dont la mise en œuvre a été jusqu'ici ralentie ou reportée. La crise économique sera synonyme pour les banques de pression supplémentaire sur les marges d'intérêts et de forte remontée du coût du risque, ce qui finalement érode un peu plus leur capacité d'absorption de pertes futures.

Effets négatifs probables de la crise sur le système bancaire

Parce que les marges d'intérêt représentent plus de la moitié des revenus des banques, et parce que ces marges dépendent du niveau des taux d'intérêt, les banques qui refinancent une partie significative de leurs prêts par la collecte des dépôts sont les plus fragilisées par la politique accommodante des banques centrales qui maintiennent les taux d'intérêt proches de zéro dans un souci de soulager le coût de financement des États. Une banque qui se refinance principalement sur les dépôts de ses clients ne bénéficie pas en effet de la baisse des taux. En revanche, les taux d'intérêt facturés à ces clients baissent de la même façon que les taux d'intérêt fixés par les banques centrales, d'où une pression immédiate sur la rentabilité. Ce qui s'explique puisque non seulement les revenus baissent (du fait de marges d'intérêt réduites) mais au même moment du fait de la crise, les pertes sur crédits augmentent. Dans un monde post Covid-19, les banques néerlandaises sont en Europe les plus vulnérables, car la collecte de dépôts représente 70 % de leurs ressources, un record.

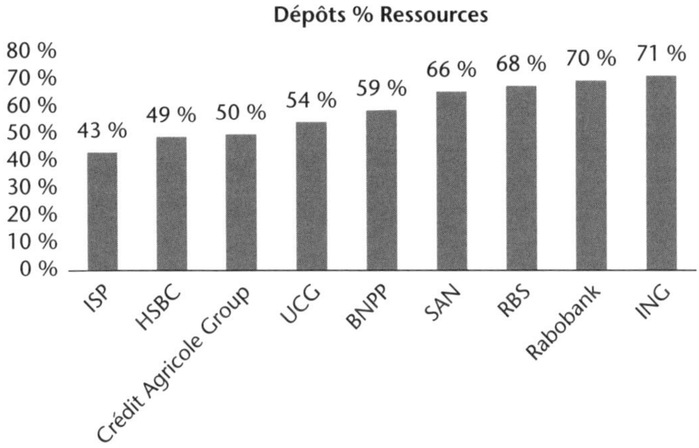

Figure 7.1 – Contribution des dépôts aux ressources

Acteur économique majeur au cœur des transactions entre agents économiques, les banques sont *de facto* sensibles aux crises économiques. Parce que chaque crise économique appauvrit durablement les ménages, souvent victimes du chômage, de pertes de pouvoir d'achat en raison de la volatilité des prix des matières premières, agricoles ou énergétiques, ou encore de la hausse de la fiscalité, le taux de défaillance des agents économiques endettés devrait s'accroître dans d'importantes proportions. Les banques n'ont d'autres choix que de constater des pertes sur encours de crédits, pertes qui viennent au mieux réduire leurs profits, au pire réduire leurs fonds propres, ce qui parfois les pousse à s'adosser à des concurrents plus solides pour éviter la faillite. Il est par conséquent évident que la crise sanitaire du Covid-19 fragilisera de nombreuses banques susceptibles d'être exposées à des pertes supérieures au montant de leurs fonds propres. De nombreux débats agitent les économistes et autres experts, qui cherchent à établir d'une part, l'ampleur de la récession, et d'autre part la rapidité de la reprise qui finira par intervenir, reprise qui peut être soit en U (récession longue) ou en V (reprise rapide). Ce débat est crucial pour les banques, car plus la reprise est rapide et moins les dégâts de la crise seront importants. Les banques portent différentes catégories de prêts, allant des actifs relativement moins risqués parce que souvent garantis par des sûretés (type emprunt immobilier nanti par une hypothèque sur le bien financé), jusqu'à des actifs très risqués (financement à long terme d'immeubles de bureaux qui pour cause de Covid-19 risquent de ne jamais voir le jour). Aussi la question de l'ampleur de la récession et de sa durée est un facteur déterminant pour les banques. Cet élément est d'autant plus important pour les banques françaises que la part de leurs actifs peu risqués du type crédit immobilier dans leurs encours totaux est parmi les plus bas d'Europe (figure 7.2).

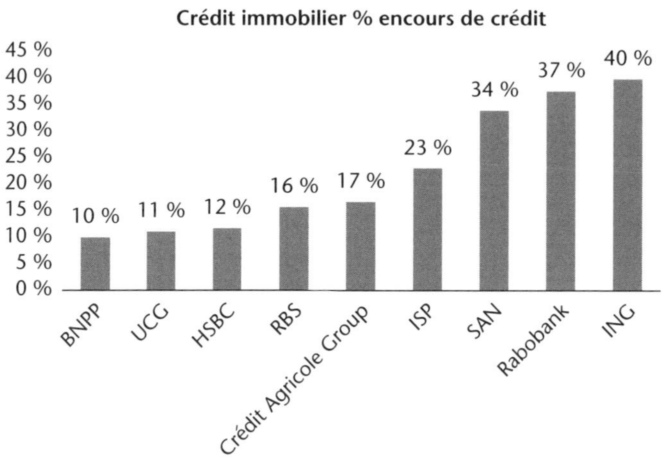

Figure 7. 2 – Exposition des banques au crédit immobilier

En temps de crise, les banques qui n'ont pas suffisamment accumulé de réserves en fonds propres risquent, selon le niveau de pertes auxquelles elles sont exposées, d'être contraintes d'arrêter leurs activités car incapables de satisfaire les niveaux de fonds propres réglementaires. Aussi, et particulièrement en temps de crise, les banques sont très attentives à l'évolution de leurs ratios de fonds propres. En France, BNP Paribas et Société Générale affichent au premier trimestre 2020 des ratios de fonds propres parmi les plus bas du secteur, ce qui souligne leur vulnérabilité à une détérioration des conditions économiques.

Cette situation est un catalyseur des transformations à venir car elle les rend obligatoires. Le potentiel offert par le progrès technique et la révolution digitale devra désormais s'exprimer dans les chiffres.

Les conditions économiques n'offrant pas de réelles perspectives de croissance des revenus à moyen terme, la réponse se trouve dans de fortes réductions de coûts et leur mise en œuvre est désormais urgente.

Tirer parti de la reprise

Nous estimons que selon que la reprise intervienne des 2021 (reprise en V) ou seulement après 2022 (reprise en U), la baisse cumulée du PIB en France entre 2020 et 2022 peut aller de 18 % à 25 %. Les crédits douteux qui s'élevaient en 2019 à 3,5 % des encours de crédit en moyenne pourraient donc soit doubler d'ici 2022 dans l'hypothèse d'une sortie de crise rapide, soit tripler. En tenant compte des provisions déjà constituées, les pertes futures sur les crédits peuvent être estimées entre 49 milliards d'euros (2 % des encours de crédit) et 92 milliards d'euros (3,5 %). Or, le ratio de fonds propres des banques françaises au 31 mars 2020 (CET1) s'élevait à 13,4 % en moyenne, soit un excédent de ~ 4 % par rapport au minimum requis. On voit bien que sans reprise avant 2023, le ratio des banques françaises sera inférieur à 9 %, ce qui les rapprocherait du seuil minimum (8 %) où le régulateur peut forcer une recapitalisation, voire les forcer à arrêter leurs activités.

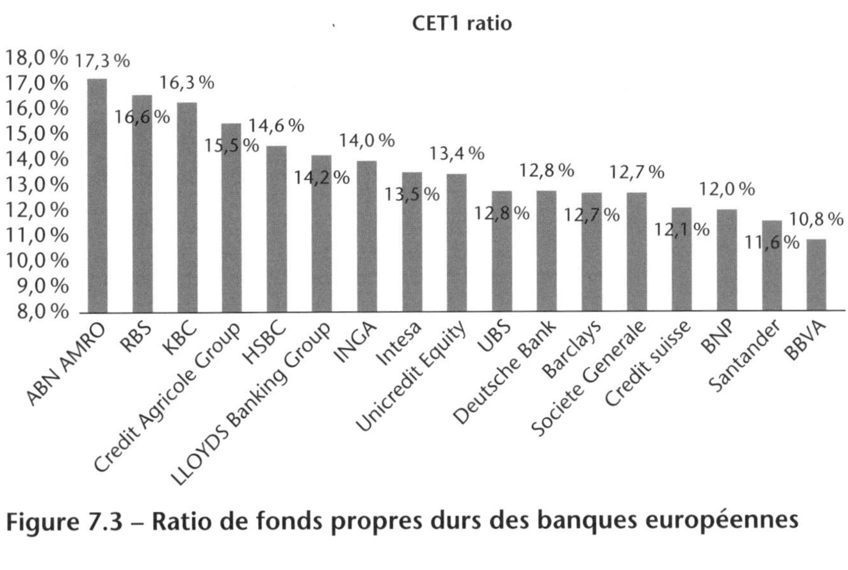

Figure 7.3 – Ratio de fonds propres durs des banques européennes

Pour les banques françaises, le véritable enjeu est la durée de la récession

Tableau 7.1 – Banques françaises, capacité d'absorption de pertes futures

	2019	2020-2022	2020-2022
(Md €)		Reprise en V	Reprise en U
PIB (fin de période)	2,419	1,984	1,488
Encours de crédits (fin de période)	2,749	2,777	2,805
Crédits douteux (% du total des crédits)	3,5 %	7 %	10 %
Provisions au 1er janvier 2020	48		
Provisions nouvelles requises		49	92
Ratio de CET1 en fin de période	14,4 %	11 %	8,9 %
Excédents de fonds en fin de période	105	56	13

Le potentiel offert par le progrès technique et la révolution digitale devra désormais s'exprimer dans les chiffres. Les conditions économiques n'offrant pas de réelles perspectives de croissance des revenus à court et à moyen termes, la réponse se trouve dans de fortes réductions de coûts, car les économies potentielles constituent la meilleure contribution à la génération de capital. En 2019, les coûts représentaient 4,5 % des encours de crédit en moyenne dans les banques françaises et les plans de restructurations annoncés au sein du secteur bancaire visent jusqu'ici à abaisser ce niveau de 0,5 % au mieux. Une contribution utile, certes, mais insuffisante sans doute, si comme on l'a vu le surcroît de pertes liées à la crise peut aller de 2 % à 3,5 % des encours de crédit.

Chapitre 8

Identifier les transformations nécessaires

Parmi les activités de la banque, il est courant de distinguer plusieurs métiers dont le *business model* est différent et ayant des sensibilités différentes aux crises et fluctuations. Le modèle de la banque universelle combine ces différents métiers et trouve ainsi un équilibre face aux crises, les métiers à rentabilité élevée mais volatile étant rééquilibrés par des métiers moins rentables mais plus stables et résilients.

Un premier métier correspond aux activités de la banque de détail. Elles représentent largement plus de 50 % des activités bancaires et elles en constituent le socle. Elles sont le cœur de l'activité, le plus souvent le métier d'origine sur le marché que la banque connaît le mieux. Il s'agit de ce que l'on appelle la base domestique. Cette approche domestique avait perdu de sa force durant les années 2000 où nombre de grands établissements tendaient à suivre le modèle Citibank de banque globale universelle. La crise, qui a fragilisé les activités de marchés, a redonné toute son importance à la banque de détail domestique et au recentrage des activités sur lesquelles les établissements sont le mieux positionnés. Car ces métiers domestiques constituent le socle le plus stable de leur activité, générateurs de revenus récurrents, peu volatils et, à défaut d'être les plus rentables, demeurent les moins risqués et les moins consommateurs de fonds propres.

L'approche domestique peut être étendue à l'international en raisonnant par zones géographiques. Ainsi, BNP Paribas, Crédit Agricole, BPCE ou Crédit Mutuel privilégient par exemple l'Eurozone, ING, la Société Générale et Unicrédit l'Europe et l'Europe centrale, HSBC le Royaume-Uni et l'Asie.

Ces métiers sont sensibles à l'effet de taille, au volume et à la présence sur la zone géographique correspondante, puis aux évolutions macroéconomiques – taux de croissance pour l'évolution de l'activité, niveau de chômage pour le taux de défaut et de risque, taux d'intérêt et taux de changes. Ce sont ces métiers de banque de détail qui sont aujourd'hui soumis à la concurrence des banques en ligne notamment sur le prix des services bancaires et bousculés par une remise en cause rapide des marges de transformation en raison des taux d'intérêt nuls ou négatifs.

Bien que moins exposés, ces métiers font face à une forte augmentation des contraintes non seulement réglementaires (liquidité, solvabilité, notamment), mais aussi en matière de blanchiment d'argent, de connaissance des clients (MIFID) et de droits des consommateurs. Cœur des métiers de la banque, ces activités sont donc aussi le cœur des transformations que l'accélération des contraintes a rendu urgentes.

Le deuxième type de métier regroupe toutes les activités qui interviennent dans la gestion de l'épargne. Sont considérés la gestion d'actifs, la banque privée, l'assurance y compris l'assurance-vie. Ces métiers se positionnent par rapport au marché de l'épargne et aux taux d'épargne, à la fiscalité en vigueur dans le pays ou la zone géographique et par une assez grande stabilité en matière de flux de revenus. De même, les exigences en capital sont limitées aux seuls engagements pris notamment en matière d'assurance-vie pour garantir le capital. Ces métiers sont sensibles aux évolutions macroéconomiques en particulier les taux d'épargne et taux d'intérêt et de rendement de l'épargne. Le niveau de marge de gestion dépend directement du rendement final servi au client. En environnement de taux nuls, la pression sur les marges de gestion et d'intermédiation est très forte et se traduit par une tendance à la réduction des coûts. Les coûts d'intermédiation peuvent être également réduits par une connexion directe entre client et gestionnaire d'actifs, ce que le digital permet par une compression des coûts de gestion obtenue par la simplification et l'automatisation des processus.

La troisième catégorie de métier recouvre ce que l'on appelle, dans la plupart des grandes banques, les services financiers spécialisés.

Il s'agit de services financiers à destination des particuliers comme le crédit à la consommation qui représente souvent en France une large part des métiers spécialisés. BNP Paribas et Crédit Agricole avec respectivement BNP CF et CA CF disposent des deux principaux opérateurs dans ce domaine en Europe.

Les services financiers destinés aux entreprises tels que le *factoring* ou le *leasing* constituent la palette des services de financements spécialisés à destination des entreprises y compris les TPE. Ces techniques de financement comme le *leasing* ont un potentiel de développement important en matière de financement automobile et d'équipement.

On trouve aussi, à destination des particuliers, entreprises et institutionnels, les services de tenue de compte, de courtage, de gestion de titres et de paiements au sens large. Ces métiers reposent sur une grande technicité en matière de risque et de recouvrement, la technologie et la taille plus particulièrement pour les *back offices*.

Enfin, **le quatrième métier**, le plus exposé aux risques, est celui des banques de financement et d'investissement qui représentent environ 30 % des revenus et un peu plus des fonds propres alloués des grandes banques généralistes. Il faut distinguer au sein de cet ensemble plusieurs métiers, dont l'intensité en capital, le profil de risque et le degré d'expertise sont assez différents. Considérons tout d'abord le métier de base de la banque commerciale de financement des entreprises et des grandes entreprises. Il s'agit de fournir aux entreprises (plutôt moyennes ou grandes) tous les services bancaires de financement et de gestion de trésorerie nécessaires pour accompagner leur développement le plus souvent au-delà des marchés domestiques. Il faut aussi leur rattacher les métiers de financement structurés avec des spécialités selon les banques. Le terme de structure couvre toutes les formes et techniques de financements de projets, d'infrastructures, d'actifs immobiliers ou d'acquisition, avec des niveaux et des catégories de risques et de garanties spécifiques permettant de sécuriser les prêteurs. Certains groupes bancaires se sont développés dans certains segments, d'autres sont en revanche absents de ce type de métiers. Ainsi, par exemple LCL, filiale du groupe Crédit Agricole, s'est hissé parmi les leaders mondiaux du *leasing* aéronautique en quelques années.

De la même manière, certaines banques sont présentes dans les métiers d'intermédiation boursière et de courtage, alors que d'autres sont absentes ou se sont retirées de ces marchés. Au sein des activités de marché, la même logique de spécialisation prévaut car elle s'impose dans ces activités sophistiquées qui réclament un haut niveau de technicité et d'investissement en particulier dans la constitution des équipes. Les produits complexes tels que les dérivés actions exigent des niveaux de savoir-faire très élevés pour pouvoir réellement exister sur le marché, ainsi que des exigences en capital très élevées compte tenu des volumes d'engagements et de risques.

Cette brève revue de métiers bancaires met en évidence que chaque métier obéit à des exigences et des problématiques fondamentalement différentes.

Chaque groupe bancaire construit sa stratégie en fonction de sa capacité à générer une rentabilité optimale tout en minimisant son profil de risque. L'équilibre trouvé entre tous ces métiers conditionne le couple performance/risque de chaque établissement. Le premier des critères, et la crise de 2007 l'a à nouveau rappelé (comme la plupart des précédentes), est le risque associé à chaque activité.

En période de croissance, le risque tend à être systématiquement sous-pricé[1]. Ce phénomène est amplifié – c'est en tout cas l'hypothèse que nous formulons ici – par l'amplitude des cycles et par leur durée, qui tend à s'allonger ou, à tout le moins, à être prolongée par les mesures prises par les États et banque centrales. Dès lors, la mesure du risque est sous-estimée et certaines catégories de risque pas ou peu considérées.

Le risque de contrepartie, le plus classique, est sous-estimé en période de croissance car il atteint dans ces périodes son niveau le plus bas, niveau qui tend à devenir une hypothèse réaliste et stable. Lorsqu'il survient par exemple dans le cas des *subprimes* en 2007, lorsque les taux d'intérêt augmentent la charge financière des ménages, il peut prendre des proportions très importantes en rupture avec les séries statistiques et ceci d'autant plus qu'elles ne sont pertinentes que sur de très longues périodes. De plus, le gonflement de la valeur des actifs permis au préalable par des taux d'intérêt très faibles, avait artificiellement tiré à la baisse le taux de défaut dans la mesure où les reventes se faisaient dans de bonnes conditions et sans perte de valeur majeure. Quand survient la crise, il y a donc bien rupture entre les taux de défaillance précédents et ceux suivant l'événement.

Clés de transformation de la banque de détail

La banque de détail est le socle de toutes les autres activités bancaires, elle en a assuré le développement, l'expansion géographique, la diversification et la liquidité. Elle représente aujourd'hui jusqu'aux deux tiers de l'activité dans certaines banques en France, et cette proportion est sensiblement la même en Europe.

La première caractéristique de ce métier est celle d'un marché saturé. Le taux de bancarisation est très élevé, près de 100 % et les flux de nouveaux clients à conquérir sont limités. La mobilité bancaire qui

1 Orléan A., *De l'euphorie à la panique : penser la crise financière*, Paris, ENS, 2009.

a été facilitée favorise certes les flux entre banques, mais elle n'agrandit guère le marché. De même, on peut considérer que les clients sont suréquipés en produits dont une partie est inutile, mais qui fait l'objet de facturations automatiques génératrices de commissions. En France qui est, contrairement aux pays anglo-saxons, un pays de *one stop shopping*, la moyenne de produits par client se situe entre 7 et 8 et c'est ce nombre de produits facturés qui est à la base de la rentabilité par client, élevée dans les banques traditionnelles de réseaux et faible dans les banques en ligne. C'est pour augmenter ce ratio et la rentabilité que les banques de réseau ont fortement développé la vente de produits d'assurance à leurs clients. La clé est bien la vente croisée de produits additionnels sur des bases clients très importantes, fidélisées mais dont les besoins ont évolué et qui ont besoin de davantage de services et de conseil plus que de produits financiers. Or, dans le *business model* actuel des banques, on sait facturer les produits mais très mal les services et le conseil.

Si la crise a soudain réveillé des peurs sur la solidité et la capacité des banques, elle réveille aussi des interrogations sur l'aptitude des banques à écouter les besoins et servir l'intérêt de leurs clients, sur le niveau de service et de conseil qu'elles délivrent, sur leur accessibilité, leur disponibilité.

De fait, dans ce marché saturé, très concurrencé, le recentrage des principaux acteurs aiguillonnés par les banques en ligne s'est effectué sur la relation client et non plus sur les produits, mais sur la façon d'y accéder, de les comparer, de les comprendre, d'en évaluer la pertinence, et enfin, la valeur ajoutée et le prix.

C'est ici que le modèle de banque de détail est vulnérable, car il est fondamentalement basé sur une relation de long terme de confiance, de fidélité, de connaissance du client et ce n'est qu'avec le temps que la rentabilité du client s'accroît.

La multiplication des offres et des acteurs bancaires ne contribue pas à réellement élargir et améliorer la valeur ajoutée de l'offre bancaire. La concurrence se concentre pratiquement sur les mêmes produits – compte courant et crédit immobilier en premier lieu –

et la vraie différenciation s'effectue sur le prix et la relation digitale qui *de facto* élargit l'accessibilité aux services. Cela accélère l'effritement de la relation client, le zapping plus intense des clients, la multi-bancarisation et la pression sur le prix et par conséquent sur le niveau de service.

Plusieurs facteurs se conjuguent pour accélérer la transformation. La chute des marges d'intérêts au moment même où une concurrence agressive sur les prix des services érode les revenus, force les banques à redéfinir leur stratégie. Au cœur des initiatives stratégiques, on parle de refonte de la relation client et d'investissement dans la technologie, avec pour point de mire une nouvelle relation client et surtout une forte réduction des coûts grâce à un modèle *low cost* pour la grande majorité de la clientèle. Le risque est grand de voir les banques opter pour une stratégie consistant à réduire les coûts en dégradant leur niveau de service plutôt que d'optimiser leurs compétences et processus internes. Une telle stratégie serait à long terme funeste pour certains établissements. Le cas d'HSBC en France, observable sur plus de 20 ans, est assez éloquent à ce sujet : même une clientèle fidèle et rentable finit par partir lorsque sa banque lui fait payer par un service détérioré ses erreurs et un management déplorable de ses ressources et de ses processus.

Par conséquent, si la concurrence est forte, elle est aussi très inégale en qualité dans un marché de la banque de détail qui continue de s'européaniser. Elle ouvre des opportunités importantes pour les acteurs les plus avancés dans leur transformation.

Repenser *back* et *middle offices*, clés de transformation des métiers de gestion d'actifs

Entre 2009 et 2019, le patrimoine financier des ménages fortunés dans le monde est passé de 39 000 milliards de dollars à 72 000 milliards de dollars, croissant de 6 % par an en moyenne, soit 2 fois plus vite que le PIB mondial (qui, lui, a crû de 3 % par an en moyenne dans la même période). Cette croissance de l'épargne mondiale qui au départ a été perçue comme une manne pour les établissements spécialisés dans la gestion d'actifs, banques, compagnies d'assurances ou simples sociétés de gestion, a ensuite suscité une concurrence vive entre les acteurs. L'offre s'est ainsi progressivement diversifiée, donnant lieu à de nouveaux types d'investissements, au côté de la traditionnelle gestion active : gestion indicielle, *hedge funds, private equity*, etc. Alors que, sans surprise, cette concurrence accrue a engendré une érosion des prix facturés aux clients, les coûts des principaux acteurs de la gestion d'actifs sont restés stables, donnant lieu à une baisse de marges. Avec la récente baisse des taux d'intérêt en Europe, la moitié des fonds investis en obligations d'États de la zone euro ont généré en 2019 un taux de rendement inférieur au coût de gestion. Dès lors que la rémunération des sociétés de gestion est au moins partiellement indexée sur les taux de rendement générés, la rentabilité de nombreux acteurs est en péril. De plus, les sociétés de gestion traditionnelles qui facturent en moyenne 0,3 % de frais de gestion subissent une concurrence vive des sociétés ne vendant à leurs clients que des fonds indiciels sans droit d'entrée ni de sortie et qui facturent à peine 0,17 % par an.

Les fonctions autrefois intégrées dans les métiers de gestion d'actifs sont aujourd'hui confrontées à des évolutions divergentes. Ainsi, par exemple, la production de performance, absolue ou relative, s'appuie de plus en plus sur des outils puissants d'analyse à base de technologies et de gestion de données, souvent développés en interne. Ainsi en va-t-il des *robo-advisors*, nouveaux systèmes de gestion automatisés, permettant d'assurer la gestion d'un portefeuille en ligne. Le *robo-advisor* arbitre seul l'allocation des actifs (gestion sous mandat) ou propose des arbitrages au client (gestion libre conseillée), en utilisant un algorithme cherchant à optimiser le couple rendement/risque. Dans le même temps, la distribution de fonds migre de plus en plus vers des plateformes ouvertes, standardisées, utilisées par presque tous les intervenants.

Enfin, la production de valorisations quotidiennes, d'avis d'opérés ou de paiement de coupons ou autres dividendes est de plus en plus mécanisée. Le métier de gestion, déjà en pleine mutation, doit aussi s'adapter à d'autres changements.

- **Taille critique** : parce que les sociétés de gestion traditionnelle avaient pour tradition d'offrir un nombre élevé de fonds thématiques, elles doivent reconnaître aujourd'hui que certains de ces fonds ont une taille trop petite pour être rentables, et donc doivent être fermés.
- **Distribution par un tiers** : pour atteindre le plus grand nombre de clients/investisseurs potentiels, les sociétés de gestion doivent aujourd'hui accepter de distribuer leurs fonds en architecture ouverte, y compris *via* des réseaux concurrents qu'elles doivent payer pour cet accès.
- **Nouveaux coûts réglementaires** : les contraintes réglementaires ayant été durcies, notamment pour assurer la sécurité des avoirs de clients, les sociétés de gestion sont aujourd'hui contraintes de publier régulièrement les informations relatives à leurs méthodes de gestion, d'exécution des ordres des clients, des conventions passées avec leurs fournisseurs, bref d'assurer une plus grande transparence de leurs méthodes de gestion, source de coûts supplémentaires.

Réduire les coûts est donc nécessaire, tant les évolutions du métier de gestion d'actifs sont rapides. En moyenne, les coûts administratifs représentent 40 % des coûts d'une société de gestion, contre 30 % pour les coûts de distribution et seulement 25 % pour les coûts directs de gestion. La baisse des coûts administratifs apparaît donc comme prioritaire. La plupart des sociétés de gestion ont commencé à automatiser les fonctions de *middle office* susceptibles de l'être, puis à relocaliser les autres dans des pays à faible coût de main-d'œuvre. Il n'est pas rare de voir des *hedge funds* européens transférer ou sous-traiter leurs *back* et *middle offices* à des unités localisées en Inde, au Portugal ou en Europe centrale.

Ainsi, on peut conclure que la maîtrise des coûts est un élément essentiel pour les acteurs de la gestion d'actifs ayant l'ambition de capturer une part des revenus futurs de ces activités qui restent en très forte croissance.

Intelligence artificielle et robotisation, clés de transformation des services financiers spécialisés

Les services financiers spécialisés représentent un fort potentiel de transformation à la fois dans la simplification des structures et dans l'apport du numérique dans les processus de fabrication. Les services financiers spécialisés (SFS) sont des métiers d'expertise qui sont des usines à produits dans lesquelles la simplification et le numérique peuvent contribuer à réduire significativement les coûts et à améliorer l'accès et la simplicité des solutions proposées aux clients.

Ces métiers sont essentiellement des usines de gestion de produits et des *back offices* spécialisés en financement (crédit consommation, crédit immobilier, *leasing, factoring*), et en opérations de paiement (paiements, titres, épargne salariale, etc.). Les SFS sont au service des canaux de distribution, réseaux et accès en ligne. La taille est facteur de réduction de coûts en raison de coûts fixes importants, mais la consolidation qui facilite les économies s'effectue plutôt en interne avec le rapprochement et la centralisation de tous les métiers au sein d'usines communes des services financiers spécialisés. C'est le cas pour le crédit à la consommation, les paiements, les titres et les financements spécialisés tels que le *leasing* et le *factoring*. Tous les grands réseaux sont engagés en réflexion ou en actions sur ces métiers car ils sont soit stratégiques comme les paiements par exemple, ou le financement des professionnels ou TPE, soit parce qu'ils sont générateurs de marges et de commissions récurrentes. Le groupe BPCE a par exemple accompli une restructuration de ces métiers, avec d'abord une simplification des structures et ensuite un rattachement de celles-ci à la tête du groupe les mettant au service des deux réseaux de distribution Banque Populaire et Caisse d'Épargne. Ces métiers offrent également un fort potentiel de digitalisation car aucun obstacle technique particulier n'empêche de concevoir et d'accéder à ces produits spécialisés à distance, que ce soient les paiements, les crédits à la consommation, le *leasing*, le *factoring* ou l'épargne salariale. Il s'agit d'investissements lourds à réaliser dans les processus techniques sur lesquels l'IA et la robotisation présentent un potentiel très important. Pour réaliser ces investissements, à nouveau, la taille critique est nécessaire, et seules les grandes banques en bonne situation financière seront capables de les réaliser.

En outre, ces métiers ne peuvent s'exercer sans un important bilan bancaire et sans une forte expertise du risque (risque crédit pour les financements spécialisés et risque opérationnel et de fraude pour les paiements). Pour toutes ces raisons, ces métiers sont inséparables des bilans bancaires et accompagneront la consolidation bancaire à venir.

Simplification et standardisation, leviers de transformation de la BFI

La crise économique qui suit la crise sanitaire du Covid-19 a déjà incité plusieurs banques à envisager de réduire à nouveau leurs opérations dans des secteurs devenus trop risqués dans un contexte de volatilité extrême des marchés financiers. De nouvelles restructurations sont donc attendues, après celles déjà mises en place suite à la crise de 2008. Pour des raisons d'exigences en fonds propres, la taille est devenue un critère discriminant et peu d'établissements européens sont de ce fait capables de suivre la concurrence menée par les banques américaines. Certains établissements qui avaient délaissé leur base domestique pour investir dans la banque d'investissement avec des volumes d'engagements considérables en ont payé le prix : RBS, Barclays, UBS, Deutsche Bank, Crédit Suisse ont dû opérer des recentrages d'urgence sur les bases domestiques et leurs métiers les plus solides avec l'aide de l'État ou d'actionnaires peu exigeants et, pour certains d'entre eux, sans avoir l'assurance de pouvoir s'en sortir.

La BFI se recentre sur son *core business,* c'est-à-dire le financement classique des grandes entreprises et des infrastructures et la banque de marché, le conseil, le *fixed income* et les produits dérivés à destination de cette même clientèle. Cela a entraîné un profond nettoyage des bilans – l'arrêt des activités pour compte propre, des activités de trading sur le crédit ou d'activités de financements structurés dans lesquelles les franchises sont trop limitées. Le travail réalisé par Natixis et Crédit Agricole en France en peu d'années en sont de beaux exemples. Dans la BFI, comme dans les autres métiers bancaires, le *lean management* et la digitalisation sont la règle pour regrouper par exemple toutes les activités de financement au lieu de disposer d'autant de lignes métier que de lignes produit.

Ces simplifications et allégements d'organisation ont une vertu : cela permet d'accroître l'agilité et la mobilité dans un métier où la vitesse d'adaptation est fondamentale pour réallouer le capital et les équipes. C'est aussi un métier où la capacité à s'attacher des équipes est un critère déterminant pour le succès.

Enfin, plus que tout autre métier bancaire, les métiers de la BFI sont conditionnés par le risque et les résultats futurs. Le caractère différé des résultats tend à sous-évaluer systématiquement coût du risque, risque de crédit et risque de liquidité – et les besoins en fonds propres avec les conséquences funestes que l'on sait. Un très fort besoin de révision des méthodes de mesure de la rentabilité et de la performance existe et il n'a pas été entièrement couvert. Il serait pourtant un facteur supplémentaire et précieux pour procéder aux arbitrages d'activités et adopter le meilleur profil pour le futur de ce métier.

Fortement recentrée, ayant fait le tri de ses activités et remis à plat ses modes de fonctionnement, la BFI demeure un métier stratégique pour les grands acteurs dotés d'un gros et solide bilan. La BFI a besoin de la banque de détail comme socle d'équilibre de ses activités et la banque de détail a besoin de la BFI pour transformer ses liquidités. Une BFI fortement allégée de ses risques, encadrée par une régulation nouvelle et représentant environ 20 à 30 % des activités, a sa place à côté de la banque de détail.

Pourtant, le fort développement des encours de crédit *corporate* enregistré ces dernières années, les engagements très élevés dans l'immobilier, la multiplication des expositions sont une source d'accroissement des risques et de fragilité face aux chocs économiques.[1]

En outre, la perte de compétitivité des banques européennes vis-à-vis des grandes banques américaines pour les activités de haut de bilan et les métiers les plus rentables est un facteur supplémentaire de fragilité et de consolidation pour les plus petits acteurs.

Dans ces métiers, seuls les très gros bilans assainis, équilibrés et diversifiés pourront à terme maintenir des BFI performantes, et seuls quelques acteurs sur le plan mondial pourront poursuivre leurs activités dans tous les segments de la BFI, la plupart d'entre eux devant se spécialiser dans les domaines où leur expertise est la plus forte et où les exigences en capital sont les plus faibles.

1 Selon le FMI dans son rapport de 2016 sur la stabilité financière, les niveaux de dette *corporate* ont atteint des niveaux records et en cas de choc économique, 40 % de la dette des entreprises des huit plus grandes économies mondiales, soit 19 000 milliards de dollars, seraient exposés à un risque de défaut, soit plus que le niveau observé lors de la crise financière de 2008.

Chapitre 9

Consolidations et déconsolidations

L'urgence de consolidation

Avant d'envisager une reconfiguration solide et stable du secteur lui permettant de jouer pleinement son rôle dans l'économie, une série d'actions destinées à l'assainir et à le consolider sont nécessaires. L'état du secteur bancaire conditionne le développement et la croissance économique et aujourd'hui la lucidité impose de reconnaître enfin à la fois la mauvaise santé du système bancaire en général et un échec relatif des politiques de régulation mises en place après la crise de 2008 visant à le remettre en état de marche et surtout à le normaliser.

Le volume des créances douteuses qui plombent de nombreuses banques n'est pas entièrement résolu, et ce n'est pas le choc créé par le Covid-19 qui va atténuer le phénomène. Il est simplement rendu supportable par des taux d'intérêt nuls issus de la politique monétaire de la BCE, mais cette situation interdit toute restructuration et consolidation du secteur. Cela ne peut durer éternellement.

Historiquement les sorties de crise ont toujours exigé un nettoyage des bilans et un passage en pertes permettant aux établissements de crédits ainsi allégés de reprendre leur activité de financement. Naturellement, les passages en pertes entraînent des consommations immédiates de capital alors même que les exigences en capital ont été relevées et que de nombreux établissements ont du mal à les satisfaire dans un contexte de rentabilité où lever du capital supplémentaire devient quasiment impossible. En somme, il y a un besoin urgent de recapitaliser les banques.

La recapitalisation par les États, qui pouvait apparaître comme une solution de bon sens, est exclue désormais en raison de la règle de *bail in* dont le but est d'éviter un aléa moral immunisant les banques, alors qu'au même moment le risque systémique reste présent en cas de faillite bancaire. L'économie ne peut vivre et se développer avec cette épée de Damoclès en permanence. Par conséquent, si ni les investisseurs privés pour des raisons de faible rentabilité, ni l'État pour ne pas solliciter les contribuables une nouvelle fois ne peuvent intervenir, il ne reste qu'une solution : la BCE recapitalise les banques elle-même. Plutôt que d'acheter en masse des obligations, des créances et bientôt des actions, la BCE serait plus efficace en recapitalisant et en prenant des parts au capital des banques qui en ont besoin. D'une part, elle interviendrait non plus directement dans l'économie en la refinançant, ce qu'elle fait, mais en remettant d'aplomb un système bancaire étouffé par les créances douteuses, les exigences en capital et la baisse de rentabilité. Plutôt que de s'y substituer en intervenant à sa place sur les marchés, il vaudrait mieux remettre le système bancaire en état de marche une bonne fois pour toutes.

D'autre part, le nombre d'établissements qui ont besoin ou vont avoir besoin de fonds propres nouveaux est élevé. La lucidité, encore une fois, nous oblige à voir que dans beaucoup de pays de la zone euro des établissements restent fragilisés et ne s'en sortiront pas sans injection de capital supplémentaire pour rassurer les investisseurs et leur permettre de faire leur métier.

Une telle intervention serait en cohérence avec plusieurs autres types d'actions de la BCE. Par sa politique monétaire avec des niveaux de taux d'intérêt négatifs ou nuls, la BCE contribue à réduire les marges d'intérêts et affaiblir la rentabilité des banques. En relevant progressivement les niveaux de capital requis, elle affaiblit mécaniquement le niveau de rendement du capital et provoque sa rareté. Enfin, par la nature du contrôle qu'elle exerce sur les banques, elle est la mieux placée pour évaluer la valeur des actifs aux bilans et donc le niveau de risque que présentent les différents établissements. Du point de vue du volume, les ordres de grandeurs seraient tout à fait gérables et on peut considérer que l'équivalent de 2 à 3 mois des volumes d'achats et de création de monnaie de la BCE suffirait à solidifier le système bancaire au sein de la zone euro.

D'un point de vue technique, l'effet dilutif éventuel serait supporté par les actionnaires actuels qui, par une sorte de *bail-in* partiel, contribueraient ainsi à l'équilibre du système bancaire.

Au niveau plus institutionnel, cette solution aurait le mérite de globaliser le problème à l'échelle européenne, d'éviter d'alourdir encore la charge des États surendettés et de procéder pour cette opération à une création monétaire au niveau où elle doit être désormais, au niveau de la zone euro et de la BCE.

Mais ce type d'opération ne peut avoir cours sans contreparties dont le but serait précisément d'accélérer la consolidation des banques trop nombreuses et insuffisamment rentables. Ce type d'opération devrait requérir des cessions d'activités, des cessions, ou la mise en place de structures de *defeasance* pour loger les créances douteuses issues de la crise. Ce programme de cessions pourrait s'effectuer selon les critères habituels de restructuration en particulier en fonction :

- de la rentabilité, les activités insuffisamment rentables seraient ainsi cédées ou arrêtées ;
- de la spécialisation et du positionnement sur le marché, ne conservant que les positions les plus fortes dans les marchés ;

- de la cohérence des activités selon leur nature et leur implantation géographique ;
- de rapprochements et d'adossements lorsque les activités sont complémentaires ;
- des programmes de réductions de coûts, de la simplification de structure, de fusion de réseaux et de filiales et de centralisation.

Sur ce sujet également, la BCE pourrait engager une série d'actions destinées à faciliter les consolidations, dans l'harmonisation réglementaire qui reste encore à faire dans une série de domaines. Des clarifications et aussi quelques assouplissements sont urgents si l'on veut favoriser les consolidations bancaires ; la question des *badwill* doit être clarifiée de sorte que la BCE puisse valider une méthode de calcul des écarts d'acquisitions, dont on sait qu'ils sont très importants dans ce secteur, afin de permettre aux potentiels acquéreurs de valoriser leurs opérations. Le sujet de la liquidité est également déterminant et des assouplissements pour permettre aux établissements de piloter leur liquidité en centralisé faciliteraient les rapprochements transfrontaliers.

Quelles conséquences sur la configuration du secteur : concentration, séparation, spécialisation, externalisation ?

Le retour sur fonds propres : ROE, critère principal de sélection de métiers

Le besoin de réduire rapidement les coûts pour maintenir une rentabilité suffisante, améliorer la solvabilité et investir dans la transformation digitale est la principale raison de l'urgence d'une consolidation. Le secteur bancaire est à la fois saturé et fragmenté, saturé car l'offre bancaire est surabondante et les moyens de financement de l'économie de plus en plus nombreux et ouverts. Le secteur reste également fragmenté dans la banque de détail dans de nombreux pays européens comme l'Allemagne ou l'Italie.

La faiblesse prolongée des rendements sur fonds propres, en dessous du coût du capital, rend difficile de nouvelles levées de fonds et impose une réduction des bilans.

Une étude de McKinsey publiée en 2017 et portant sur 1 000 banques dans le monde montre que plus d'un tiers d'entre elles, principalement en Europe et en Asie, présentent une rentabilité sur fonds propres très faible d'à peine 2,6 % en moyenne, alors qu'environ 20 % des établissements dégagent une rentabilité cinq fois supérieure. L'étude s'interroge par conséquent sur l'utilité de certaines banques et sur la pérennité d'un grand nombre d'entre elles dont la rentabilité sur fonds propres est inférieure au coût de ces mêmes fonds propres. Dans un contexte de choc économique et de besoins croissants en fonds propres, il faut s'attendre à la disparition d'un grand nombre de banques – un tiers selon McKinsey. C'est la reprise et un vaste mouvement de consolidation conjuguée à un recentrage des établissements sur leur cœur de métier en termes géographiques, de clientèle ou de métiers qui devraient aboutir à une forte diminution des sur-capacités et à une remise à plat des organisations.

Dans ce contexte où le capital est rare car peu rémunéré par rapport aux risques mais en même temps exigé par le niveau de risques, les rapprochements permettent d'engager simultanément plusieurs types d'actions conjuguées destinées à restaurer le ROE.

Une fois rapprochées et consolidées, la sélection et la réduction des activités et des actifs peut s'opérer de façon accélérée selon trois grands critères :

- **la rentabilité** qui reste le critère principal de détermination, ce qui signifie que les métiers fortement consommateurs de capital seront très sélectifs en fonction de leur rentabilité et de leur capacité à générer une rentabilité élevée et stable ;

- **la stabilité des revenus** qui est inversement proportionnelle à la complexité des métiers ou produits, partant du constat que les produits complexes sont généralement générateurs de volatilité. À l'inverse, les métiers de service générateurs de commissions stables seront privilégiés ;
- **l'exposition à la concurrence** sachant que la recherche de situations oligopolistiques et l'existence de barrières à l'entrée seront un critère de choix de maintien ou d'abandon de métiers. Dans ce cadre, le critère géographique pourra être déterminant.

Le durcissement prudentiel, source d'érosion de la rentabilité des banques ?

Il est grand temps d'examiner les évolutions de la rentabilité des banques françaises sur les 30 dernières années. L'analyse porte sur les comptes consolidés des six principaux groupes bancaires français : BNP Paribas, Société Générale, le groupe Crédit Agricole (LCL inclus), le groupe BPCE, le groupe Crédit Mutuel et La Banque Postale. Il en ressort clairement que depuis 2009, alors que la rentabilité des banques françaises est restée stable au cours des 30 dernières années, le ratio de fonds propres « dits de base » a été multiplié par 3, passant de 4,6 % en 2008 à 14,4 % en 2019.

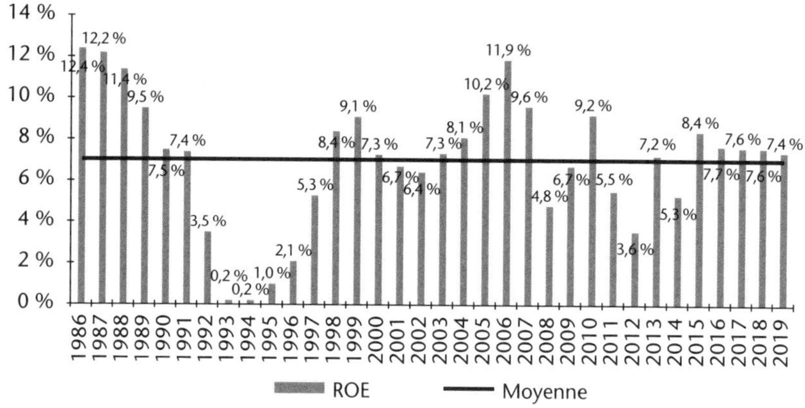

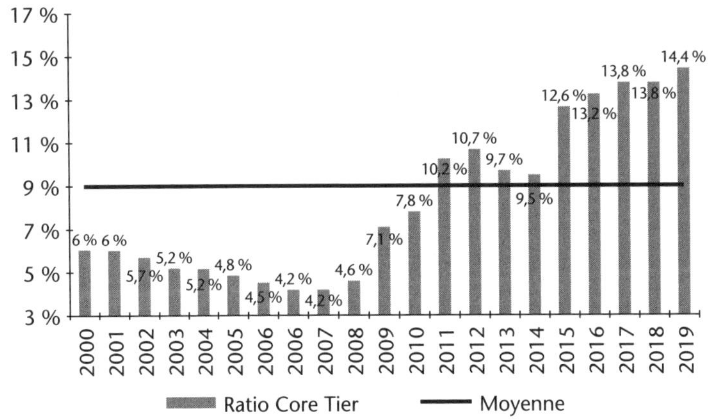

Source : Banque de France, CECEI, Commission bancaire, Autorité de Contrôle Prudentiel.

Figure 9.1 – Fonds propres et rentabilité des banques françaises

Ainsi, une analyse plus fine de l'évolution de la rentabilité montre même que, si entre 2012 et 2015 les fonds propres requis par les banques françaises pour opérer ont augmenté de 9 %, l'essentiel de la hausse provient des fonds propres alloués aux portefeuilles actions, alors que dans le même temps, la consommation de fonds propres liée aux activités de crédit s'est accrue d'à peine 3 %.

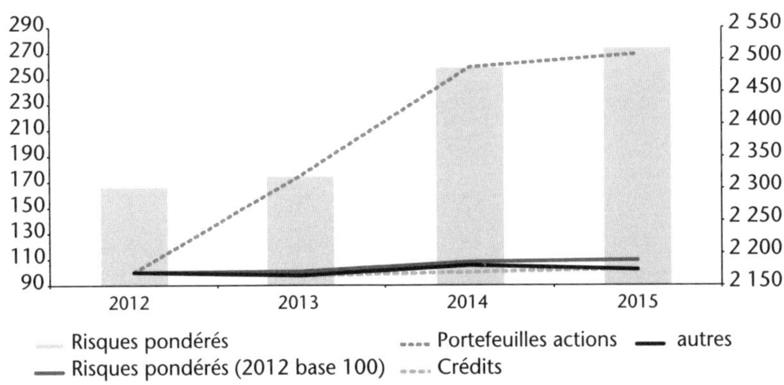

Source : Banque de France, CECEI, Commission bancaire, Autorité de Contrôle

Figure 9.2 – Investissement en actions, facteur principal de la hausse des encours pondérés

En effet, la relative stabilité de la pondération des risques de crédit révèle que, pour les banques françaises, les activités de prêts n'ont pour l'instant pas été affectées par une augmentation des fonds propres requis. Ceci reflète fidèlement l'absence de détérioration de la qualité des risques de crédits, traduite dans les évolutions favorables des pertes sur créances. Ainsi, les statistiques de la Banque de France montrent que la probabilité de défaut du secteur bancaire français a connu un plus bas en 2015 à 3,4 %, bien en dessous des 4 % enregistrés en 2013, alors que dans le même temps, en cas de défaut d'un emprunteur, le niveau des pertes enregistrées par les banques est resté stable, autour de 20 % des créances.

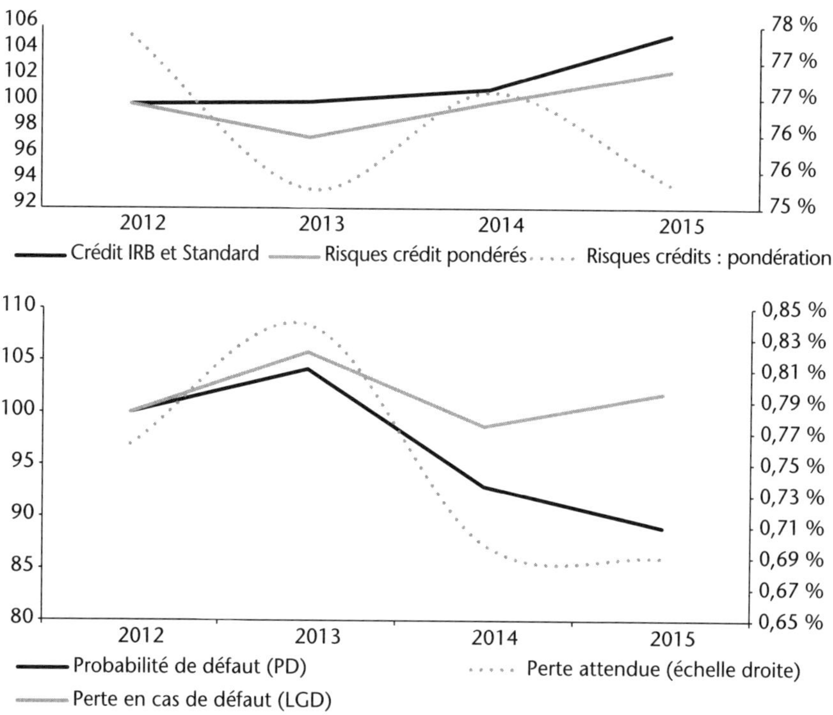

Source : Banque de France – COREP – CA2 et CA.

Figure 9.3 – Un taux de pondération des risques en baisse

Toutefois, il est aussi nécessaire de rappeler que le faible coût du risque enregistré de 2015 à 2019 s'explique en partie par le bas niveau des taux d'intérêt. Intuitivement, on peut comprendre que des taux d'intérêt bas réduisent mécaniquement les charges financières supportées par les emprunteurs, et donc réduit le risque de les voir confrontés à des situations d'insolvabilité. Ainsi, nombre de banques européennes ont récemment confirmé avoir pu maintenir leur rentabilité en compensant l'impact négatif des bas taux d'intérêt sur leur capacité à générer des marges bénéficiaires par une réduction drastique de leurs charges de provisionnement des risques crédit. En revanche, vu l'imminence d'une crise économique post Covid-19, on peut s'attendre à voir les banques confrontées à une détérioration de leur coût du risque, ce qui inévitablement conduira à une augmentation de la consommation de fonds propres par les activités de prêts. En effet, la crise économique finit par éroder le pouvoir de remboursement des emprunteurs, ce qui rapproche les emprunteurs les plus endettés du risque d'insolvabilité.

Encore plus de dilution des profits avec Bâle IV ?

Afin de contenir l'inflation des actifs pondérés induite par les nouvelles normes réglementaires, certaines banques (en général les plus grandes par la taille de leurs actifs) ont développé des modèles internes basés sur des hypothèses de pertes en cas de défaillance de clients plus limitées que celles utilisées dans les modèles standard. En effet, les actifs pondérés sont calculés en fonction des estimations de l'exposition en cas de défaut (EAD), la probabilité de défaut (PD) et la perte en cas de défaut (LGD). L'homologation par le régulateur d'un modèle interne permet, en effet, à un établissement bancaire de contenir l'inflation des actifs pondérés due aux changements réglementaires. Il n'est donc pas surprenant que le nombre de banques ayant accru le recours aux méthodes internes n'ait cessé d'augmenter, ce qui a contribué à limiter l'impact de l'inflation réglementaire. Ainsi, à titre d'illustration, la figure p. 151 montre qu'entre 2010 et 2018, la banque lambda a accru de 65 % à 79 % le pourcentage de ses risques pondérés selon la méthode basée sur les modèles internes, ce qui explique en partie comment ses actifs pondérés ont continué à représenter un faible pourcentage de ses encours de risques. Il convient cependant de remarquer que cette faculté utilisée par les banques pour diminuer les contraintes réglementaires liées à la régulation deviendra moins aisée avec l'instauration de Bâle IV. Avec Bâle IV, les régulateurs ont clairement manifesté leur intention de limiter l'utilisation des modèles internes pour le calcul des actifs pondérés. Ceci pourrait se faire, soit par une restriction des libertés dans la modélisation, soit par l'instauration de *floors*, seuils minimaux de pondération en deçà desquels une banque ne pourra pas opérer. Il devrait résulter une convergence des pondérations retenues dans le calcul des actifs pondérés entre banques opérant dans des secteurs similaires. En résumé, il semble acquis que la volonté des régulateurs d'assurer une convergence dans le calcul des ratios de risques utilisés par les banques est inébranlable à moyen terme malgré les pressions des banques européennes et les mesures d'urgence prises pendant la crise du virus Covid-19. Les banques américaines étant déjà soumises à ces ratios, il ne paraît en effet pas concevable que le calcul des risques pondérés ne soit pas harmonisé sur le plan mondial.

Le cas d'une banque « lambda »

Le premier graphique ci-dessous montre que, pour un montant d'actifs de 100 euros, une banque peut estimer ses actifs pondérés à 62,9 euros ou à 38,8 euros, selon qu'elle utilise une approche standard ou des modèles internes.

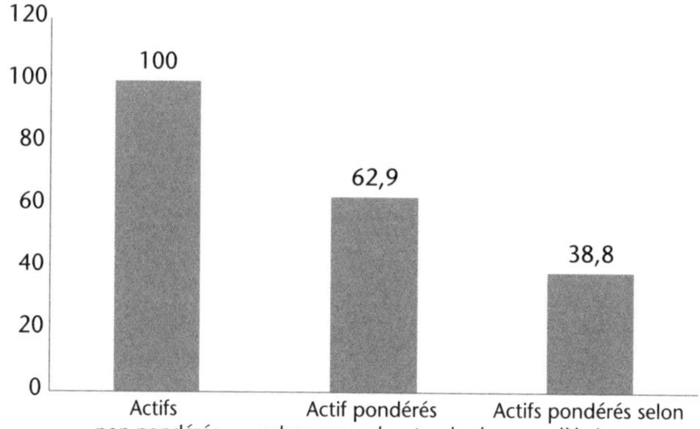

• • •

Ainsi, à titre d'illustration, le graphique ci-dessous montre qu'entre 2008 et 2015, la banque lambda a estimé que ses actifs pondérés n'avaient jamais représenté plus que 50 % du montant de ses actifs. Cependant, ce résultat n'a pu être obtenu que parce que cette banque a accru de 65 % à 79 % le pourcentage de ses risques pondérés calculés selon la méthode basée sur les modèles internes. Sans cette option, cette même banque aurait dû faire face à une inflation de ses actifs pondérés, et donc aurait eu besoin de lever davantage de fonds propres.

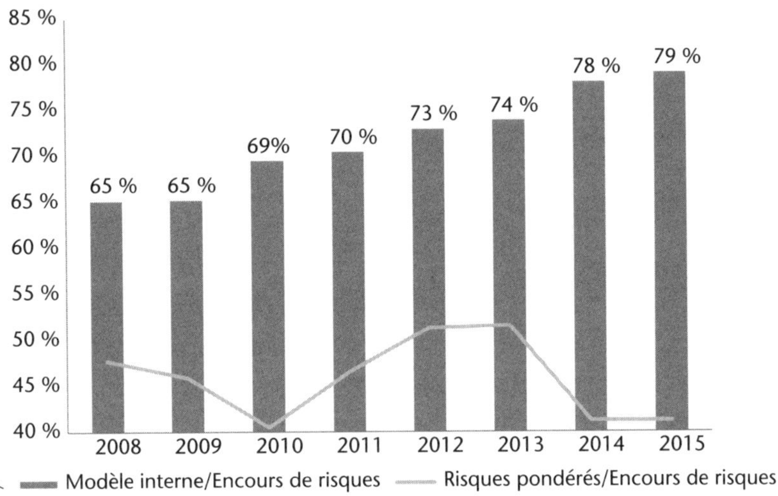

Chapitre 10

Quelles stratégies pour préserver la rentabilité du système bancaire

Avant toute chose, il convient ici de rappeler les spécificités des banques françaises. Parce qu'elles ont toutes été bâties sur le modèle de banque universelle, c'est-à-dire qu'elles s'engagent à fournir tout type de service bancaire à tout type de clientèle, elles se retrouvent contraintes d'exercer la quasi-totalité des métiers bancaires. Or ces métiers diffèrent par plusieurs aspects : leur rentabilité, le niveau de risques, la consommation en capital, leur structure de coûts, fixes ou variables, leur consommation de liquidités ou encore la duration des opérations. Ainsi, à titre d'exemple, lorsque l'on passe en revue quelques métiers bancaires, on peut constater certaines spécificités :

- consentir un prêt immobilier requiert avant tout en France la capacité de se prémunir contre la volatilité du coût de refinancement, donc, en général, oblige à disposer d'un coussin de liquidités à bon marché pour éviter de subir les contrecoups d'une hausse subite des coûts de refinancement. Ainsi, une banque collectrice de dépôts sera moins exposée à une forte volatilité des taux d'intérêt qu'une banque refinançant l'intégralité de ses encours sur les marchés. Faut-il ici rappeler que lorsqu'une banque prête à taux fixe sur 15 ans à un particulier, elle est en général contrainte de se refinancer tous les 5 à 7 ans sur les marchés ;

- collecter des dépôts dans une région rurale oblige les banques à entretenir des distributeurs automatiques dans cette zone, ce qui a un certain coût fixe, quel que soit le nombre de clients qui feront usage de ces installations ;
- mettre à la disposition d'entreprises des capacités d'émission de dettes oblige à maintenir en permanence des équipes aptes à placer cette dette auprès d'investisseurs institutionnels du monde entier, ce qui signifie maintenir un niveau de coût fixe, sans certitude du niveau de la demande d'émissions ;
- s'engager à placer la dette émise par le Trésor Public oblige chaque établissement dénommé ainsi spécialiste en valeur du trésor à être en permanence capable de définir le « juste prix de chaque souche de dette en circulation », ce qui revient à maintenir des capacités de *market making, pricing, trading* et autres opérations coûteuses, que les États soient dans des phases d'émission de dette ou de diète, comme ce fut le cas depuis la mise en place des traités de Maastricht, contraignants les États européens à ne pas dépasser les 3 % du PIB en déficits budgétaires.

Par conséquent, il nous semble que le modèle de banque universelle est sans aucun doute celui dont la rentabilité est la plus menacée par le durcissement des normes réglementaires de solvabilité. Aussi, pour les banques françaises, il est crucial de trouver des réponses de long terme permettant de satisfaire les nouvelles exigences de rentabilité sans trop écorner leur niveau de rentabilité. Car, comme dans toute industrie, les banques trouvent d'autant plus facilement des investisseurs de long terme apportant des fonds propres qu'elles peuvent leur servir des rendements supérieurs aux taux sans risque.

Quel niveau de rentabilité optimal des fonds propres pour les banques françaises ?

Combien se souviennent qu'en 1992, alors que les Français venaient de voter en majorité « non » au référendum sur le traité de Maastricht, les taux d'intérêt à court terme se situaient au-delà de 10 % ? Rien donc d'étonnant à ce que les présidents de banques françaises de l'époque se soient tous fixés des objectifs de rentabilité de fonds propres allant de 10 % à 15 % pour attirer les actionnaires, qui sans prendre de risque pouvaient déjà gagner presque 10 % sur des SICAV monétaires, et qui donc se voyaient octroyer une prime de risque pour investir dans les banques allant de 0 % à 5 % au mieux. Aujourd'hui, alors que les emprunts d'État français génèrent une rémunération quasi nulle et l'inflation ne dépasse guère 1,2 %, la plupart des banques françaises continuent de s'engager à servir à leurs actionnaires près de 10 % de rentabilité des fonds propres, ce qui suggère qu'elles offrent une prime de risque de près de 9 %. Cherchez l'erreur !

Il est clair que cela reflète avant tout le sentiment que l'industrie de la banque est beaucoup plus risquée qu'on ne le pensait il y a quelques années. La crise de 2008 d'abord, mais aussi la perception de la fragilité du secteur dans un contexte d'économie surendettée alimentée par un loyer de l'argent gratuit ou presque, accroît considérablement le coût du risque bancaire. Le choc récemment créé par le Covid-19 confirme à quel point le système bancaire est surexposé aux risques quels qu'ils soient. Cette perception de risque accru explique à elle seule non seulement la détermination des régulateurs à veiller à ce que les banques se dotent de suffisamment de fonds propres pour faire face à leurs pertes en cas de faillite, sans devoir recourir à l'aide massive de fonds publics, mais aussi l'exigence des investisseurs pour un supplément de rendement destiné à rémunérer un risque accru. Tout ceci signifie une mauvaise nouvelle pour le consommateur bancaire sur qui devrait finir par retomber l'impact du renchérissement du coût du capital consommé. Force est de constater que les banques françaises semblent être convenues d'adopter une approche graduelle dans ce mécanisme de « re-pricing » du coût du capital utilisé, ayant toutes adopté des approches focalisées davantage sur la baisse des coûts que sur la hausse de leurs tarifs.

Résultats futurs, coût du risque et calcul de la rentabilité

Une banque est une construction complexe aux multiples activités interdépendantes et dont une grande partie de la rentabilité est à la fois différée et incertaine. La marge d'intérêt qui représente les deux tiers du produit net bancaire en banque de détail est la différence entre un prix payé par le client sur une durée prévue à l'avance et des refinancements dont le prix évolue dans le temps. Au moment de l'établissement d'un contrat de prêt, l'essentiel des revenus est différé et est soumis à des risques, risque de taux, risque de liquidité, risque de remboursement anticipé, risque de renégociation, ce que l'on appelle les événements aléatoires. Mais surtout, lors de la signature d'un contrat de prêt ou d'un « deal », le coût du risque n'est pas connu à l'avance. Lorsqu'il s'agit d'un crédit à la consommation ou d'un crédit immobilier, l'historique statistique donne une indication, mais la multiplication et la complexité des produits, leurs engagements sur des montants très élevés et la plupart du temps hors bilan contribuent à rendre impossible et donc à sous-évaluer le coût du risque. Or, c'est seulement dans le temps que le véritable coût du risque apparaît car risque de taux, de liquidité, de contrepartie ou de perte de valeur d'actifs se réalisent en différé sous l'effet du changement parfois brutal des conditions de marché. Ce qui est surprenant dans ce contexte, c'est la pauvreté des calculs de rentabilité pratiqués dans les banques où la mesure de la rentabilité sur nouvelle production est une méthode fréquemment ignorée. Elle serait pourtant d'une grande utilité et très instructive dans le calcul de la rentabilité des crédits immobiliers par exemple. De même les comités ALM[1] gagneraient à progresser encore dans le réalisme de leurs hypothèses et les simulations de *stress tests*. Bien que des progrès aient été faits, fort heureusement, depuis 2008, ce sujet reste un point de fragilité central dans une économie et des marchés plus volatiles et plus sensibles aux chocs et changements brutaux. C'est pour cette raison que la remise à niveau réglementaire était nécessaire pour rappeler et concrétiser la prise en compte des risques fondamentaux – solvabilité et liquidité – légèrement oubliés à partir des années 2000, mais aussi sur l'évaluation du risque de contrepartie et de perte de valeur des actifs. De ce point de vue, remettre à plat et harmoniser les calculs des risques pondérés – RWA[2] –, pratiquer des provisionnements à l'entrée du crédit, ne seraient pas des mesures excessives, bien qu'elles ne soient pas immédiatement applicables, car elles contribueraient à relever encore les exigences en capital. Enfin, cela concerne aussi la mesure de la performance car elle n'intègre pas ou peu les résultats futurs et le coût du risque. Voilà un sujet central et un beau chantier pour les banques, car il conditionne le management des équipes et surtout les rémunérations, réalité qui a fait dire à un grand banquier français que le secteur bancaire, spécialement la BFI, était le seul dans lequel le travail avait réussi à exploiter le capital.

Le choix des métiers face au durcissement réglementaire

Céder des portefeuilles de crédits pour préserver la relation client

Interdire aux banques françaises d'avoir recours aux modèles internes va les contraindre à réduire la taille de leurs portefeuilles de crédits aux entreprises. Déjà aujourd'hui, prêter aux entreprises est une activité pas toujours rentable et risquée. Certaines banques

1 ALM : *Asset Liability Management*, comités de gestion actif/passif.

2 RWA : *Risk Weighted Assets*.

se retrouvent en concurrence avec des acteurs agressifs, qui considèrent le prêt comme un produit d'appel, permettant de fidéliser une clientèle qui, par ailleurs, consomme des produits plus sophistiqués, tels que des produits de marchés, générateurs de marges plus importantes. Par conséquent, pour les banques, l'adoption de nouvelles réglementations Bâle IV signifie à la fois de parvenir à réduire la taille de leurs portefeuilles de crédits aux entreprises tout en maintenant l'intégralité de la panoplie de services financiers offerts à ces mêmes entreprises. Pour y faire face, la plupart des banques françaises ont adopté un modèle centré sur la cession des crédits aux entreprises qu'elles originent à des investisseurs attirés par les taux d'intérêt parfois généreux facturés aux entreprises. Avec cette approche, les banques se retrouvent capables de continuer à prêter aux entreprises, et donc de sécuriser les revenus tirés des produits connexes vendus, sans s'exposer à un risque d'inflation des fonds propres requis. Le seul risque d'une telle approche vient de l'obligation faite à la banque de garantir la bonne qualité des crédits qu'elles originent, puis cèdent à des investisseurs qui exigent de rester immunes de tout défaut de l'emprunteur. Pour fournir une telle garantie, les banques devront donc prendre à leur charge le coût de l'assurance des crédits aux entreprises, qui pourrait à l'avenir être assuré sur un modèle similaire au système de place garantissant l'assurance des crédits immobiliers.

Selon un tel schéma, nous voyons se dessiner deux types d'évolution pour les banques fournissant des services financiers aux entreprises. Celles dont les activités de marché ont une taille suffisamment large pour leur permettre de réduire au maximum la taille de leurs portefeuilles de crédits, et les autres, qui ne génèrent pas suffisamment de revenus dans les activités de marché pour en faire le socle de leurs activités de services financiers aux entreprises. Ces dernières sont celles pour qui les nouvelles régulations signifient une baisse des revenus, des résultats et par conséquent de leurs valorisations.

Vers une concentration accrue en matière de crédits immobiliers

En France, le crédit immobilier, parce qu'il est le plus souvent à taux fixe et accordé pour une durée allant de 10 à 30 ans, n'est déjà pas très rentable pour les banques. Et pourtant, la faible rentabilité est associée à une forte montée des risques.

- Les encours de crédit immobilier se sont pourtant très fortement accrus de 2017 à 2019 pour atteindre près de 1 100 milliards d'euros fin 2019 contre un peu plus de 800 milliards fin 2013, soit une augmentation de près d'un tiers.
- Lorsqu'une phase de hausse de taux d'intérêt suit une période de taux bas, le crédit immobilier expose les banques à un risque de taux d'intérêt car elles doivent se refinancer tous les 5 à 7 ans.
- Lorsqu'une phase de bas taux d'intérêt suit une période de hausse de taux, les banques sont aussi exposées au risque de taux, car les clients préfèrent rembourser leur crédit par anticipation pour souscrire un crédit moins cher, laissant les banques avec des ressources dont le coût est plus élevé que les taux de marchés. Dans un tel contexte, rajouter une surcharge de fonds propres aux crédits immobiliers risque de pousser vers la sortie des acteurs de taille moyenne. Ceux-ci n'auront en effet pas intérêt à prendre le risque d'originer des prêts qu'ils pourraient être forcés de vendre à perte à la suite d'une forte volatilité de la courbe des taux d'intérêt.

Produit phare de la banque de détail, élément clé de la fidélisation de la clientèle et de la rentabilité des banques, le crédit immobilier est aussi un facteur de risque très important pour l'avenir. La faiblesse des taux d'intérêt, le faible coût du risque observé depuis plusieurs années, le besoin de compenser la baisse des marges par une augmentation des volumes, tous ces facteurs ont conduit à sous évaluer les risques de contrepartie. Or, un choc entraînant une forte dégradation de la situation économique, elle-même associée à une baisse des prix de l'immobilier, peuvent être des facteurs déclencheurs d'une crise grave pouvant à nouveau mettre en danger la solvabilité des banques.

La fraude, source d'augmentation des risques opérationnels

Une autre source d'inflation des actifs pondérés pour les banques françaises peut venir d'une plus grande harmonisation du calcul des risques opérationnels. Alors que jusqu'à présent les risques opérationnels ont été à l'origine de moins de 10 % des risques pondérés, ils pourraient être revus à la hausse du fait de la volonté des régulateurs de pénaliser les établissements qui font face à des risques de fraudes ou à des risques juridiques. Pour les banques françaises qui ont dû faire face à plusieurs sinistres de ce type au cours des dernières années (notamment ~ 6 milliards d'euros d'amendes aux États-Unis pour BNP Paribas dans le dossier dit de l'OFAC en 2014 ; ~ 5 milliards d'euros de pertes de trading liées à l'affaire Kerviel pour la Société Générale en 2008 ; ~ 1 milliard d'euros de pertes de *trading* pour la Caisse d'Épargne en 2009), tenir compte de tels éléments dans l'évaluation future de leurs risques opérationnels va sans doute les exposer à un risque accru d'inflation des actifs pondérés.

Focus sur la baisse des coûts

Entre réduire les coûts, augmenter la taille de ses opérations et faciliter ainsi la réalisation d'économies d'échelle, ou encore refacturer aux clients finaux au-delà d'un minimum les services consommés, les banques ont à première vue un vaste choix d'options pour sauvegarder leurs marges. Examinons de plus près toutes les options à la portée des banques françaises.

La réduction des coûts, seule issue possible ?

Les estimations réalisées pour assurer un retour à un niveau de rentabilité satisfaisant reposent toutes sur de très significatives réductions de coûts. En ligne avec le FMI, McKinsey estime qu'un retour vers 10 %

de rentabilité sur fonds propres exigerait un volume de réductions de coûts estimé entre 58 et 68 milliards de dollars pour les banques européennes, ce qui représente en proportion une réduction de 50 % de la base de coûts actuelle. Dans le même registre, une étude récente de Citigroup sur le même périmètre des banques européennes estime à 30 % les réductions d'effectifs d'ici 2025 avec la fermeture d'une agence sur deux dans les réseaux. Pour l'ensemble des banques européennes, cela représenterait 1 million d'emplois en moins sur près de 3 millions actuellement et pour la France 100 000 emplois supprimés dans le secteur, ce qui représenterait un choc pour un secteur jusqu'ici considéré comme l'un des plus dynamiques en matière de créations d'emplois. Ces estimations comportent toujours une large marge d'erreur, mais elles ont le mérite de montrer que la réduction des coûts est le principal levier disponible pour un retour à la rentabilité des banques. Les programmes de réduction d'effectifs annoncés par la plupart des grands établissements européens ne représentent que 10 à 20 % des coûts au plus et qui, pour l'essentiel, ne seront complètement mis en place qu'après 2022. L'ampleur du sujet nécessite des dispositifs exceptionnels et inédits, non seulement pour gérer la réduction des effectifs, mais aussi pour mener de front la continuité opérationnelle, les investissements digitaux, les cessions d'actifs et pour réaliser les gains de productivité qui sous-tendent les baisses d'effectifs.

La question des coûts apparaît encore plus évidente lorsqu'elle est rapportée à l'équation financière des banques et au besoin de renforcer à la fois la solvabilité et la génération de revenus futurs. En retenant un chiffre de 30 milliards de réduction de coûts, plutôt dans le milieu de la fourchette des estimations données pour les banques européennes, on aboutirait ainsi en 3 ans à une centaine de milliards d'euros qui pourraient venir renforcer les capitaux propres des banques. Cela permettrait de solidifier la solvabilité en évitant de faire appel au marché dans des conditions de rentabilité difficiles et surtout de redonner une capacité de financement favorable à la croissance des revenus et du PNB. Or, la réalisation effective de ces économies implique d'emblée des coûts de restructuration, ce qui a pour effet de décaler d'environ au moins deux ans leur impact favorable. Ceci est d'autant plus vrai que les mesures annoncées sont progressives et étalées dans le temps. D'où l'urgence d'engager ces actions au plus vite pour revenir à une situation assainie et stable avec des fonds propres renforcés et une capacité bénéficiaire restaurée.

Confrontées à une pression continue de leurs marges, et une grande difficulté à maintenir leurs revenus, les banques françaises, comme la plupart des banques européennes, ont donc fait de la baisse des coûts une priorité absolue qu'elles ont commencé à engager. Cependant, si de nombreuses annonces de restructurations et de suppressions d'effectifs se sont succédées avec plus de 100 000 suppressions d'emplois annoncées dans le secteur depuis le début 2019, ces suppressions d'effectifs sont encore loin d'être effectives. Ces plans de réductions d'effectifs, qui se déroulent en général sur 2 à 3 ans, puisent surtout leur source dans des simplifications d'organisation, la suppression d'échelons hiérarchiques et la suppression d'effectifs devenus pléthoriques dans certains métiers.

Pourtant, dans le cas de la France les effectifs du secteur bancaire s'élèvent encore à 362 800 à fin 2018, contre 381 000 en 2011 c'est-à-dire moins de 5 % à un rythme qui est toujours aujourd'hui inférieur à 1 % par an. De même, les réductions de coûts ne sont pas encore réellement visibles dans les comptes d'exploitation.

Certes, des investissements importants dans le digital et les systèmes d'information viennent alourdir les charges d'exploitation et donc compenser les économies de frais de personnel. Mais il existe de nombreuses résistances internes que le management doit surmonter, notamment une culture interne qui (tel que le secteur public) n'arrive pas à concevoir des réductions de coûts autrement que liées à des investissements préalables. Le manque de lucidité sur les sureffectifs, les tâches et les processus inutiles, qui constituent dans ce secteur des réserves considérables de productivité et d'économies, est un handicap majeur.

Toutefois, selon le type de métiers bancaires, réduire les coûts peut se révéler être un exercice difficile qui exige une profonde transformation des processus. À part les établissements ayant des coûts salariaux au-dessus des normes sectorielles qui semblent conserver de bonnes chances de réduire leurs coûts, l'existence de surcoûts liés aux renforcements réglementaires rend l'exercice *a priori* plus complexe.

En effet, comme il est communément admis que les coûts dans la banque de financement et d'investissement sont en général plus élevés que dans la banque de détail, plus la BFI contribue à la base de coûts et plus les banques ont des sources de réduction de leurs coûts globaux. Or, comme le montrent les figures 10.1 et 10.2, les structures des coûts des banques françaises ne se ressemblent pas nécessairement. La figure 10.1 nous suggère ainsi qu'avec 40 % de ses coûts dans la BFI, la Société Générale semble disposer de davantage d'opportunités pour les réduire que BNP Paribas qui n'y compte que 20 %. On peut même imaginer qu'en réduisant drastiquement les coûts de sa BFI, la Société Générale pourrait ainsi réduire ses coûts salariaux, du niveau actuel de 55 % (du total des coûts) à un niveau plus proche de celui de BNP Paribas (40 %).

Dans la banque de détail, le changement rapide du comportement des clients à l'heure où le smartphone devient le principal moyen d'accès au compte bancaire offre une opportunité exceptionnelle pour réduire le nombre d'agences, surtout dans les grandes villes, et donc de faire des économies aussi bien en matière d'effectifs que de locaux et de matériel informatique. Réduire le nombre d'agences permet de réduire le nombre de *back offices*, de chaînes de traitement de titres ou encore certaines fonctions de gestion d'actifs, ce qui devrait permettre de dégager de substantielles économies. Toutefois, il faut aussi reconnaître que la transformation digitale oblige simultanément les banques à des investissements significatifs. Ainsi, la Société Générale a reconnu devoir investir 1,5 milliard d'euros dans le numérique d'ici 2021 pour accompagner la révolution digitale. De même, BNP Paribas a relevé ses objectifs de réduction de coûts annuels pour les porter à 3,3 milliards annuels dans son plan stratégique 2020.

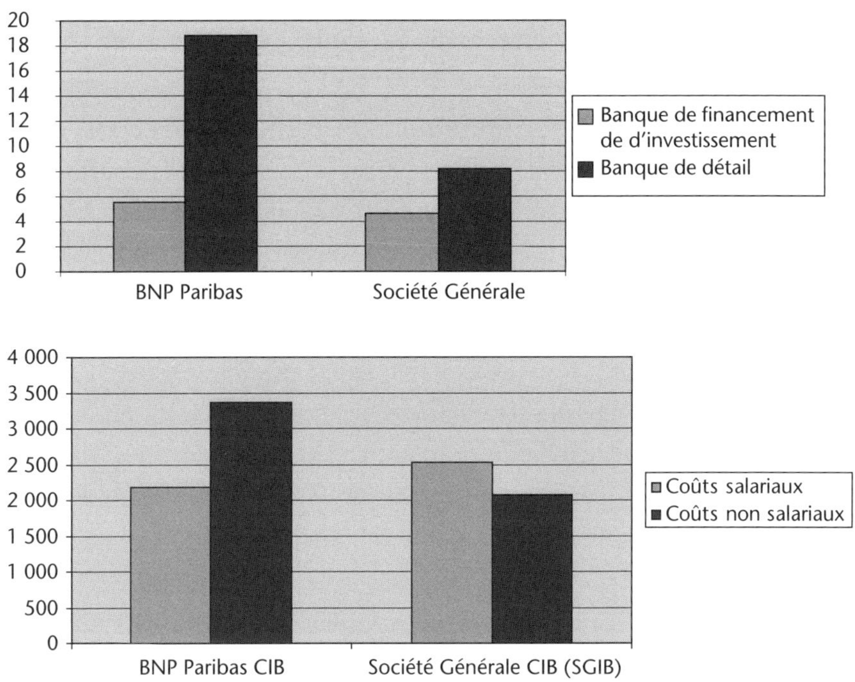

Figure 10.1 – Structures comparées des coûts

Tour à tour, les grands établissements actualisent leurs plans stratégiques avec de lourds programmes d'investissements dans le digital, combinés à des plans d'économies récurrentes significatifs.

En revanche, dans les métiers de banque de financement et d'investissement soumis à des durcissements réglementaires, investir davantage dans leurs systèmes informatiques dans le but d'améliorer la sécurité de leurs opérations est une contrainte supplémentaire. Cet effort d'investissement réglementaire succède à cinq années de dépenses rendues nécessaires par le besoin de reconfigurer les *business models* après la crise des *subprimes* qui a révélé des failles dans le mode opératoire des banques de marchés. Il faut en convenir, réduire une base de coûts qui a connu une croissance exponentielle ininterrompue n'a pas été une chose naturelle à comprendre, à accepter et facile à pratiquer.

Les banques de financement et d'investissement devraient donc encore subir davantage de pressions pour contenir leurs coûts que les activités plus traditionnelles de banques de détail. Sans surprise, réduire les effectifs ainsi que les budgets alloués aux services externes devient un enjeu majeur de réduction des coûts. Ainsi, jusqu'en 2019 au sein de sa seule BFI, la Société Générale s'est engagée à générer plus de 600 millions d'euros d'économies.

Pour y arriver, les banques entendent également délocaliser des fonctions informatiques dans des pays où la main-d'œuvre est moins chère : Inde, Pologne ou Portugal par exemple. Natixis, la banque de financement et d'investissement du groupe BPCE, ainsi que BNP Paribas ont délocalisé plusieurs centaines d'emplois informatiques au Portugal. C'est également le cas des activités de services comme les services aux investisseurs et, enfin, la sous-traitance à des prestataires externes a été accélérée.

Là encore, les banques françaises présentent des profils divergents. Ainsi, pour BNP Paribas, plus exposé aux litiges et aux nouveaux investissements liés aux changements réglementaires, réduire les coûts pourrait sembler moins simple que pour la Société Générale, plutôt exposée aux coûts informatiques et immobiliers.

Les stratégies de réduction de coûts doivent conjuguer tous les leviers disponibles : simplification des processus, allègement des structures, suppression des sureffectifs, gestion de la performance individuelle plus rigoureuse et pression sur les rémunérations. Il y a pourtant le besoin de faire appel à des expertises pointues, rares et donc souvent chères. Mais les expertises nécessaires aujourd'hui ne sont plus celles d'il y a 10 ans. Beaucoup de métiers de la banque d'investissement, d'analystes ou de *traders* par exemple sont remplacés par l'intelligence artificielle et des systèmes d'information et de traitement de données de plus en plus performants. La banque a donc besoin d'expertises très pointues dans ces domaines, expertises différentes de celles requises dans le passé et aussi moins nombreuses et plus centralisées.

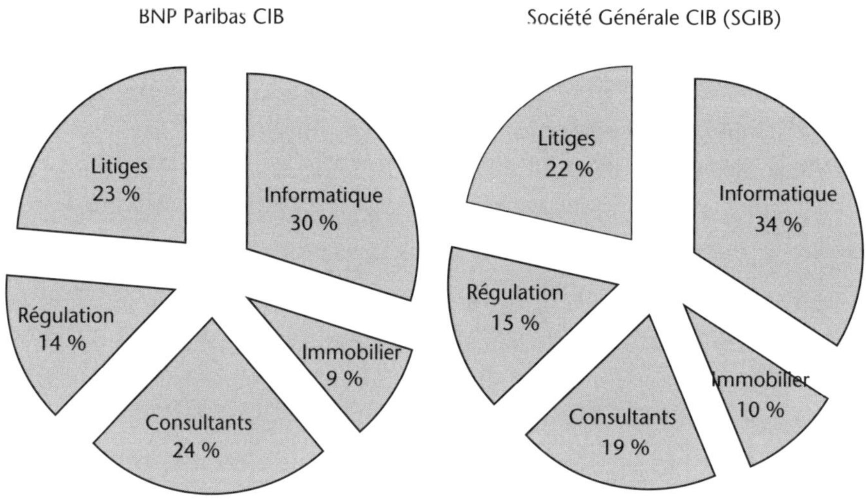

Figure 10.2 – Structures comparées des coûts par nature

Dans ce contexte, la mise en commun des développements d'outils et de plateformes techniques, produits et *back offices* devrait sous certaines conditions et dans le cadre d'alliances voir le jour. Il est surprenant que ce type d'alliances ne se noue pas plus rapidement pour contrer la concurrence. De la même façon que la consolidation qui tarde à venir, ce type de mouvements stratégiques prend du retard, et ce retard peut être préjudiciable en cas d'accélération de la compétition ou de changement de la donne dans ce métier.

Réduction des coûts : au-delà de la transformation digitale, la transformation tout court

■ Promesses de la transformation digitale

La transformation digitale est multidimensionnelle et révolutionne l'ensemble du modèle, de la relation client, de l'accès et de toute la production des produits et services bancaires. Moins proclamés et exprimés, les effets de la transformation digitale sur les coûts s'annoncent pourtant comme massifs. Le numérique intervient à tous les niveaux de l'organisation. Potentiellement, il supprime tous les niveaux d'intermédiation commerciale entre le client et les produits et services. C'est le cas pour les services transactionnels, mais aussi pour des produits plus sophistiqués, crédits ou produits d'investissement. Le conseil à distance se développe avec recours à des expertises centralisées et spécialisées facilement accessibles au téléphone ou par vidéo-conférence. De nombreuses banques réorganisent leurs services de relation client afin de proposer à partir de leurs plateformes téléphoniques, non plus uniquement les opérations de base, mais du conseil avec une large gamme d'intervention. Cette possibilité d'accéder facilement et dans de bonnes conditions à distance ou dans une agence *via* la vidéo-conférence à une expertise spécialisée permet aux banques traditionnelles de créer une différence avec les pures banques en ligne. Dans certains cas les agences sont transformées en un lieu d'accueil client multicanal avec à la fois présence physique d'un conseiller, accès distant à une expertise spécialisée, accès aux automates, robots, et enfin à l'ensemble des services digitaux afin d'en faciliter et promouvoir l'usage auprès des clients. Bien qu'il n'ait pas encore été lancé, le conseiller bancaire virtuel est en préparation et il devrait être proposé par certaines banques sans tarder pour la gestion des opérations, mais aussi pour le conseil sur des produits simples. Plusieurs exemples aujourd'hui encore limités montrent que les conseillers clientèle épaulés ou augmentés par des outils pourront progressivement être remplacés par les outils eux-mêmes. Les expériences se multiplient avec des assistants virtuels d'épargne.

Cela serait un pas supplémentaire vers la banque virtuelle, entièrement en ligne, et cette étape accélérerait le basculement de la clientèle vers une relation entièrement digitale. Elle donnerait la possibilité aux grandes banques de réseau à la fois d'accélérer le repli des réseaux d'agences et d'autre part de banaliser les autres offres bancaires proposées par des acteurs digitaux.

Dans le même registre, le *Big Data* ne permet pas seulement de développer, en les individualisant, l'approche marketing et la pertinence de la relation client. L'utilisation systématique des données clients croisées permet d'accéder à des résultats plus pertinents. Elle permet de préparer le travail des conseillers et de faciliter l'accès instantané à des données globales et individualisées qui rendent possible un service sur mesure. Également, grâce à l'approche prédictive et à son apport dans l'analyse du risque et dans la prévision, l'analyse des données est un outil précieux pour piloter la relation client dans le temps, selon son cycle de vie, surtout pour un métier où l'essentiel du profit et des coûts se réalise dans la durée.

L'intelligence artificielle est aussi un levier puissant d'amélioration de l'efficacité des banques. Si les technologies disponibles ont un impact moins important sur la nature des services proposés aux clients, le potentiel en termes d'efficacité peut être considérable. Des réductions d'effectifs très importantes à terme peuvent être envisagées notamment dans les *back offices*, fonctions pour lesquelles des chiffrages allant jusqu'à 70 % d'économies d'effectifs potentielles ont déjà été annoncés. C'est aussi le cas pour les fonctions de contrôle qui ont recruté en grand nombre ces dernières années et réalisent des tâches qui, pour la plupart, pourraient être davantage automatisées par un recours à l'analyse de données et l'intelligence artificielle.

En automatisant le traitement du langage naturel ou les messages écrits et en limitant l'intervention des conseillers ou chargés de *back office* ou de contrôle interne aux tâches à plus forte valeur ajoutée ou non routinières, l'intelligence artificielle permet de conjuguer productivité et qualité des interactions avec les clients en leur apportant des réponses en temps réel et plus nombreuses. Le gain est double : des gains de productivité d'une part, et d'autre part des gains importants dans l'expérience, ce qui est déterminant pour le client notamment au cours d'un processus d'acceptation d'un crédit immobilier. Les perspectives ouvertes par l'intelligence artificielle conjuguées aux multiples apports du numérique accélèrent donc le potentiel de productivité et de réduction des coûts.

Mais, pour l'instant, si le potentiel et les promesses d'économies sont grands, les mesures réellement mises en place sont seulement des ajustements et les effets sur les coûts sont très limités. Car la transformation digitale ne tiendra ses promesses que si elle est profonde et si elle s'accompagne d'une transformation tout court : celle des structures, de l'organisation et des hommes.

■ Transformation et simplification des structures

De nombreuses opérations de restructuration et de simplification de structure ont été mises en œuvre par toutes les banques pour réduire ces structure, réduire les activités et simplifier leur organisation. Pendant longtemps, notamment au cours des années 2000, les organisations se sont considérablement complexifiées, les organisations matricielles se sont déployées et chaque produit a quasiment donné lieu à une structure dédiée. C'est le cas dans la banque de financement et d'investissement où chaque produit ou activité a souvent donné lieu à la création d'une ligne fonctionnelle déployée au niveau de chaque pays avec ce que cela comporte de structures et de coûts de fonctionnement en doublons. Or, les simplifications, si elles ont été largement entamées, ne sont pas toujours allées au bout et toutes les banques n'ont pas renoncé à leurs structures et préfèrent procéder par adaptations successives. Les réductions de coûts dans la BFI entraînent des réductions d'activités, le plus souvent arrêtées, des fermetures d'implantations et de présences géographiques et des rapprochements internes de structures fonctionnelles. Cela se traduit par des réductions d'effectifs significatives, à tous les niveaux tant en spécialistes métiers qu'en postes de managers avec l'allègement du nombre de structures et de niveaux. Toutes les BFI ont développé et poursuivent progressivement ce type d'opérations de restructuration.

En ce qui concerne les réseaux bancaires, durant les années 2000, de nombreux réseaux ont été maintenus, voire développés, sous leurs configurations et marques propres (Crédit Agricole et LCL, Caisse d'Épargne, Banque Populaire, réseaux de banques régionales d'HSBC cédées à Banque Populaire et Société Générale, BPE cédée à La Banque Postale et également, le cas particulier des Crédits Mutuel, CIC et Arkéa). La restructuration de la banque de détail et des implantations d'agences entraîne des rapprochements et des simplifications de réseaux, y compris au sein des mutualistes Crédit Agricole et BPCE qui ont accéléré leur programme de fusion de caisses régionales et d'intégration de leurs réseaux commerciaux annexes.

Les fermetures d'agence ont été engagées progressivement, mais la France a pour l'instant fermé moins d'agences que le reste de l'Europe. Avec 36 500 agences bancaires sur le territoire fin 2018, la baisse n'est que de 3 % par rapport à 2014 contre 15 à 20 % sur la même période pour des pays comme l'Espagne, l'Italie ou l'Allemagne. On note cependant certaines disparités : les banques mutualistes très implantées en milieu rural comme le Crédit Mutuel ou le réseau des Banques Populaires et à un degré moindre le Crédit Agricole ont maintenu leurs réseaux quasi intégralement. Pour ces établissements, la difficulté est liée à leur clientèle qui en milieu rural préfère changer de banque plutôt que de suivre leur banque traditionnelle à plusieurs kilomètres. Le problème de l'attrition de la clientèle est donc stratégique et le maintien des services un atout commercial important.

Les actions entreprises consistent en parallèle à limiter au maximum les coûts liés aux agences et parfois à développer des initiatives comme la Caisse d'Épargne qui crée le statut de banquier auto-entrepreneur sur un mode proche de celui des agents généraux d'assurances afin de maintenir une présence territoriale suffisante, plus souple et moins coûteuse. Cette formule qui existe dans d'autres pays, comme la Belgique où les agences bancaires franchisées sont courantes, est une vraie innovation car elle sort du cadre de l'agence bancaire traditionnelle avec des normes et des modes de fonctionnement encore marqués par l'époque où la plupart des agences assuraient des services de caisse. C'est donc une initiative intéressante de ce point de vue. Au-delà, la question de fond sera de savoir si les clients – et lesquels – préféreront conserver un lien physique à proximité et payer une commission pour cela ou si les clients, y compris les plus rentables, abandonneront massivement tout lien physique pour économiser quelques dizaines d'euros par an. Le match n'est pas joué d'avance. La crise du Covid-19 avec des réseaux d'agences qui ont maintenu leur accueil au public pendant la période a donné quelques éléments de réponse.

Les métiers et les usines de fabrication de produits font également l'objet de rapprochements et de simplification internes. C'est le cas tout particulièrement du métier des paiements. Natixis, Crédit Agricole notamment, ont engagé de vastes chantiers de regroupement de leurs métiers produits, financements spécialisés, paiements et gestion de flux au sein d'entités consolidées et dédiées avec l'enjeu non seulement de réduire les coûts, mais aussi de renforcer leur offre et leur compétitivité. Cette rationalisation peut être illustrée par ce qu'a réalisé BPCE, par exemple, qui a restructuré ses métiers de financement spécialisé, épargne salariale et paiements pour les centraliser au niveau de l'ensemble du groupe et optimiser les synergies avec les réseaux Banque Populaire et Caisse d'Épargne. La mise en gestion extinctive du Crédit Foncier relève de la même logique : les filiales spécialisées sont en réalité des usines produits développant des solutions, des services et des expertises spécialisées au service des réseaux de distribution.

La relation clientèle et les *back offices* crédits entrent dans cette même logique avec, d'une part une accélération des projets de centralisation souvent déjà en cours et de rapprochement des entités internes, et d'autre part, les projets d'externalisation de la relation clientèle de premier niveau et des *call centers* qui deviennent la règle tout comme – et c'est un fait nouveau – la consolidation et les alliances qui se préparent, ainsi que le développement du *servicing* en matière de gestion de crédits.

L'accélération de l'*outsourcing* avec la délocalisation des infrastructures et des services informatiques représente un enjeu considérable pour les banques tant par les coûts qu'il représente que par les enjeux technologiques. En outre, les évolutions en matière de gouvernance des projets en méthode agile tendent à placer les équipes MOA et MOE[1] sous une gouvernance en matière de produits ou d'expérience client et non plus purement informatique. Ce mouvement contribue à accélérer la centralisation, puis l'*outsourcing* des infrastructures et production IT et à faire évoluer fortement les structures informatiques des banques. La plupart d'entre elles conduisent des projets très importants dans ce domaine (Natixis, SG, BNP Paribas, ING notamment), comme c'est le cas également pour de nombreuses banques européennes.

Ces opérations de transformation ont des caractéristiques similaires :

- la dé-spécialisation des organisations et des structures. Plusieurs métiers peuvent être regroupés et exercés au sein d'une même entité ou structure ;
- le retour vers des organisations centralisées et hiérarchiques avec limitation des organisations matricielles et verticales ;
- la suppression des échelons hiérarchiques et des redondances ;
- la réunification d'unités réalisant des missions similaires ou de même nature ;
- le partage des plateformes et des outils ;
- l'*outsourcing* et/ou l'automatisation des services à faible valeur ajoutée ;
- une pression forte sur les effectifs, mais aussi sur les coûts salariaux et les évolutions salariales à l'entrée et en cours de carrière.

1 MOA = maître d'ouvrage ; MOE = maître d'œuvre

Aller plus loin dans le « pooling » des coûts

Certaines banques françaises sont déjà en quête de mutation de leur modèle économique vers une variabilisation des coûts en déléguant à des « usines externes » leur *back office*. Cet exercice est d'autant plus réalisable qu'il s'applique à des métiers de traitement administratif et de contrôle, qui ne sont pas radicalement différents d'un établissement à l'autre. Il en va ainsi pour les métiers de traitement des titres, traitement des flux, contrôle des opérations et des risques, comptabilisation des opérations, activités dans lesquelles les banques françaises ont aujourd'hui réussi à se positionner dans le peloton de tête des acteurs européens après avoir mis en commun leurs plateformes. Dans ce métier très concentré avec seulement une douzaine d'acteurs dans le monde, on ne recense pas moins de quatre acteurs français, Crédit Agricole et BPCE (Caceis), Société Générale (SGSS) et BNP Paribas (BPSS), certes encore loin derrière les géants américains (Bank of New York Mellon, JP Morgan et State Street) qui pèsent chacun quatre fois plus lourd que nos champions français. Par conséquent, il paraît probable que d'autres opérations de consolidation interviennent dans ce type d'activités à moyen terme. BNP Paribas a revendiqué ainsi une présence dans 34 pays contre 29 pour SGSS et 12 pour Caceis, une bonne base pour continuer son expansion en Europe mais également en Asie.

La taille pour réduire les coûts unitaires : Amundi

La seconde option de réduction des coûts, la plus populaire parmi le management des banques françaises, consiste à accroître la taille pour bénéficier d'économies d'échelle. Pour cela, les banques françaises n'hésitent plus à confier leurs activités de taille trop modestes à des concurrents, dès lors que cela leur permet de bénéficier des services de bonne qualité à un coût de revient marginal, donc inférieur à leur coût de revient complet. Ainsi, dans la gestion d'actifs, la Société Générale n'a pas hésité dès 2009 à céder ses encours de gestion d'actifs au groupe Crédit Agricole, en échange d'un engagement de celui-ci à continuer à mettre à la disposition des clients de la Société Générale une gamme exhaustive de fonds communs de placement de qualité. Amundi, filiale du Crédit Agricole spécialisée dans la gestion d'actifs, a pu ainsi amortir sa base de coûts non seulement sur les encours de gestion du groupe Crédit Agricole (premier gestionnaire d'actifs par la taille en France), mais aussi sur ceux du groupe Société Générale. Cette stratégie a permis de constituer en à peine 5 ans le leader de la gestion d'actifs en Europe (> 1 500 milliards d'euros d'actifs sous gestion à fin mars 2020), capable de rivaliser avec les plus grands gestionnaires d'actifs du monde, grâce à sa capacité à produire des fonds communs de placement à un coût de revient très compétitif, donc de facturer ses services à des coûts plus bas que nombre de concurrents. Rappelons à titre d'exemple que là où en moyenne les gestionnaires d'actifs du monde dépensent 0,28 euro pour gérer chaque tranche de 100 euros d'actifs, Amundi dépensait en 2019 à peine 0,20 euro. On voit là clairement l'avantage compétitif que retire Amundi de son *business model* adossé à de grandes banques de détail en Europe (France, Italie, Espagne) pourvoyeuses d'actifs sous gestion, couvrant largement les frais fixes, et permettant de gagner de nouveaux clients dont l'apport peut être assimilé à du pur profit marginal.

Toutefois, il convient de souligner que ce type d'approche ne peut se faire que dans des métiers à faible intensité en capital. En effet, tous les calculs montrent que dans les métiers à forte intensité en capital (c'est-à-dire les métiers où il est requis d'avoir un montant de fonds propres alloués significatif avant même de générer le moindre chiffre d'affaires) le bénéfice tiré de l'abaissement des coûts unitaires est souvent compensé par la surcharge en capital requise par les autorités réglementaires destinée à se prémunir d'un risque systémique potentiel.

En conclusion, il nous semble que si l'on continue dans cette direction, une nouvelle vague de consolidation sectorielle devrait voir le jour, débouchant sur la création de mastodontes spécialisés dans un nombre restreint de métiers, à faible intensité en capital : gestion d'actifs, spécialistes de traitement de titres, crédits à la consommation, affacturage, collecteurs d'arriérés de paiement, voire distribution de produits d'assurances dommages.

La transformation du secteur : vers la constitution d'oligopoles ?

Essayons maintenant d'explorer les options permettant de reconfigurer le système bancaire de façon à répondre aux défis du moment. Au préalable, il est indispensable de bien mesurer la limite de solutions qui, à première vue, semblent résoudre directement un problème, mais dont l'application peut se révéler défavorable à la résolution d'autres défis. Ceci provient principalement de la structure historique des banques françaises, toutes bâties sur un modèle dit de « ventes croisées » offrant plusieurs services, non nécessairement rentables pris chacun individuellement, mais dont la conjugaison a permis de maintenir une rentabilité globale. Ainsi, prenons l'exemple du crédit immobilier, de tout temps considéré comme un produit d'appel, pas toujours rentable en soi, mais permettant de fidéliser une clientèle captive sur des périodes longues, parfois de plusieurs décennies. Durant tout ce temps, cette clientèle domiciliera son compte courant principal sur lequel un volant de dépôts non rémunérés sera systématiquement réinvesti sur des instruments du marché monétaire, et donc procurera ainsi une source de revenus d'intérêt à la banque. De surcroît, le client renouvellera son assurance habitation dans sa banque et aura tendance à déclarer le moins de sinistres possible pour éviter que sa cotisation ne soit augmentée d'une année sur l'autre. Pour la banque, le crédit immobilier aura donc aussi permis de générer une cotisation d'assurance dommages souvent assortie d'une absence de sinistre, donc générant une rentabilité substantielle. Dans de telles circonstances, il devient difficile pour cet établissement bancaire de se retirer du prêt immobilier même si celui-ci devient peu rentable à la suite d'un renchérissement des charges en capital, sous peine de mettre en danger aussi ses activités d'assurances dommages, voire sa capacité à collecter des dépôts et donc à rester peu dépendant des marchés financiers pour son refinancement. Aussi, il nous semble indispensable de bien mesurer les impacts directs et indirects de chacune des options de transformation explorées par les banques pour sauver leur *business model*, afin de déterminer lesquelles de ces options pourront réellement les aider à s'adapter au nouveau paradigme.

Le durcissement réglementaire mène à l'oligopole

Ainsi, si l'on se penche sur le durcissement réglementaire, exiger par exemple plus de fonds propres pour supporter les activités de crédit immobilier va directement contribuer à réduire davantage la rentabilité de cette activité. Seules les banques capables de compenser cette perte de rentabilité par un redéploiement dans des métiers connexes tels que la collecte de dépôts (générant des revenus d'intérêts supplémentaires), la vente de produits d'épargne (générant des commissions) ou encore des produits d'assurance dommages seront capables de conserver cette activité. Nous avons tendance à conclure que les établissements ne faisant principalement que de la distribution de crédits immobiliers à leur clientèle de particuliers n'auront pas d'autre alternative que de s'adosser à des établissements disposant d'une gamme exhaustive de produits financiers requis par une clientèle de particuliers. Ainsi, contre toute attente, alors qu'initialement le durcissement réglementaire était destiné notamment à lutter contre les établissements de taille trop importante, et de ce fait causant un risque systémique, il est probable qu'il devienne le catalyseur d'une nouvelle phase de consolidation conduisant à un marché dominé par quelques oligopoles. De la même façon, il faut craindre que les acteurs n'ayant pas la taille critique dans des activités connexes telles que la distribution de produits d'assurance ou d'épargne, deviendront encore plus vulnérables si, comme on peut le craindre, quelques oligopoles profitent de leur taille pour réduire leurs prix – et donc les marges de leurs concurrents – dans ces métiers.

■ La révolution technologique conduit-elle aussi vers un *pooling* des fonctions de *middle* et *back office* et donc vers des oligopoles ?

La transformation digitale, on l'a vu, bouleverse profondément tous les processus de distribution des banques. Le développement de la banque en ligne et la multiplication des possibilités techniques, qui permettent au consommateur d'accéder à tous les services par des moyens digitaux, risquent à terme de rendre les moyens de distribution non digitaux totalement inutiles. Ainsi, des établissements seront contraints de réduire drastiquement la taille de leurs agences. Or, supprimer les agences signifie aussi supprimer des fonctions de *middle* et *back office* aujourd'hui partiellement exercées en agence. Aussi, les fonctions de *middle* et *back office* devront être entièrement regroupées et centralisées, ce qui conduira inévitablement à remettre en question la présence de centres opérationnels traitant trop peu de données pour justifier leur existence. Il va de soi que les établissements traitant une masse de données inférieure à un seuil minimal n'auront pas d'autre alternative que de sous-traiter leurs opérations à des prestataires extérieurs, ce qui inévitablement les conduira à se spécialiser dans des activités d'origination pure. Or, se recentrer sur des activités de pure origination rend la rentabilité étroitement dépendante de la discipline de facturation des services originés. Ce qui ne peut se justifier que si la qualité des services originés est supérieure à la moyenne du marché. Par conséquent, ceci signifie que les acteurs de taille moyenne devront obligatoirement se situer dans la vente de services ou des services nouveaux qui justifient leur tarification, sous peine de disparaître, étant donné qu'un acteur de qualité médiocre ne peut durablement facturer ses services au niveau équivalent à ceux des acteurs offrant des services de qualité supérieure.

■ Image, fiabilité, sécurité : nouveaux tickets d'entrée dans l'industrie bancaire

Il semble révolu le temps où avoir des fonds propres significatifs suffisait à inspirer confiance, aussi bien aux régulateurs, qu'aux contreparties bancaires et qu'aux clients. Avoir une image écornée peut suffire à justifier le refus de contreparties de faire affaire avec une banque. Ainsi l'a-t-on vu récemment, beaucoup de banques ont été contraintes d'arrêter leurs activités de financements à des industries polluantes type mines de charbon, extraction de gaz de schiste ou autres, sous peine de faire l'objet de campagnes hostiles conduisant leur clientèle de particuliers à retirer leurs avoirs ou fermer leurs comptes. Des démarches similaires ont été à l'origine de la décision de nombreuses banques françaises de se retirer des paradis fiscaux, même quand leurs activités y étaient des plus limpides, dans le pur souci d'éviter d'être perçues comme complices d'opérations répréhensibles. Ceci a pour conséquence de remettre sérieusement en cause des établissements dont l'activité repose essentiellement sur des niches de métiers très rentables, mais pas toujours perçues comme éthiques. Ainsi, nombre de banques spécialisées tirent le plus gros de leurs profits d'activités de gestion de fortunes dans des centres *offshore* tels la Suisse, le Luxembourg, les Îles Anglo-Normandes ou Singapour, au risque de voir disparaître leurs fonds de commerce. Ainsi, sous le poids des contraintes et réglementations, l'activité de banque privée, longtemps perçue comme une activité exceptionnellement rentable, risque purement et simplement de disparaître d'ici quelques années. Ceci peut être également le cas de métiers comme les prêts à taux très élevés, pour lesquels des établissements spécialisés sur des segments de clientèle fragilisée, parvenaient à dégager des marges élevées parce que facturant des taux usuraires, activités perçues aujourd'hui dans ces temps d'économie solidaire et autres *crowdfunding*, comme peu éthiques, donc peu tolérées.

■ Avec une courbe des taux hyper volatile, point de salut hors collecte de dépôts en comptes courants

Plus que le niveau absolu des taux d'intérêt, c'est la rapidité avec laquelle la courbe des taux se modifie qui pose un problème. En effet, le modèle traditionnel de la transformation bancaire, qui consiste à transformer les dépôts et les autres ressources en prêts à la clientèle, repose avant tout sur l'hypothèse qu'il est toujours possible de répercuter dans les taux facturés aux clients la majeure partie du coût de la ressource. Or, avec la courbe des taux qui se modifie plus rapidement que la durée des emplois des banques, il devient malaisé de répercuter les modifications de taux d'intérêt sur les intérêts facturés aux clients. Ainsi, il est déjà acquis que sur un crédit immobilier à taux fixe octroyé sur une durée moyenne de 20 ans, la banque risque de devoir se refinancer à un coût supérieur au taux consenti lorsqu'elle devra refinancer le crédit en cas de remontée des taux. Or, à cela s'ajoute un risque supplémentaire si entre-temps les taux baissent brutalement sur une période courte, situation mise à profit par les clients pour rembourser leurs prêts par anticipation. La banque risque ainsi de se retrouver avec des ressources inutilisées qu'elle ne pourrait replacer sur les marchés qu'à des taux bien inférieurs aux coûts qu'elles supportent pour refinancer ses opérations.

Cette volatilité exacerbée des taux d'intérêt, partiellement liée à une plus grande fluidité des marchés interbancaires, risque si l'on n'y prend garde d'exclure les établissements ne disposant pas de ressources à taux fixes des activités de financement. En effet, autant pour un établissement collectant des dépôts non rémunérés, une part significative du *funding* est à taux fixe et peut donc contribuer à réduire la volatilité de la marge de refinancement en cas de volatilité des taux de marchés, autant pour un établissement ne se refinançant exclusivement que sur les marchés financiers, prêter à long terme à taux fixe devient hors de portée.

Dans de telles conditions, seuls les établissements ayant accès à des dépôts peu ou pas rémunérés pourront continuer à prêter à long terme. Cela signifie que pour toutes les banques ayant fondé leur stratégie de collecte sur des produits rémunérés aux taux de marchés, l'avenir est incertain. Sans nul doute, les réseaux bancaires traditionnels, cumulant près de 75 % des dépôts de clients particuliers en France se retrouvent dans une position plus confortable que leurs concurrents arrivés plus récemment sur le marché. Ici semble être le point de fragilité de toutes les « non-banques » qui se retrouvent dans la situation la moins confortable du point de vue d'accès à des ressources stables et à coût fixe.

La refacturation des coûts, un levier supplémentaire pour améliorer la rentabilité ?

Les banques françaises cherchent à mieux maîtriser leurs bases de coûts et tentent de refacturer aux clients les coûts liés à des opérations sortant des processus standard. Ainsi, depuis début 2016, toutes les banques françaises ont graduellement revu à la hausse leurs frais de tenue de compte, découverts et autres retraits hors forfaits et de nouvelles hausses de tarifs sont à attendre. Les frais de tenue de compte se généralisent et sont proches de 20 euros par an en 2019. Toutes les banques suivent ce mouvement initié par les groupes mutualistes et La Banque Postale. Ces frais, qui se sont élevés en moyenne à 12 euros par an en 2016, ont atteint 18 euros en 2017 et près de 20 en 2019 (moyenne des tarifs disponibles). La Banque Populaire Rives de Paris a d'ailleurs pris les devants en facturant la tenue de compte à hauteur de 30 euros par an dès 2016, alors que ce service était jusqu'alors gratuit. Tout comme AXA Banque facturant le compte courant 15 euros par an depuis le 1er octobre 2016. Il faut reconnaître qu'à La Banque Postale, qui revendique pourtant une certaine modération tarifaire, les frais de tenue de compte qui sont passés à 1 euro par mois (12 euros par an) au 1er janvier 2017, soit un quasi-doublement par rapport aux 6,20 euros annuels facturés en 2016, restent inférieurs à la moyenne du marché. Citons, pour mettre les choses en perspective, que BNP Paribas facture 30 euros par an, Société Générale 24 euros par an tout comme LCL (24 euros). Remarquons aussi que LCL a, en revanche, décidé de ne pas facturer la tenue de compte à ses meilleurs clients – qui lui confient leurs revenus –, les autres devant désormais s'acquitter, depuis octobre 2016, de 2 euros chaque mois. En 2017, la carte bancaire, qu'elle soit à débit immédiat ou à autorisation systématique, va également voir sa cotisation augmenter, et cette fois dans quasiment toutes les banques. La hausse est toutefois plus mesurée, de 1 à 2 euros par an.

Pour les banques traditionnelles offrant un service en agence, les tarifs les plus courants tels que la tenue de compte sont, semble-t-il, stabilisés entre 24 et 30 euros par mois sauf pour La Banque Postale à 12 euros et Caisse d'Épargne à 17 euros. Ce sont les tarifs des opérations exceptionnelles et dont le prix de revient est effectivement élevé qui ont fortement augmenté (duplicata, photocopies de chèques, chèques de banque, virements en devises, découverts, etc.).

Un autre poste de facturation bancaire augmente de manière extrêmement discrète : il s'agit des retraits d'argent effectués dans un distributeur automatique de billets (DAB) qui n'appartient pas au réseau de la banque du client. Ainsi, dans les caisses régionales de Crédit Agricole Finistère et Centre France par exemple, il en coûtait en 2016 environ 1 euro par retrait déplacé à partir – respectivement – du 5e retrait et du 6e retrait par mois. Dès 2017, la facturation (toujours de 1 euro) s'est effectuée dès le 4e retrait mensuel hors réseau. Quant à La Banque Postale, le nombre de retraits gratuits par mois à un distributeur automatique de billets d'une autre banque est passé de 4 à 3. On en conviendra, ces petites augmentations, imposées l'air de rien dans l'unique but de réduire les coûts, peuvent s'avérer rentables appliquées à d'importants volumes d'opérations à condition toutefois que le client final l'accepte. L'avenir le dira.

Trop faible « power pricing », le point faible des banques françaises

Il est cependant surprenant de voir le faible nombre d'initiatives des banques françaises à tenter de répercuter sur le prix de leurs services bancaires la hausse de leurs coûts de revient, notamment réglementaires. À y regarder de plus près, cette timidité de place s'explique par des spécificités locales. Près de 60 % des marchés bancaires français, particuliers comme entreprises ou institutions, sont détenus par des banques mutualistes. Avec plus de 30 % de part de marché, le Crédit Agricole reste le leader incontesté des banques en France, devant le groupe Banques Populaires – Caisses d'Épargne, numéro deux, et le Crédit Mutuel, numéro trois avec plus de 15 % de part de marché. Or il est de notoriété publique que, dans une banque mutualiste, augmenter les tarifs est une initiative malvenue, qui mettrait en danger tout manager préconisant ce type d'approche. Il est donc improbable que de telles initiatives consistant à facturer davantage les services aux clients naissent chez les mutualistes. Ainsi, pour les banques à capitaux privés comme BNP Paribas, Société Générale, ou même les banques étrangères opérant en France, s'engager dans la voie d'une hausse du prix des services peut être difficile, car aisément contrecarrée par les banques leaders qui en profiteraient pour renforcer leurs parts de marché déjà majoritaires.

À cela s'ajoute, enfin, la pression politique destinée à protéger les clientèles les plus fragiles et à réglementer certains tarifs. Ce ne sont pas les mesures prises pendant la crise du Covid-19, ni les traces laissées par la crise de 2008 sur la réputation des banques, qui vont les aider à justifier de nouvelles hausses. La vraie réponse se trouve dans l'offre de nouveaux services à valeur ajoutée pour le client, et donc facturables, réponse que les banques ont pour l'instant du mal à développer.

Là se trouve donc la limite du modèle économique des banques françaises qui pourraient se retrouver confrontées à des difficultés similaires à celles rencontrées par les banques allemandes, opérant dans un marché lui aussi dominé par des banques coopératives peu sensibles à la notion de rentabilité.

Segmentation des clients et différenciation des services et des prix

Les investissements dans le digital vont permettre de transformer les modes d'accès, réduire les coûts et les différencier, voire individualiser les niveaux de service et les niveaux de facturation. C'est le cœur de la stratégie et du nouveau *business model* des banques : il s'agit de sortir du modèle universel qui est à la fois très coûteux, peu rentable, inadapté d'un point de vue marketing et commercial et qui en outre n'est pas en mesure d'assurer la cohérence entre prix de revient, valeur ajoutée pour le client, risque et tarifications. Tout est à reconstruire.

La stratégie engagée consiste à proposer aux clients des relations et des services différenciés avec trois segments et trois types d'offres qui se développent :

- **une offre et une relation complètement digitale sur mobile**, avec accès à une offre simple et limitée sans accès à l'agence pour ceux qui le souhaitent. C'est typiquement l'offre des banques en ligne ou sur mobile, soit complète soit limitée à quelques produits comme dans le cas des néo-banques telles que Revolut ou N26 ;
- **une offre *low cost*** telle que l'a lancée Société Générale avec son offre Kapsul à 2 euros par mois avec compte, carte bancaire et accès aux produits bancaires classiques notamment le crédit immobilier et à la consommation. Les clients auront accès à un conseiller en agence – dans des conditions à définir – mais la relation restera essentiellement digitale. Cette offre vient compléter celle entièrement digitale de Boursorama et elle constitue une offre d'entrée de gamme importante pour servir une clientèle aux besoins limités et pour accélérer le nombre d'ouvertures de comptes. Ce segment est très compétitif car la plupart des autres banques proposent dans des conditions parfois différentes, ce type d'offre – Crédit Agricole avec Eko, Caisse d'Épargne avec Enjoy, LCL avec Essentiel et La Banque Postale avec Ma French Bank. Il s'agit d'une offre mixte ou équilibrée comportant une offre de services bancaires

de base mais avec accès à un conseiller en ligne et la possibilité d'accéder à des services spécifiques en agence et facturés à l'usage ;

- **l'offre actuelle avec une relation globale permettant de bénéficier de tous les canaux** – agence, offre digitale, conseiller en ligne, et de tous les services. Cela signifie que la relation complète doit comporter du conseil et une plus forte valeur ajoutée qu'aujourd'hui pour être facturée en conséquence. Ce segment inclut une clientèle traditionnelle généralement aisée qui recourt à des conseils et est prête à payer pour cela. On peut considérer qu'une large partie de la clientèle privée entre dans cette catégorie.

La segmentation et la différenciation des services et des prix est complexe et risquée car :

- l'offre actuelle est uniforme en matière de produits, de services et de prix et largement offerte en multicanal ;
- la tarification pratiquée est déconnectée des coûts et la tarification à l'acte et à l'usage n'existe qu'assez peu, les banques pratiquant la péréquation tarifaire et les prix d'appels. En effet, on ne peut pas considérer réellement que les frais de dossier sur crédit ou des droits d'entrée sur l'ouverture d'un contrat d'assurance-vie correspondent à un service et qu'ils sont facturés comme tel ;
- pour mieux facturer une offre complète incluant notamment l'accès à un conseiller en agence, il est nécessaire de créer de la valeur ajoutée supplémentaire correspondant aux besoins des clients, ce qui revient notamment à élargir et relever le niveau de compétences des conseillers ;
- il est difficile d'évaluer *a priori* les choix que ferait la base de clients actuelle si de telles offres leur étaient proposées. Ce qui est clair toutefois c'est que les primo-bancarisés ou les nouveaux clients adopteraient majoritairement d'abord l'offre digitale avant d'évoluer vers des offres plus complètes.

L'existence d'offres différenciées s'effectue aujourd'hui par l'intermédiaire d'opérateurs différents, les banques en ligne d'une part, qui proposent une offre digitale simple et de plus en complète, et des banques de réseau d'autre part. Mais si demain les banques traditionnelles venaient à présenter des offres différenciées sous la même marque avec des services communs, il est probable que cela contribuerait à accélérer le repositionnement des clients en fonction de leurs besoins. Ceci tendrait mécaniquement à réduire le niveau des revenus par client car les offres *low cost* risquent de cannibaliser les offres plus complètes et mieux tarifées, mais dont la valeur ajoutée n'est pas toujours suffisamment bien perçue par la clientèle.

Cette clarification accélérerait les processus de transformation, c'est-à-dire les réductions de coûts, les suppressions d'agences et d'effectifs. Les grandes banques ne sont pas encore tout à fait prêtes pour un tel mouvement de bascule. Pour cette raison elles se dotent toutes d'une banque en ligne opérant sous une marque différenciée, avec des produits et services différents. C'est un moyen pour elles de capter notamment la clientèle nouvelle sans accélérer la migration des clients vers des services et des tarifs qui leur conviennent le mieux. Sous cet angle, l'enjeu de transformation en particulier sur l'élévation d'un niveau de service et sur la réduction des coûts à piloter de front gagne encore plus en acuité.

Chapitre 11

Le cas de la banque de détail : quels scénarios d'évolution ?

L'analyse de la situation du secteur, ses contraintes et son évolution prévisible fournissent assez d'informations pour entreprendre un exercice de prévision sur l'évolution des banques et la configuration future du secteur.

Bien que les prévisions soient faites pour être démenties, surtout pour une récession consécutive à une crise sanitaire inédite, l'exercice a l'avantage de formuler des questions et de présenter des options.

L'heure des choix stratégiques

Deux axes stratégiques déterminent l'avenir des principaux acteurs bancaires : le digital et la réduction des coûts. À ces deux axes incontournables et interdépendants s'additionnent d'autres options que chaque banque pourra prendre ou non selon ses métiers, ses positions de marché, sa vision stratégique et notamment : le choix de la spécialisation ou de la banque universelle, le choix du *low cost* ou de la montée en gamme, le choix de la diversification ou non.

L'investissement dans le digital est impératif car il conditionne à la fois une relation client nouvelle et la réduction des coûts. Le digital, on l'a vu, transforme la relation client pour l'ouvrir aux besoins et aux usages des clients. Il s'agit donc d'un investissement indispensable à la fois pour en acquérir de nouveaux – c'est l'un des atouts de la banque en ligne – et pour conserver le fonds de commerce actuel.

Mais investir ne suffit pas, encore faut-il que ces investissements soient valables et rentables. Valables tout d'abord car ils doivent apporter de la valeur immédiate au client. Or, lors de la visite de nouvelles versions de sites en ligne de certaines grandes banques, tout client peut se rendre compte à quel point la culture du digital et la culture de l'usage client ont encore d'énormes progrès à faire.

L'expérience des banques en ligne est instructive puisqu'aucune ne parvient à dégager de vrais bénéfices, même sur une longue période. Aujourd'hui, tous les grands acteurs bancaires français ont développé leur banque en ligne à l'exception de BPCE. BPCE avait pourtant annoncé l'acquisition d'un opérateur spécialisé allemand, Fidor, mais a rapidement changé d'orientation après de lourdes pertes occasionnées par cette acquisition. BPCE a ensuite acquis Oney Bank, la banque du Groupe Auchan, opérateur spécialisé dans le crédit à la consommation qui pourrait constituer à terme la plateforme crédit principale du groupe bancaire. De son côté, La Banque Postale a lancé en 2017 après quelques déboires et retards sa propre banque en ligne, My French Bank, positionnée sur une offre basique et *low cost*, destinée à désengorger ses bureaux de poste. Les autres banques en ligne n'arrivent pas à assurer leur rentabilité et le seul opérateur étranger significatif, ING Direct, longtemps leader en nombre de clients avant d'être dépassé par Boursorama, n'arrive toujours pas à l'équilibre plus de 20 ans après son lancement.

Boursorama, la banque en ligne la plus développée en clients et en termes d'offre, affiche encore de lourdes pertes – 50 millions d'euros en 2019 contre 35 en 2018. Bien sûr, l'acquisition de plus de 500 000 clients en 2019 avec les coûts d'acquisition associés peut pour partie s'analyser comme un investissement. Mais quelle est la rentabilité future de ces clients, qui souvent conservent leur banque principale et dont le taux d'attrition est parfois élevé ? De plus, la fonction d'acquisition de nouveaux clients et son coût ne font-ils pas partie intégrante du *business model* de toute banque *a fortiori* lorsqu'il s'agit d'une banque en ligne ?

Si l'investissement dans le digital est impératif, les banques cherchent toujours la bonne stratégie pour le rentabiliser. Pour toute banque, la question clé est de savoir comment développer la banque en ligne sans cannibaliser leur clientèle actuelle, en somme comment acquérir une nouvelle clientèle totalement en ligne avec les tarifs attractifs de la banque en ligne sans transformer leur clientèle rentable en clientèle qui ne le serait plus. La question se pose donc de la segmentation des services proposés avec, d'une part des services proposés entièrement en ligne avec une gamme de produits et services de base avec des prix *low cost,* et d'autre part des services bancaires proposés *via* plusieurs canaux, y compris les agences et la relation avec un conseiller mais avec des tarifs différents. Même si les banques adoptent des stratégies en apparence différentes, elles restent prudentes et cherchent encore la bonne option, sachant qu'une bascule trop rapide vers la banque en ligne éroderait rapidement les revenus sans qu'elles puissent réduire les coûts aussi rapidement. Et pourtant, investir dans le digital et la banque en ligne est le levier principal de la réduction des coûts qui est de toute façon incontournable. Par conséquent, tout est affaire de vision à terme du *business model,* de transformation et de pilotage contrôlés pour y parvenir. Dans ce seul exercice selon les options prises et le rythme de transformation choisi, il y aura clairement des gagnants et des perdants.

Le choix de la banque digitale n'est pas le seul impératif stratégique. La seconde nécessité qui n'est pas indépendante de la première est celle de la réduction des coûts. Mais le digital ne suffira pas à atteindre cet objectif. Une grande transformation des organisations bancaires est nécessaire : elle exige une refonte complète des organisations, de la gestion des RH et des méthodes de management. Si le progrès technique peut contribuer à aider les banquiers à penser en industriels, cela doit aussi être le cas pour ce qui concerne le management, l'organisation, les structures et l'organisation du travail et la gestion des ressources humaines qui est aussi un chantier capital. Car, il vaut mieux le savoir à l'avance, le digital tout seul ne produira pas la réduction des coûts. C'est la transformation et la façon dont elle est conçue et pilotée qui produira les effets attendus sur les comptes d'exploitation. C'est l'objet de notre troisième partie, et dans ce domaine également il y aura des gagnants et des perdants.

S'agissant des choix stratégiques de métiers et de spécialisation, une série d'options est à prendre par les banques en fonction de leur positionnement et de leurs forces et faiblesses. Des choix devront être affinés dans les segments de clientèle de particuliers, mais aussi de professionnels (TPE, PME), avec des gammes de services et de conseils adaptés. La grande question qui restera à trancher sera celle du conseil. D'un côté, le régulateur a renforcé les règles et le devoir de conseil, et de l'autre les banques sont devenues prudentes et en retrait sur le sujet. Pourtant, le besoin en éducation financière et en conseil est considérable et le moins que l'on puisse dire est qu'il n'est pas satisfait. C'est un choix et un projet stratégique qui seraient de nature à fournir aux banques une sortie par le haut. Cela est d'autant plus évident que des besoins très étendus existent, même s'ils ne sont pas toujours clairement exprimés, et qu'ils le sont, le plus souvent, par la clientèle patrimoniale la plus rentable et qui dispose d'actifs financiers significatifs. Pourtant, il est devenu de plus en plus rare de tomber sur un conseiller bancaire qui connaît réellement tous les produits qu'on lui demande de vendre, et surtout, capable d'avoir une vision complète du patrimoine avec des connaissances en droit de la famille, en fiscalité, etc. Bien souvent, et c'est regrettable pour les banques, un CGPI (conseiller en gestion du patrimoine indépendant) est bien plus compétent qu'un conseiller en agence. En outre, les apports du numérique correspondent bien aux exigences réglementaires car ils rendent possible la traçabilité des informations, des comparaisons et des choix du client. Enfin, pour les banques, l'enjeu est d'autant plus important qu'il s'agit de reconvertir leurs réseaux d'agence dans des services plus sophistiqués et individualisés, de développer leurs compétences et en contrepartie de fidéliser leur clientèle et de générer des revenus supplémentaires en facturant les services rendus.

La question de la spécialisation fait aussi partie des options stratégiques. À commencer par la banque en ligne qui peut proposer des offres spécialisées soit dans les comptes courants et les services transactionnels associés – ce qui est plutôt le cas jusqu'à présent –, soit dans l'épargne, voie plutôt suivie par BforBank par exemple. En ce qui concerne les types de clientèle, il est possible de voir se dessiner des spécialisations plus marquées qu'aujourd'hui entre banques essentiellement orientées vers une clientèle de particuliers et banques spécialisées auprès des professionnels, TPE et PME, car ces clientèles réclament en termes de services, de conseils et de gestion du risque des moyens et des capacités de plus en plus sophistiquées et spécialisées.

La spécialisation devrait s'accompagner de mouvements de rapprochement et de mutualisation dans les services bancaires et les *back offices* (crédits, titres, paiements), domaines dans lesquels la taille est cruciale pour réaliser les économies d'échelle et rester compétitifs. En outre, ces alliances sont nécessaires pour entreprendre les investissements souvent très importants que ces métiers requièrent pour développer de nouveaux produits.

Enfin, la diversification est aussi une option stratégique avec trois axes principaux :

1. **Compléter et améliorer l'offre actuelle par des services complémentaires.** Dans ce domaine, les banques subissent la concurrence de nouveaux acteurs qui profitent des technologies digitales pour pénétrer l'industrie bancaire, en particulier les fintechs.

Que ce soit dans le prêt entre particuliers, les cagnottes en ligne, le financement participatif de projets, la gestion du patrimoine, l'agrégation des données, les fintechs investissent le champ des services bancaires. La banque subit aujourd'hui ce que d'autres secteurs ont connu avant elle : la distribution classique dépassée par la désintermédiation des acteurs du e-commerce. La plupart des banques ont déjà pris les devants en rachetant des fintechs à succès. En les intégrant, les établissements bancaires se dotent des moyens d'élargir leur gamme de services et leurs compétences pour délivrer de nouvelles solutions à leur clientèle.

2. **Intégrer verticalement des services non bancaires associés** notamment au crédit et à l'épargne ou, tout simplement, liés à la vie quotidienne des clients. Certaines banques ont même pris des initiatives dans la téléphonie et le gardiennage, par exemple. Des services liés à l'immobilier et maintenant associés au crédit immobilier, des services liés aux crédits consommation ou auto, l'assurance, la santé, des services à domicile entrent tous dans des registres d'activités possibles pour les banques de détail dès lors qu'elles sont un partenaire de confiance et qu'elles connaissent leurs clients, notamment parce qu'elles ont accès à leurs données de paiement et à leurs besoins de la vie quotidienne.

3. **Redonner de la valeur et de l'activité aux agences et aux implantations géographiques** en multipliant les services de proximité. Le projet commun de banque en ligne d'Orange et de Groupama s'inscrit aussi dans cette stratégie. La banque en ligne d'Orange, dont le lancement vient d'intervenir, est relayée par les agences d'Orange et de Groupama qui voient leur offre étendue aux services bancaires. Ceci aboutit à une démultiplication du nombre de points de vente où il sera possible d'ouvrir un compte bancaire. Il s'agit donc d'une stratégie de concurrence frontale face à un secteur bancaire en plein mouvement et confronté à des choix stratégiques rendus impératifs et urgents.

Ce parallèle entre secteur des télécoms, de l'Internet et de la banque est ici, à nouveau, intéressant et instructif. Si la diversification des télécoms vers les produits bancaires est envisageable, c'est bien à partir de l'avantage technologique dont ce secteur dispose pour s'imposer dans des services bancaires en pleine révolution digitale. L'inverse n'est pas vrai. Pour se diversifier, la banque dispose d'autres points forts : gestion financière et du risque, connaissance des données des clients et relation client, ce qui plaide à nouveau plutôt pour une forte montée en gamme de son offre de services comme nous l'avons expliqué précédemment.

Les nouveaux contours de la banque de détail en France

Dans ce contexte, le métier de la banque de détail sera profondément transformé. Les résultats 2019 des banques de détail en France fournissent quelques éléments supplémentaires sur les tendances d'évolution. Tout d'abord, le poids relatif de la banque de détail s'est réduit sensiblement dans les résultats des principales grandes banques françaises, quelle que soit leur structure, mutualiste ou non. Depuis 2012, la baisse des revenus est régulière en raison de la baisse de la marge d'intérêt et de la compétition sur les prix des services, et le résultat d'exploitation enregistre une baisse de 5 % par an en moyenne sur ce métier, la rentabilité nette n'étant préservée qu'en raison de la chute du coût du risque. À cela s'ajoutent les particularités aggravantes du marché français. D'abord le crédit immobilier, le produit d'appel de la relation client, s'est fortement développé au cours des dernières années, mais il dégage des marges faibles, voire négatives, si le coût du risque se mettait à augmenter fortement, ce qui est probable à la suite de la crise du Covid-19. C'est pour compenser les faibles marges que les banques ont développé leurs encours, allongé les durées et relâché les critères de risque. Tout ceci alors que les banques de réseaux, y compris les plus denses, recourent encore pour 40 % de la production à des courtiers commissionnés, ce qui renchérit leurs coûts d'acquisition.

Le crédit à la consommation dégage traditionnellement de plus fortes marges. C'est donc un axe stratégique majeur pour les banques, ce marché étant en progression de 3 % par an en moyenne depuis 2014. Sur ce marché oligopolistique, les filiales spécialisées de Crédit Agricole, BNP Paribas et Crédit Mutuel, qui tiennent 80 % du marché, ont acquis un avantage déterminant car l'accès à ce marché nécessite des investissements très importants.

Dans le domaine de l'épargne, les produits réglementés du type livret A et surtout PEL, qui représentent plus de 500 millions d'encours à des taux parfois élevés en particulier pour les PEL les plus anciens, le taux moyen étant encore de 2,5 % et pèsent sur le coût de la ressource et donc sur les marges.

Les stratégies des banques peuvent différer selon leurs poids relatifs et leurs parts de marché, en clair entre les grands réseaux mutualistes et des acteurs comme BNP Paribas, Société Générale ou La Banque Postale. Les premiers jouent la carte de l'équipement des clients, du *cross-selling* et du volume avec pour objectif la rentabilité par client, les seconds étant plus diversifiés et sélectifs dans leur approche et se préoccupent davantage de la rentabilité de chaque activité ou produit.

Par conséquent, dessinons maintenant quelques traits d'évolution de la banque de détail en France dans le nouveau paradigme.

La figure 11.1 nous rappelle tout d'abord que les six principaux établissements – par la taille des actifs – opérant dans la banque de détail en France contrôlent à eux seuls plus de 90 % du marché. Mais, pris isolément, ils ont chacun des points forts mais seulement dans un nombre limité de segments de marchés.

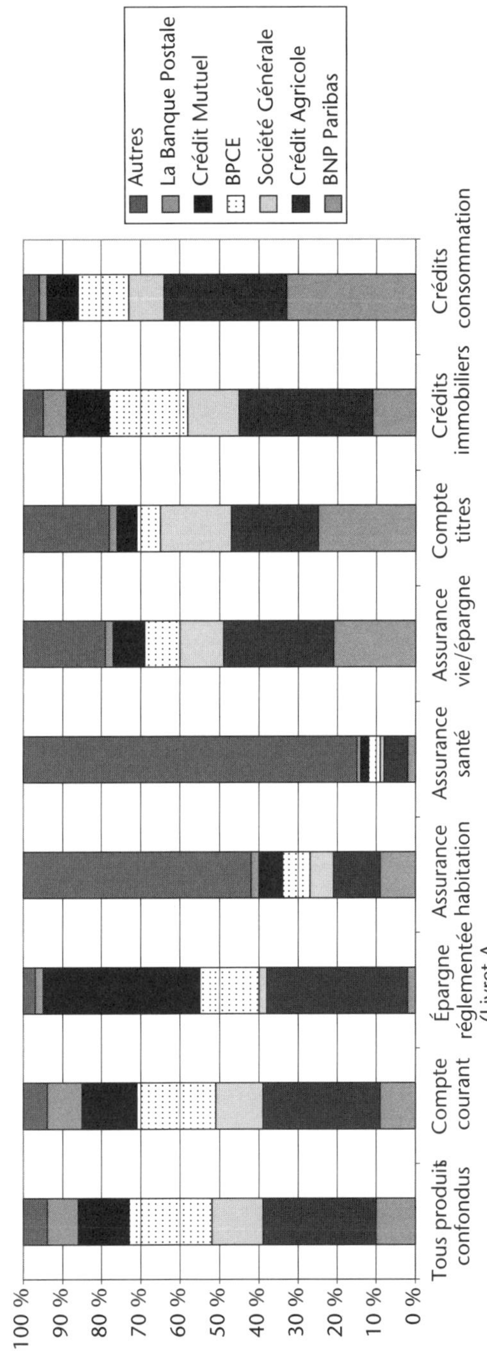

Figure 11.1 – Parts de marché des banques françaises par type de produits

Ainsi, à l'exception du Crédit Agricole qui fait partie du top 2 dans la quasi-totalité des segments, les autres banques ont des positions inégales :

- en matière de collecte de dépôts à vue, BPCE et Crédit Agricole contrôlent à eux deux plus de la moitié du marché ;
- pour ce qui concerne l'épargne réglementée, Crédit Mutuel et Crédit Agricole ont plus de la moitié du marché ;
- en assurances dommages et santé, BPCE et Crédit Agricole sont leaders ;
- en revanche en assurance-vie, c'est BNP Paribas et Crédit Agricole qui à eux deux contrôlent la moitié du marché ;
- tout comme pour les comptes titres ;
- en matière de crédit immobilier, ce sont à nouveau le Crédit Agricole et BPCE qui contrôlent plus de la moitié du marché ;
- en revanche en matière de crédit à la consommation, on retrouve en position de leaders, BNP Paribas et Crédit Agricole.

À première vue, il est raisonnable de considérer que le Crédit Agricole se retrouve en situation de force pour jouer le rôle de consolidateur et reprendre tout acteur décidant de jeter l'éponge. Pour BNP Paribas en revanche, il pourrait être opportun de renforcer ses positions en matière de produits et surtout d'expérience client, pour acquérir une position plus forte en banque de détail en France. Un plus large accès à la collecte de dépôts serait également très utile pour éviter de devenir trop dépendant de la courbe des taux. Pour la Société Générale, conserver une politique volontariste en matière de crédits aux particuliers *via* son offre digitale peut accroître la dépendance aux marchés de refinancements interbancaires. Les groupes BPCE et Crédit Mutuel, parce qu'ils restent encore trop peu présents sur les activités à fortes marges, ont une rentabilité vulnérable en cas de surcharge de capital sur le crédit immobilier. Ceci risque de les pousser à adopter une approche volontariste dans le redéploiement de leurs activités d'assurances ou de gestion, et de risquer d'écorner leur base de profits. Enfin pour La Banque Postale, un des derniers entrés sur le marché des services financiers, l'avenir s'avère plein de défis notamment pour développer ses encours de crédit afin de reconstituer des marges pénalisées par le coût d'importants volumes de dépôts à des taux réglementés et dégager des résultats pour couvrir ses besoins en fonds propres. La première réponse apportée est la constitution d'un grand pôle financier public autour de la Caisse des Dépôts et de La Poste incluant le rapprochement entre La Banque Postale et la CNP. Cette opération a d'abord pour but de consolider des activités en difficulté telles que celles de La Poste et de la CNP et de renforcer La Banque Postale dont le niveau de fonds propres est insuffisant et les métiers insuffisamment rentables. Le développement des activités de financement d'entreprises, le lancement de Ma French Bank qui apporte un canal de distribution digital à La Banque Postale ou encore l'acquisition de start-up telles que KissKissBankBank sont des initiatives qui vont dans ce sens, bien que la cohérence de l'ensemble soulève quelques questions. La capacité de ce nouvel ensemble public à se restructurer, à se moderniser profondément et à supprimer de nombreuses redondances déterminera le positionnement futur de ce nouvel ensemble public dans le secteur bancaire.

Il faut aussi tenir compte des forces et faiblesses géographiques de chacun des acteurs. Pour la Société Générale ou BNP Paribas, essentiellement concentrées dans les grandes agglomérations, qui restent les marchés les plus concurrentiels, gagner des parts de marchés peut s'avérer un exercice délicat. En revanche, pour BPCE, Crédit Agricole et le Crédit Mutuel, qui peuvent bénéficier d'effets de seuils dans les régions où ils opèrent, défendre leurs parts de marchés peut se révéler plus facile.

Près de 25 ans après l'échec de Michel Pébereau à réunir dans un même ensemble, BNP, Société Générale et Paribas avec une puissante base de banque domestique pour appuyer ses ambitions en matière de services bancaires spécialisés à l'échelle européenne, de gestion d'actifs pour compte de tiers et de banque privée internationale, de banque de grande clientèle et de marché au niveau mondial, le paysage bancaire n'a pas beaucoup évolué. Premièrement, le Crédit Agricole continue de dominer le marché après avoir acquis le Crédit Lyonnais ; deuxièmement, les mutualistes dans leur ensemble contrôlent près des deux tiers du marché, ce qui laisse la place pour constituer un second pôle mutualiste puissant, peut-être en combinant les forces de BPCE et du Crédit Mutuel ; troisièmement, les banques privées, parmi lesquelles les deux plus importantes demeurent Société Générale et BNP Paribas, contrôlent ensemble moins du tiers du marché français. Aussi, ces dernières pourraient à l'avenir rouvrir le chantier d'un rapprochement visant à constituer un pôle privé puissant capable de rivaliser avec les mutualistes. L'autre option serait, pour chacune de ces banques privées, surtout pour Société Générale, d'élargir leur base européenne avec un rapprochement avec un autre acteur européen. Ces rapprochements seraient porteurs de synergies très importantes en matière de réduction de coûts et de rationalisation du portefeuille d'activités. Ils restent toutefois complexes à réaliser, notamment en ce qui concerne les valorisations et aussi parce qu'une série de clarifications et de facilités sont attendues de la part des autorités bancaires européennes. Pour l'heure, à part quelques ajustements marginaux tels que la cession du réseau d'HSBC en France, les positions dans le paysage bancaire français restent figées.

Une situation à peu près équivalente est observable au niveau européen où les intentions et tentatives ont souvent échoué comme en Allemagne où plus de 500 banques, y compris les banques régionales, continuent d'opérer et ne se rapprochent qu'au compte-gouttes malgré d'évidentes fragilités financières. Seule l'Italie, avec également une grande fragmentation du secteur, a pu réaliser quelques opérations de consolidation bancaire autour des principaux acteurs dans ce pays.

Pour revenir au cas de la France, et dans de telles conditions, nous ne serions pas surpris de voir se redessiner à terme le marché de la banque de détail autour de trois grands pôles avec le Crédit Agricole, une super-fédération regroupant BPCE et Crédit Mutuel, et enfin, une mise en commun de moyens regroupant les autres banques non mutualistes dont Société Générale et BNP Paribas. De quoi ressusciter ce projet, plusieurs fois évoqué, d'un rapprochement BNP Paribas et Société Générale. Nous soulignerons qu'aujourd'hui un tel projet aurait encore davantage de sens, tant dans la banque de détail en France que dans la banque de détail hors du pays et dans la banque de financement et d'investissement. Dans la banque de détail hors de France, BNP Paribas (principalement présent sur des marchés matures mais rentables) est complémentaire aux positions de la Société Générale plutôt exposée aux pays émergents. Dans la banque de financement et d'investissement, leur rapprochement donnerait notamment naissance au leader mondial des activités dérivées, un métier très rentable mais de plus en plus concurrentiel.

En matière de réseaux bancaires, combien aujourd'hui douteraient que réunir BNP Paribas et la Société Générale permettrait de créer un groupe capable de résister à la concurrence européenne et mondiale avec près de 20 millions de clients particuliers, 10 000 agences bancaires, bref une masse critique incontestable, avec une taille proche de celle du groupe Crédit Agricole. De plus, ce nouveau groupe pourrait dégager d'importantes synergies et réductions de coûts fixes par l'intégration des structures.

Un tel rapprochement, par la taille et la combinaison des métiers qu'il rendrait possible, en ferait l'un des seuls, peut-être le seul, acteur européen de taille à rivaliser avec les grandes banques américaines dans les métiers de la banque d'investissement.

Au fond, il n'est pas surprenant que la restructuration du secteur bancaire suive une logique proche de celle des autres industries qui lui sont similaires par leur mode d'organisation : cycle long, forte intensité capitalistique, très réglementée et ayant une approche de développement de type universel. Comme on a pu l'observer dans le nucléaire, le pétrole, la sidérurgie, l'aéronautique, la chimie, la pharmacie, la construction aéronautique et plus récemment l'industrie automobile, le processus de globalisation entraîne, pour une industrie, le passage du stade de sa structuration sur la base d'oligopoles nationaux à celui d'une approche mondiale du marché et de la production. Obéissant à cette logique de globalisation, c'est maintenant au tour des banques d'entrer dans cette phase d'intense restructuration. Dans la plupart des pays, les restructurations bancaires achèvent le premier stade de consolidation sur une base nationale avec la constitution de groupes bancaires jouant le rôle de « champions nationaux ». En parallèle, une seconde phase de transformation, plus profonde, a commencé. Elle ne se situe plus seulement au niveau du secteur lui-même, des choix stratégiques, des rapprochements et des alliances. Elle se place désormais dans la transformation des structures, des compétences et du management pour améliorer profondément la performance et les coûts des organisations bancaires.

Partie 3

Comment transformer

La réussite des transformations réside dans les capacités internes des banques à évoluer dans leur management, leurs ressources humaines et leur organisation. Elles devront définir leur vision stratégique et mettre en œuvre des méthodes de gestion spécifiques pour anticiper et piloter l'ensemble de ces changements.

Dès lors que les choix stratégiques sont établis, la réussite d'une telle mutation implique des méthodes de gestion spécifiques pilotées dans le temps avec cohérence et continuité. Le management et la gestion des ressources humaines en seront les leviers principaux :

– le management, car il doit profondément évoluer pour conduire ces changements majeurs avec le leadership, la vision, l'agilité que ces transformations exigent ;

– la gestion des ressources humaines parce qu'elle doit être renforcée pour engager les actions de gestion et, spécialement de gestion prévisionnelle, destinées à développer les compétences dont la banque du futur a besoin.

L'enjeu de la transformation est considérable, d'une part car il s'agit pour la banque d'un exercice nouveau qu'elle a peu expérimenté dans le passé et, d'autre part, parce que la question de la productivité et des coûts des organisations bancaires qui apparaît désormais comme l'objectif central n'a jamais été véritablement une priorité jusqu'à présent.

Chapitre 12

La transformation, c'est quoi ?

Transformer pour ne rien changer ?

Le discours sur la transformation des entreprises et de l'État a pris une telle ampleur que l'on peut s'interroger sur ce qu'il recouvre concrètement et sur ses véritables enjeux.

S'agit-il du dernier discours managérial forcément un peu fourre-tout pour signifier aux troupes qu'il faut absolument changer et donc s'y préparer, aux clients que cela va enfin changer – et donc que le service va s'améliorer –, aux actionnaires que l'on est fin prêt pour s'adapter, et même, pour les plus audacieux, que l'on est vraiment aux avant-postes de la révolution qui s'annonce ? Sans doute, en partie au moins, la transformation est la version actuelle de méthodes déjà éprouvées de modernisation qui se renouvellent sans cesse et passent de mode, sans que l'on connaisse les résultats concrets obtenus. L'ouvrage bienvenu de Nicolas Bouzou et de Julia de Funès[1] a enfin mis en évidence l'imposture coûteuse et nuisible que présente

1 N. Bouzou et J. de Funès. *La comédie (in)humaine. Comment les entreprises font fuir les meilleurs*, Éditions de l'Observatoire, 2018.

les vagues successives de modes managériales. Naturellement, seuls les secteurs qui peuvent se les offrir les ont mis en place, au premier chef les banques. Cette invasion de méthodes, accompagnée de la flambée des procédures et du discours lénifiant sur la conduite du changement, ne facilite pas la mise en œuvre de plans d'actions réellement opérationnels et efficaces. Une étude du BCG[1] estime que la complexité de fonctionnement des entreprises a été multipliée par 35 depuis 1955 alors que la complexité du monde économique a été multipliée par 6.

Bien qu'il ne s'agisse que d'estimations, cette réalité est parfaitement observable dans les organisations. Son coût en termes de temps, de travaux inutiles, de démotivation, c'est-à-dire en termes de productivité, n'a été chiffré par personne, mais il est considérable et la banque est l'un des secteurs les plus affectés par ce phénomène.

Un plan de transformation n'est pas un plan marketing. Alors transformer ? Bien sûr, il faut bien distinguer le discours des réalités concrètes. Car, il faut bien le dire, le marketing et la communication des banques, en externe comme en interne, sont tout entiers remplis de slogans et d'un vocabulaire faisant référence à la révolution numérique et à des innovations présentées comme révolutionnaires. Au-delà du discours, les réalisations concrètes sont en réalité plus limitées, plus modestes, plus lentes aussi, même si elles présentent un potentiel et une effervescence propices aux transformations.

Tout d'abord, la transformation, comme tout processus de changement, s'appuie sur le progrès technique. Il est incontestable que le numérique, l'intelligence artificielle et toutes les autres possibilités offertes par le progrès technique bousculent les modes de production, de consommation, de communication. Tout comme la vague précédente de l'informatisation qui a révolutionné profondément l'économie et la société, la digitalisation vient transformer parfois

1 Y. Morieux et P. Tollman, *Smart simplicity*, Les Belles Lettres, 2016.

radicalement de nombreux métiers. Les multiples impacts peuvent être mesurés à plusieurs niveaux :

- **L'usage par le consommateur des services nouveaux apportés par le progrès technique** constitue la partie visible du phénomène et concerne la digitalisation de modes de production, de consommation et d'utilisation. Les usages évoluent de façon accélérée, la banque multicanal – ou omnicanal – devient désormais de plus en plus la banque sur mobile. La rapidité d'évolution des usages rend les investissements périlleux surtout s'ils sont longs et coûteux, car ils risquent d'être obsolètes avant même d'être proposés au public. L'évolution des usages exige une adaptation rapide des services proposés sous peine de perdre durablement des parts de marché. Mais dans le même temps et dans ces conditions, cette course frénétique aux investissements innovants ne garantit pas un rendement futur.
- **L'impact du progrès technique dans les processus de production et de distribution** est plus difficile à appréhender. En effet, la révolution digitale raccourcit radicalement la distance dans l'espace et dans le temps entre le client et le produit ou le service qu'il acquiert. Elle modifie la notion de service en raison d'une plus grande autonomie du client, d'un service rendu immédiatement disponible et du partage de l'information et de ressources non utilisées. L'accès et la distribution de biens et de services sont profondément transformés et simplifiés, et les réseaux de distribution classiques sont court-circuités. De fait, ils sont recentrés et réduits à des missions plus limitées dont on espère qu'elles sont plus rentables. En rendant obsolètes les réseaux de distribution classiques, la digitalisation transforme profondément les processus de vente et de production, et les coûts. Mais cette transformation a une exigence : la course à l'investissement, à l'innovation et au marketing.
- **L'impact sur les organisations, les compétences, l'emploi, les processus de travail** constitue le niveau le plus fondamental car il touche directement le cœur du sujet, c'est-à-dire la transformation des structures et des organisations dans leur fonctionnement

concret et leur efficacité, les processus, les coûts, l'emploi, les compétences, l'innovation et la compétitivité.

Assurément le digital et le numérique ouvrent un potentiel pour améliorer la performance des organisations, mais cela se traduit-il réellement dans les faits, dans les chiffres et les résultats ? Il est peut-être encore trop tôt pour le dire, mais la traduction opérationnelle dans l'organisation du travail reste encore floue.

La question centrale reste de savoir comment les règles et les formes de travail en place, de nature bureaucratique, en particulier dans les grandes organisations, peuvent être modernisées, simplifiées, rendues plus performantes par l'apport des nouvelles technologies. Car il est intéressant d'observer à quel point la gestion de projet, dont la finalité première est de créer du progrès et de la nouveauté, s'est bureaucratisée et muée en processus souvent lents et inefficaces, parfois jusqu'à l'absurde. En définitive, les entreprises investissent en temps et en argent dans les méthodes – parfois dites agiles – dans l'espoir de voir enfin leurs projets respecter leurs délais et leurs budgets. Toutes ces tentatives managériales n'ont qu'un but : retrouver une efficacité normale que le comportement et les méthodes bureaucratiques ont sclérosée et paralysée.

Comment donc, dans ce contexte, le numérique peut-il réellement transformer, accélérer et simplifier les processus de travail, et gagner en efficacité ? Et là, l'enjeu est immense, car il n'est plus seulement technique, il est d'abord humain et managérial. Les progrès dans le fonctionnement et l'efficacité des organisations bancaires en dépendent.

La transformation : un enjeu humain et managérial

La transformation est source de nombreux changements humains et managériaux. La révolution numérique amène son lot d'espoirs et de perspectives, mais aussi d'inquiétudes au cœur de l'entreprise.

Ces interrogations touchent aussi bien les collaborateurs de terrain que les cadres et dirigeants.

Distinguons les résistances liées à la peur du changement des besoins réels d'adaptation pour mettre en évidence plusieurs conditions de mise en œuvre de la transformation :

- définir une vision claire détaillée et argumentée de l'organisation future, son impact sur les rôles et les responsabilités à tous niveaux ;
- communiquer cette vision, exposer et s'engager sur les méthodes destinées à gérer la phase de transition vers la situation cible et accompagner les hommes et les organisations dans ce processus ;
- expliquer les perspectives, les créer et faire vivre un sentiment d'envie et d'urgence, mobiliser la première ligne, apprendre aux collaborateurs à travailler en réseau et par projets.

Tout ne change pas nécessairement avec le digital. Malgré leurs inquiétudes, les personnels de l'entreprise apportent à la transformation digitale une expérience indispensable de leurs métiers. Sans celle-ci, les apports techniques ne parviennent pas à faire évoluer des structures complexes et le numérique n'apporte pas les gains espérés à la fois en niveau de service et en productivité. De même, la digitalisation des parcours clients exige plus que jamais une compréhension fine des besoins et des comportements humains et pas seulement des compétences technologiques. Pour cette raison, les sciences du comportement deviennent déterminantes dans la configuration des parcours clients et des processus digitaux. Sur le plan culturel également, plusieurs évolutions profondes sont à l'œuvre dans l'environnement bancaire et doivent être prises en compte dans la gestion des transformations :

- un état d'esprit recentré sur le client et le monde extérieur ;
- des méthodes de travail déhiérarchisées favorisant la coopération au sein d'équipes transversales et agiles, capables d'opérer sur des cycles courts et de se recomposer au fil des projets ;
- des compétences nouvelles très différentes de celles des établissements bancaires traditionnels : chefs de projets, spécialistes de l'analyse des données, coachs agiles, nouvelles techniques de programmation.

De nouvelles relations sociales bousculent l'ordre établi. Inévitablement, la transformation digitale crée de nouveaux groupes et catégories professionnelles et de nouveaux rapports de force : des référents et experts émergent au sein de l'organisation en dehors de toute hiérarchie et de tout processus RH. Comment mobiliser et accompagner les collaborateurs au travers de ces évolutions ?

Les nouveaux managers

Les dirigeants hésitent souvent à prendre la parole sur un sujet qui sort de leur zone de confort et qu'ils ont du mal à traduire en vision. Ils doivent donc d'abord investir le temps nécessaire pour s'acclimater et s'éduquer afin de mieux convaincre et conduire leurs collaborateurs.

La seconde difficulté est de créer un sentiment d'urgence, face à l'incertitude sur les disruptions numériques à venir dont l'impact est extrêmement rapide. Une manière efficace de créer un sentiment d'urgence consiste à s'engager en externe sur la vision digitale de l'entreprise. Ainsi, les communications externes développées par la plupart des banques qui « placent le digital au cœur de la stratégie » ou vont même plus loin en « donnant le pouvoir au client de progresser dans son métier et même dans sa vie » donnent le ton de cette urgence digitale pour l'ancrer comme priorité centrale.

Dans leur communication interne, le discours des banques est plus équilibré, rassurant et résolument moderne, davantage centré sur les nouvelles sources de croissance, de service aux clients et de nouveaux métiers que sur les gains de productivité et les réductions de coûts. La communication sur le digital est avant tout une occasion de mobiliser en célébrant les innovations et les réalisations des équipes dans ce domaine.

C'est pourtant sur le terrain, en contact avec le client, dans les agences et les centres d'appels que naissent les idées et les réelles transformations utiles aux problématiques opérationnelles au service du client. Il faut donc éviter de cantonner les champions du digital au sein des équipes centrales du marketing ou de la stratégie ou des directions nouvellement créées du digital ou de la transformation. Le risque serait de créer une élite digitale enfermée dans ses convictions, éloignée des véritables besoins des clients.

De même, les managers de premier niveau qui ont un rôle déterminant à jouer pour initier et encourager les initiatives doivent être à la fois formés et rassurés, y compris sur leur rôle futur. Il s'agit d'exposer le plus grand nombre de collaborateurs aux nouvelles méthodes de travail, de les démultiplier au sein de l'entreprise, et au-delà, notamment au sein de l'écosystème des fintechs, pour mieux intégrer et améliorer les innovations externes.

Promouvoir le travail en réseau

L'un des plus grands défis culturels des organisations bancaires, plutôt traditionnelles dans leur culture et leur fonctionnement face au digital, est de préparer leurs collaborateurs à franchir les barrières organisationnelles et à travailler plus souplement au sein d'équipes pluridisciplinaires. Il y a en effet peu d'espoir de voir émerger des processus innovants si les équipes ne parviennent pas à construire des ponts entre la vente et le marketing, entre la production et les achats, entre les opérationnels et l'informatique. L'enjeu d'ouverture concerne aussi les barrières hiérarchiques et même les frontières de l'organisation car beaucoup d'innovations digitales modifient les rapports entre l'entreprise et son environnement et exigent l'apport de compétences extérieures. C'est un état d'esprit à réinventer chez des collaborateurs conditionnés à défendre leur métier, leur division, à opérer en silos et à contrôler plutôt qu'à partager l'information.

Il faut souligner l'importance essentielle du management et de la gestion des ressources humaines pour relever ces défis. Les RH apportent la légitimité et la compétence nécessaires pour identifier les populations les plus concernées par la transformation, développer leurs compétences, former les managers de première ligne, gérer les talents digitaux identifiés et les affecter aux projets et recruter de vraies compétences digitales. Elles sont idéalement placées pour mettre entre les mains de tous les collaborateurs, des outils digitaux simples et utiles : applications d'information, documents, réseau social interne… Encore faut-il que les RH trouvent leur place dans l'écosystème digital.

La gestion des transformations exige d'éviter quelques raccourcis ou facilités, car il s'agit d'un processus dynamique qui prend du temps et regroupe une série d'actions qui doivent être pilotées en cohérence et dans la continuité.

En effet, la transformation digitale est trop souvent considérée comme un chantier monolithique qui fait entrer l'organisation du jour au lendemain dans un nouveau mode de fonctionnement. Or, la transformation regroupe en réalité une multitude d'actions à mener de front, ou selon une chronologie précise, et dont les enjeux s'ajustent et se renouvellent sans cesse. La réussite des transformations ne passe pas nécessairement par une rupture brutale et soudaine, mais elle peut être silencieuse, progressive, continue et cohérente : conditions pour aboutir à une situation radicalement nouvelle.

De la même manière, la transformation n'a pas nécessairement besoin d'agitation médiatique. Elle a besoin d'être expliquée en détail, pilotée et adaptée régulièrement. Elle a davantage besoin de réalisateurs que de communicants car trop de communication fait courir le risque de défiance parmi les équipes qui ne constateraient rien de concret sur le terrain pour leurs clients comme pour eux-mêmes. La construction d'offres opérationnelles avec des fintechs comme le font certaines banques ou assureurs est par exemple infiniment plus significative que la création d'incubateurs et autres *labs* dont l'objectif est parfois purement médiatique.

Investir dans les hommes et pas seulement dans les outils

Il s'agit ici de surmonter la préférence naturelle pour les outils plutôt que pour les hommes. Ce n'est pas une révélation, mais la croyance dans les outils comme levier de progrès rapide et profitable est forte dans la culture de la banque où la culture technique a toujours pris le pas sur les préoccupations managériales ou humaines considérées davantage comme des contraintes plutôt que des leviers de performance et de changement. Cette description n'est pas caricaturale car la réalité, elle, l'est assez souvent.

Les préoccupations relatives aux outils et à la technologie ne doivent pas laisser de côté les préoccupations humaines qui d'ailleurs regroupent à la fois le client et le personnel. Dans ce domaine, le développement et le renforcement qualitatif des directions des ressources humaines sont fondamentaux pour leur permettre d'entreprendre toutes les actions et les investissements nécessaires en vue d'adapter la nature et le niveau des compétences.

Les ressources humaines comme levier principal et non comme une simple fonction support

La fonction RH est décisive pour la gestion de ces transformations. Or, elle est dans la banque, plus qu'ailleurs encore, insuffisamment développée, insuffisante en compétences et en capacité d'intervention. Elle est souvent décrédibilisée à la fois parce qu'elle n'a pas de pouvoir réel et parce qu'elle incarne souvent le décalage entre les dirigeants et le personnel. Un chantier RH considérable est donc à conduire au sein des banques pour renforcer les capacités et les compétences nécessaires pour conduire les transformations.

Cela commence par un repositionnement du rôle pour lui donner le champ et le pouvoir nécessaires avec un renforcement des profils qui exercent cette fonction afin qu'ils aient la capacité d'exercer réellement un rôle transversal et de gestion. Recalibrée, la fonction RH doit être, car c'est son rôle, capable de se positionner au-delà et au-dessus des silos et des métiers pour réactiver des principes de gestion que les lignes métiers verticales ont annihilés : mobilité professionnelle et apport de compétences nouvelles, coopération entre unités, développement et transformation des compétences existantes, recrutements et rémunérations plus professionnels et moins endogènes.

Les directions des ressources humaines ont un rôle déterminant à jouer pour conseiller et relayer les dirigeants dans leur entreprise de débureaucratisation, pour recréer la transversalité et réduire les silos et les niveaux hiérarchiques. Le levier principal de la transformation est donc le capital humain et les compétences au sens large, c'est-à-dire le management, les méthodes de travail, les capacités d'adaptation, les comportements, la flexibilité. Par nature transversale, pluridisciplinaire et centrée sur les problématiques humaines, une fonction RH renforcée en qualité et en niveau, repositionnée avec un véritable pouvoir d'intervention, est l'instrument dont les dirigeants ne disposent pas réellement aujourd'hui pour piloter les transformations. Il est urgent, et c'est un préalable, de la construire ou de la renforcer.

Des stratégies conditionnées par les ressources et l'organisation

Dans ce contexte, la stratégie des banques s'est largement recentrée sur leur organisation et leur fonctionnement interne.

Or, les défis à relever exigent des banques qu'elles mobilisent toutes leurs ressources et capacités internes. La réflexion stratégique du secteur change de perspective, les facteurs clé ne sont plus seulement liés au positionnement sur les marchés, mais par le développement et la mobilisation de toutes les ressources internes pour adapter le plus vite possible et en bon ordre les activités aux contraintes et opportunités de l'environnement. En d'autres termes, c'est en interne que résident les leviers et les ressources qui conditionnent l'avenir des banques.

L'organisation et les ressources humaines sont les plus forts enjeux des processus de transformations à venir, d'un mouvement qui consiste en peu de temps à passer d'une organisation à une autre avec tous les changements induits sur les compétences, le management et tous les processus de l'organisation. Ce n'est pas un hasard si les thèmes de l'innovation, des méthodes agiles, du management 2.0

et de façon générale, toutes les formes de disruption, envahissent le secteur bancaire plus que tout autre. Plusieurs approches ou croyances différentes coexistent sur le sujet :

- La première réponse est conservatrice et revient à une attente prudente basée sur la croyance implicite qu'au-delà de toute cette agitation, les changements seront lents et que de nouveaux relais ou une nouvelle martingale viendront tirer le secteur de ce mauvais pas. Le lobbying du secteur pour desserrer l'étreinte réglementaire s'inscrit dans la croyance qu'au fond, la contrainte est essentiellement réglementaire et qu'en la levant l'avenir du secteur redeviendrait durablement favorable. Il est significatif qu'aux complaintes des banques, la BCE elle-même a répondu régulièrement qu'elles devraient au contraire engager des réformes sans tarder pour réduire leurs coûts[1].
- La deuxième approche mise tout sur la technologie comme réponse à la fois nécessaire et providentielle aux problèmes de la banque. La solution est dans la disruption, avec une inspiration forte venue du secteur des télécoms et de l'Internet, c'est-à-dire la mobilité de la clientèle, la gratuité, la volonté affichée de vouloir libérer le client[2], dans le cadre de grandes manœuvres capitalistiques et, à terme, un oligopole. Dans cette approche, le fort potentiel de la banque en ligne, qui se manifeste à la fois dans les nouveaux usages des clients et dans les possibilités techniques, est appelé à bousculer la banque de réseau traditionnelle en captant d'importantes parts de marché. Le mouvement est en marche, mais d'une part, il se banalise car toutes les banques proposent une offre digitale, et d'autre part, la gratuité et la compétition sur les prix sont remises en cause par la faible rentabilité des opérateurs en ligne qui étaient à l'origine de la guerre de prix et des offres promotionnelles.
- La troisième approche est celle de la transformation interne développée par les banques traditionnelles. Elles ont multiplié les investissements pour unifier, moderniser et externaliser leurs plateformes

1 Danielle Nouy : 25 mai 2016, s'exprimant sur la situation des banques en Europe.
2 Campagne publicitaire Boursorama « Libérez-vous des banques ! », 2017.

informatiques, pour développer les services en ligne et l'expérience client, mettre en place des projets et des équipes de transformation digitale. Elles ont lentement mais continûment simplifié, centralisé leurs *back offices* et rapproché leurs structures. Mais, d'une part la vitesse d'exécution et l'efficacité de ces mesures sur la productivité et les coûts n'apparaissent pas encore dans les chiffres, et d'autre part la gestion de ressources humaines, l'organisation ou le management n'ont connu ni changement ni investissement particuliers alors qu'ils devraient être les ressorts principaux des changements à venir.

Ces approches ont néanmoins un point commun : une communication intense, une course à l'innovation, des investissements et des projets nombreux et coûteux, mais une efficacité qui suscite des questions : efficacité dans les capacités et la vitesse d'exécution, efficacité dans la conduite, le succès, la cohérence et la continuité des projets, efficacité dans la satisfaction client et surtout dans les résultats en termes de productivité et de coûts.

C'est pourtant tout l'enjeu. Une transformation est un ensemble cohérent de projets conduits dans des délais courts, une chronologie et des budgets maîtrisés pour aboutir progressivement à une organisation nouvelle et plus efficace, soit parce qu'elle permet un développement supplémentaire ou nouveau, soit parce qu'elle est plus productive et moins coûteuse, soit les deux. Pour la banque de détail, qui est un marché saturé, il est clair que la transformation porte essentiellement sur le mode d'accès et de distribution des produits et services, plus que sur leur contenu, et surtout sur leurs coûts. Si la transformation débouche sur un changement profond dans les services et la façon de servir les clients, elle ne vaut que si elle est rentable, ce qui, compte tenu du contexte de facturation actuel, devrait s'appuyer sur une forte réduction des coûts.

Y parvenir suppose que les investissements en technologie, en marketing et innovation soient portés par un profond changement dans la gestion des hommes et des organisations. Ce sont les deux piliers de la transformation.

Chapitre 13

Le capital humain, facteur décisif

Transformer les *business models* bancaires ne repose pas seulement sur le digital, les technologies et la mise en œuvre d'outils et de techniques. Les transformations sont par essence des problématiques humaines, non seulement par les usages et les besoins des clients, mais aussi et surtout dans l'adaptation des hommes et de l'organisation. Ceci signifie un bouleversement complet des structures, du management, des compétences et des méthodes de travail.

Sans changement profond de ces composantes qui constituent ce que l'on peut appeler le modèle de gestion des ressources humaines, la transformation digitale ne serait pas réellement efficace en étant une simple superposition de progrès techniques appliquée à une organisation du travail et des structures inchangées.

Les capacités du capital humain sont donc décisives pour rendre la transformation effective. La révolution numérique n'a de sens et d'impact que si elle transforme efficacement l'organisation.

Industrie de main-d'œuvre et d'intermédiation, la banque est l'un des secteurs dans lesquels la transformation numérique a le plus de potentiel et d'impact sur les ressources humaines tant sur les compétences que sur les effectifs.

Le principal enjeu est donc une gestion des ressources humaines à la mesure des défis à relever avec une grande exigence d'anticipation et de professionnalisation.

Condition pour une transformation réussie, un effort considérable en gestion du changement est indispensable pour accompagner les évolutions culturelles et les adaptations nécessaires pour débureaucratiser les organisations bancaires et les rendre plus agiles.

La banque, une industrie fondée sur ses ressources humaines

La banque est une industrie de main-d'œuvre qui, en France, emploie 362 800 collaborateurs en 2018[1] pour les activités sous l'égide de la Fédération bancaire française (FBF) et près de 500 000 si l'on intègre l'ensemble des activités financières hors du champ de la FBF. Ce secteur représente un pan très important de l'économie, non seulement par son rôle essentiel dans le financement de l'économie, mais aussi par le volume d'emplois qu'il représente. La banque en France signifie aussi lien social, une banque de proximité apportant contact, visibilité et accès sur tout le territoire. Cette présence locale est déterminante pour la confiance, la visibilité et l'incarnation de la relation entre les banques et leurs clients.

Les effectifs et les métiers bancaires, enjeu et atout pour l'avenir de la banque

Près de 70 % des 362 800 collaborateurs des banques en France travaillent dans la banque de détail et dans ce que l'on appelle la banque de réseau, toutes activités confondues. La part des métiers commerciaux qui inclut les personnels des agences dépasse la moitié des effectifs. Ces métiers représentent en outre deux tiers des

1 La banque est le troisième employeur privé en France.

embauches au cours de ces dernières années. Les métiers commerciaux tournés vers le client continuent à représenter la plus grande part des recrutements.

Une pyramide des âges qui facilite les restructurations

Le secteur bancaire français (banques AFB + mutualistes) employait à fin 2018 un effectif dont l'âge moyen, supérieur à 42 ans, était resté relativement stable au cours des dix dernières années. À y regarder de plus près, nous constatons de fortes disparités quant à l'âge de cette population.

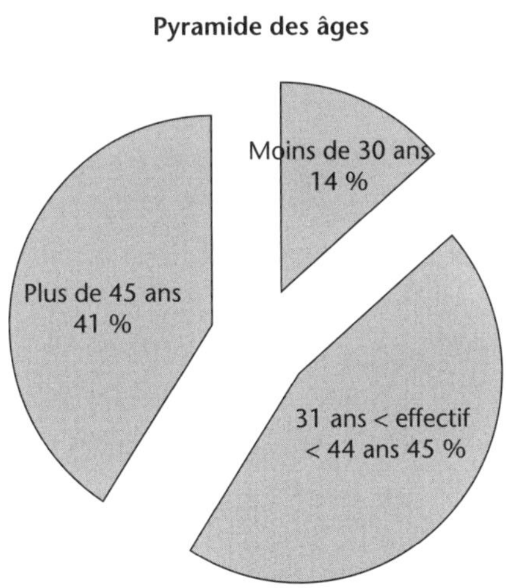

Source : Fédération bancaire française.

Figure 13. 1 – Effectifs des banques : répartition des tranches d'âge

La faible présence de jeunes salariés de moins de 30 ans (à peine 14 %) qui pourtant est non seulement la catégorie la plus à l'aise pour s'adapter aux évolutions technologiques récentes, mais est aussi la moins chère, constitue une source exceptionnelle de gains de productivité. À l'inverse, les salariés de plus de 45 ans représentaient plus de 40 % des effectifs. Rajeunir l'effectif peut donc apporter à la fois un effectif mieux formé aux nouvelles technologies mais en même temps moins coûteux. Les pyramides des âges selon les familles de métiers sont également favorables. Avec 50,6 % de salariés entre 25 et 39 ans, la « force de vente » s'affiche comme étant la famille de métiers la plus jeune, ce qui s'inscrit parfaitement dans la volonté des banques de développer leur présence commerciale. En revanche, les fonctions « traitement des opérations » et « supports », les plus à même de bénéficier des gains de productivité offerts par les nouvelles technologies, ont respectivement 43 % et 39,3 % de leur population composée de salariés âgés de 50 ans et plus. Enfin, les métiers de gestionnaire de *back offices*, de responsable d'unité ou d'activité de traitements bancaires, de gestionnaire administratif/secrétaire et les métiers de la logistique qui sont les plus touchés par le vieillissement et présentent une moyenne d'âge supérieure à 48 ans, sont sans doute ceux qui peuvent être le plus facilement sous-traités.

L'enjeu à venir : gérer d'importantes réductions d'effectifs

Les effectifs et les structures bancaires sont certes orientés à la baisse depuis la crise de 2008, mais de façon très modeste sur un rythme inférieur à 1 % par an. Sans doute, la crise du Covid-19 va accélérer le besoin de réaliser les économies rendues possibles par les sureffectifs encore existants et le progrès technique. La base des 362 800 salariés du secteur est en baisse de moins de 3 % sur la période de 2013 à 2018. Pourtant, nos propres analyses nous conduisent à estimer à plus de 110 000 le nombre de suppressions nettes d'effectifs possibles d'ici 2025. Dans le même temps, le métier de la banque doit améliorer son attractivité pour recruter les compétences qui lui manquent afin de développer son offre, ses processus digitaux et l'IA.

La banque de financement et d'investissement, où des surcapacités importantes s'étaient développées au cours des années 2000, est tout aussi concernée que les réseaux d'agences et les *back offices*.

Toutes les fonctions et tous les métiers sont directement concernés par ces réductions pour des raisons différentes et dans des proportions qui se situent en moyenne entre 20 et 40 % des effectifs. Les réductions engagées se poursuivent sous l'effet d'une simplification des structures et de la réduction des coûts que la baisse de la rentabilité et la suppression de pans entiers d'activités ont rendu nécessaires.

Dans la banque de détail, c'est une même tendance plus étalée dans le temps et de nature différente. Les dernières statistiques de la Banque de France le montrent, avec le nombre d'agences bancaires qui baisse d'année en année en France. Au-delà des évolutions chiffrées, les métiers en agence se transforment. Les effectifs des chargés d'accueil baissent et leurs missions changent, l'accueil partagé se développe, les conseillers de clientèle doivent monter en compétence et en expertise, voire se spécialiser, le rôle et la place des managers évoluent.

Deux phénomènes expliquent cette tendance. D'un côté, avec le développement des services bancaires en ligne, les clients sont de moins en moins nombreux à se rendre en agence. Par ailleurs, les banques s'adaptent à ces nouveaux comportements et accompagnent ce mouvement en réduisant leurs coûts *via* une réduction de leur présence sur le territoire. À noter toutefois que si les agences sont de moins en moins nombreuses, elles ont en revanche une taille moyenne plus importante.

On peut donc parler d'un mouvement de concentration plutôt que d'une volonté des banques de se désengager du territoire, notamment au vu des effectifs. Ce mouvement de fond enclenché il y a déjà plusieurs années se poursuit et s'accélère sous l'effet des usages des clients qui recourent de moins en moins à leur agence bancaire. En outre, depuis 2015, toutes les banques de réseau ont, sous des formes différentes, mis en place des automates et des dispositifs destinés à accélérer simultanément le développement des services en ligne de banque digitale et la réduction organisée du nombre d'agences. La Société Générale a ainsi indiqué vouloir fermer environ 20 % de ses agences à l'horizon 2020 alors que BNP Paribas en a déjà supprimé un peu plus de 10 % depuis 2012. D'autres banques ont choisi de ne pas fermer d'agences mais de les faire évoluer afin d'en réduire les coûts tout en conservant un point de contact avec le client.

Les fermetures d'agences ne se traduiront pas forcément par une vague de licenciements puisque plus de 20 % des employés de banque ont plus de 55 ans et partiront à la retraite dans les années à venir. Néanmoins, le nombre d'emplois créés par l'industrie bancaire va inexorablement diminuer. Cela constitue un enjeu majeur, puisque l'essentiel des effectifs du secteur bancaire en France travaille en banque de détail. Toutes les fonctions sont concernées directement : fonctions commerciales et fonctions de support. Nous estimons que dans les 5 ans à venir, plus de la moitié de ces effectifs connaîtront une mobilité professionnelle et/ou un changement important dans le contenu de leur métier, soit en interne, soit à l'extérieur de la banque. Suffisamment anticipées, ces réductions d'effectifs paraissent gérables dans la durée, mais à condition d'anticiper cette évolution et que des efforts importants soient faits pour adapter les compétences actuelles, en mobilité, en formation et en accompagnement RH.

Une gestion des ressources humaines à développer d'urgence

Lorsque l'on échange sur le sujet avec des salariés et des managers de la banque, on recueille une telle insatisfaction que l'on peut se demander si la gestion des ressources humaines existe réellement dans ce secteur. La remarque est provocatrice mais elle signifie que beaucoup de progrès restent à faire et que le niveau de satisfaction n'est optimal ni parmi les employés ni parmi les dirigeants, même si ces derniers sont en partie responsables de la situation[1]. Oui, certes, la gestion des ressources humaines existe dans la banque, mais elle en est encore au stade du développement, encore marquée par une pratique et une culture issues de la fonction publique avec des statuts, des classifications d'emploi, des grades, des rémunérations et des pratiques qui ne reflètent pas toujours les priorités et les compétences.

---

1 Charan R., *It is time to split HR*, Harvard Business Review, 2014.

Oui, des progrès ont été enregistrés, mais plutôt dans la forme : des outils d'évaluation ont été enfin systématisés, la communication interne a été appelée en renfort, notamment sur les questions de carrières, des campagnes de recrutement ont été mises en valeur pour montrer tout le dynamisme du secteur.

Mais sur le fond, peu de choses ont évolué et des tabous demeurent, comme celui de la sous-performance que l'on ne gère pas dans de nombreux établissements. C'est aussi le cas du management qui n'est pas reconnu comme une vraie compétence et une exigence à part entière, mais comme un statut, une sorte de promotion par le grade. C'est dans cette logique que le nombre de cadres a atteint 65 % des effectifs du secteur. C'est une partie du paradoxe et des faiblesses des organisations bancaires : la plupart des cadres dans la banque ne sont pas des managers, mais des techniciens compétents dans leur métier, promus en fonction de leur compétence technique et parfois n'encadrant qu'une ou deux personnes.

En outre, la faiblesse de la mobilité interprofessionnelle observée au cours des 20 dernières années sous l'effet à la fois des organisations par lignes métiers/produit et par un recours privilégié au marché du travail plutôt qu'à la mobilité interne a favorisé l'émergence de profils mono-produits. Un grand nombre de ces profils, promus au rôle de manager au sein de leur propre métier/silo, sont souvent dépourvus à la fois d'expérience managériale et d'expérience des autres métiers bancaires.

Ce processus de fabrication de l'encadrement bancaire est malheureusement l'une des principales sources de la bureaucratisation des banques : faible diversité professionnelle, création et renforcement de nombreux silos spécialisés, peu d'expérience managériale probante, multiplication des échelons hiérarchiques, sureffectifs et surcoûts de personnel, coopération et capacités d'adaptation souvent faibles.

L'un des éléments clé de cette situation est la mobilité et l'évolution professionnelle qui sont laissées au bon vouloir des opportunités des réseaux et des accointances internes. En somme, les politiques de ressources humaines dans la banque souffrent d'insuffisances et de retards manifestes, ce qui, au regard des nouveaux enjeux et défis à venir, constitue un handicap majeur à surmonter d'urgence.

Plusieurs facteurs expliquent cette situation, notamment un conservatisme inhérent au métier et au manque de diversité ainsi qu'à une forte culture technique et réglementaire peu propice à s'ouvrir aux enjeux du capital humain et du management d'équipe.

Une grande diversité de métiers

La grande diversité des métiers de la banque exige plusieurs modèles de gestion RH différents au sein d'une même entité, ce qui tend à limiter la transversalité, la mobilité et donc l'impact de la gestion des ressources humaines.

Deux exemples de modèles de management des RH sensiblement différents existent dans la banque. Le tableau 13.1 montre qu'entre les métiers du *Retail Banking* et ceux de l'*Investment Banking*, il existe de fortes différences dans de nombreux domaines de gestion des ressources humaines.

Tableau 13.1 – GRH : des contraintes spécifiques

	Retail banking	Investment banking
Expertise	Faible, produits standardisés	Élevée, solutions sur-mesure, complexes
Relation client	Relation de masse, à distance	Relation personnalisée
Organisation	Process importants et respect des procédures crucial	Centre de décision décentralisé
Management	Contrôle de la qualité des produits important et crucial	Contrôle des opérations et des risques
Critères rémunération et de promotion	Management, volumes, primes, chiffres commerciaux par équipes	Expertise, bonus individualisés

Pourtant, en s'adaptant aux spécificités des différents métiers, les DRH ont perdu leur transversalité et leur capacité à se situer au-dessus des silos organisationnels. Elles sont en outre devenues *Business Partner* comme préconisé par Dave Ulrich[1] selon les théories RH à succès, mais qui en même temps ont fait des ravages dans le niveau et les capacités d'intervention des équipes RH. Car, ce faisant, en devenant uniquement *Partner*, la fonction a perdu considérablement en pouvoir d'action et transversalité. Elle n'a plus la capacité de faire progresser ses pratiques, ni surtout la capacité à prendre en charge des projets de transformation dont la dimension RH est pourtant toujours déterminante.

Une culture technique et procédurale prépondérante

La banque est marquée par une culture technique assez forte influencée par la maîtrise des risques, compétence de base du métier. Cette culture marquée par l'analyse crédit, les procédures et le formalisme s'est considérablement renforcée après la crise de 2008. Cette crise a cependant montré davantage de défaillances dans la gouvernance des banques et du système financier que dans l'analyse du risque client.

En parallèle, la culture commerciale faiblement développée en raison d'une clientèle captive et de la prépondérance du risque a évolué dans les années 2000 par le développement des campagnes commerciales produit, sans toutefois donner lieu à de fortes innovations dans leur contenu en dehors de leur packaging et de leur complexité et sans, non plus, beaucoup progresser dans la prise en considération des besoins des clients et de leur satisfaction. L'objectif était alors clairement d'équiper le client pour mieux le facturer. C'est la réponse, en tout cas en France, que les banques avaient trouvée depuis le début des années 1990 pour redresser une rentabilité assez faible dans une période où la plupart des banques venaient de retrouver le secteur privé et tentaient d'atteindre le taux de rentabilité sur fonds propres de 15 % qui était alors la norme.

1 Ulrich D. *et alii*, *HR Transformation: Building Human Resources from the Outside in*, Mc Grawhill, 2009.

Le marketing produit a donc essentiellement été le moteur d'une accélération des ventes croisées et de ce que les banques appellent l'équipement des clients à partir de leur compte courant et leur service bancaire de base avec des produits d'épargne et d'assurance très diversifiés dans leur nature et leur complexité. Cette démarche a eu pour effet d'accroître les facturations et les commissions encaissées par les banques et a donné lieu à d'importants programmes de formation à la vente, aux produits accompagnés d'incitations à la vente, à la facturation des clients et à la génération de revenus. C'est l'émergence, ces dernières années, d'acteurs de la banque en ligne proposant peu de produits mais simples, directement accessibles et assortis d'une facturation limitée et transparente, qui a renouvelé l'approche commerciale en remettant en cause la multiplication des produits et de leur tarification, et en recentrant la démarche vers les besoins du client avec un accès simple et transparent. De fait, les compétences nécessaires à la banque en ligne sont radicalement différentes et combinent désormais une bonne capacité d'écoute et de conseil du client d'une part, et des compétences en digital et en marketing d'autre part.

Ce dernier mouvement accroît la différence déjà très marquée entre métiers de la banque et modifie radicalement les besoins en compétences futures de la banque de détail.

Des compétences affaiblies par une autonomie réduite et des procédures renforcées

La culture de la mobilité, à la fois géographique et fonctionnelle, qui existait dans les banques a été ralentie depuis 15 ans sous l'effet de plusieurs phénomènes. D'une part, l'organisation fonctionnelle en silos centralisés, particulièrement en banque de financement et d'investissement, a considérablement freiné la mobilité entre les métiers du secteur de la banque. Cette mobilité n'a pu s'effectuer que de façon verticale limitant les possibilités d'évolution de carrière et d'acquisition de compétences au périmètre limité des silos et des lignes produit. Ce phénomène a produit des compétences très spécialisées, mais peu diversifiées et faiblement adaptables. Sous les mêmes effets, les compétences managériales ne se sont que faiblement développées. Dans un contexte favorable, cette faiblesse managériale et de leadership était en soi moins problématique, mais elle devient un handicap sérieux dès lors qu'il faut réagir rapidement à la crise, procéder aux adaptations nécessaires et transformer les métiers à la nouvelle donne économique.

Par ailleurs, l'alourdissement des structures s'est traduit par la multiplication des échelons hiérarchiques et des niveaux. Partant d'une bonne intention consistant à reconnaître les compétences techniques, ce phénomène a aussi contribué à allonger et ralentir les circuits de décisions, affaiblir le rôle des managers intermédiaires, chaque couche hiérarchique doublonnant avec celle au-dessus d'elle, l'ensemble aboutissant à des organisations bureaucratiques coûteuses et peu préparées aux changements.

Dans la banque de détail, un autre phénomène a produit les mêmes effets. Dans les réseaux où la mobilité géographique a été partiellement remise en cause par les clients eux-mêmes, las de voir leur conseiller changer trop souvent, un autre phénomène plus puissant encore est venu affaiblir les compétences et l'autonomie face aux clients. Déjà à l'œuvre depuis longtemps, la mise sous processus formalisés de tous les actes de vente, de gestion, de relation avec le client s'est étendue jusque dans le face-à-face avec le client. Le développement des outils informatiques et la centralisation de tous les processus de gestion ont standardisé la compétence et l'ont transformé en un pur savoir-faire d'exécution et d'application des règles. Il va de soi, dans ce contexte, que l'autonomie et l'écoute qui préexistaient dans la relation avec le client sont devenues limitées à leur plus simple expression. Par exemple, la fonction de directeur d'agence, qui est le pivot de l'organisation des réseaux bancaires, s'est peu à peu vidée de l'autonomie dont elle bénéficiait tout en gardant les mêmes responsabilités et objectifs.

Cette réalité a contribué à une forte réduction de l'autonomie du personnel des banques, en contradiction avec la hausse continue des niveaux de formation et de qualification du personnel bancaire.

Elle conduit logiquement à des niveaux de *turn over* importants parmi les jeunes diplômés après quelques années de vie professionnelle. Elle remet en cause les parcours de carrière au sein des réseaux fondés sur la mobilité et l'accession aux fonctions de directeur d'agence. Elle contribue enfin à réduire l'attractivité du secteur vis-à-vis des jeunes diplômés comme de récentes enquêtes le montrent.

C'est dans ce contexte que les possibilités de désintermédiation massive *via* Internet et la banque en ligne mettent désormais le client, devenu plus autonome, en relation directe avec les produits et services de la banque grâce à des processus entièrement centralisés. Ce que nous appelions précédemment les compétences de base de pure exécution des procédures deviennent mécaniquement et rapidement inutiles. Désormais, l'accès direct par le client aux processus et produits de la banque lui procure davantage de satisfaction parce qu'il s'effectue quand il le souhaite, immédiatement et de façon autonome et transparente.

Aujourd'hui, c'est pourtant bien un recentrage des réseaux d'agences et de leurs compétences vers le conseil, le service, la gestion patrimoniale et les opérations plus complexes, qui pourra leur permettre de répondre aux mieux aux attentes d'une clientèle qui se rend de moins en moins en agence pour des services auxquels elle a accès facilement en ligne. L'enjeu des ressources humaines est donc considérable. D'abord qualitativement pour mettre les compétences et le potentiel, qui est élevé, à la hauteur des attentes de plus en plus exigeantes des clients, ensuite quantitativement car, à l'inverse, le chiffre des effectifs est inéluctablement orienté à la baisse, phénomène qu'il convient d'anticiper et d'organiser en bon ordre.

Un management et une gestion du personnel peu préparés aux enjeux

À l'image des évolutions décrites précédemment, le management intermédiaire des banques n'a pas encore démontré de progrès significatifs ou de capacités particulières pour entreprendre et mener à bien les changements à venir. Les politiques de gestion des carrières dans les banques ont été limitées au *talent management*, c'est-à-dire à une proportion limitée de cadres à haut potentiel (1 % à 2 % de la population en général) et, pour le reste de l'organisation, à leur plus simple expression et aux opportunités éventuelles d'évolution, et généralement peu ou pas préparées. L'autre caractéristique de management des RH dans la banque par rapport aux autres secteurs est une relative passivité quant à la gestion de la sous-performance. Dans les grands réseaux des banques françaises, produit d'un héritage du secteur public et de tradition mutualiste, la gestion des ressources humaines est relativement passive : on ne licencie qu'assez peu ou en dernière extrémité et tout est fait pour éviter les licenciements de nature économique.

Pourtant les moyens sont là. Les budgets formation sont parmi les plus élevés du secteur privé, les effectifs des DRH sont également au sommet des ratios les plus élevés, mais, là encore, l'héritage des habitudes bureaucratiques dans un secteur riche débouche sur des résultats limités par rapport aux moyens engagés.

Face aux enjeux, le tableau n'est pas des plus reluisants. Mais la banque a des atouts pour les affronter. D'abord les ressources humaines, certes sous-utilisées et sous-gérées, sont un potentiel important qu'il conviendrait d'abord de mieux qualifier et de développer en direction des nouveaux besoins. Ensuite, la GRH peut devenir plus professionnelle, plus proactive et anticipatrice pour agir comme une véritable gestionnaire de capital humain et pas seulement comme le pourvoyeur de ressources à la demande.

En outre, résultante de ce qui précède, la productivité présente des réserves considérables dans la simplification des processus, l'organisation du travail et le management opérationnel.

Enfin, le temps et les ressources financières sont des atouts dont les banques disposent encore pour entreprendre sans tarder, de façon organisée et programmée, les changements attendus et à venir.

Chapitre 14

Développer une gestion RH des transformations

Cette situation et ces perspectives imposent un dispositif de gestion exceptionnel destiné à gérer la modernisation des services bancaires par l'apport du numérique. Ces évolutions ouvrent de nouvelles possibilités techniques qui transforment radicalement les modes de distribution, d'accès aux services et de gestion des opérations à destination de la clientèle.

Dans ces conditions, la problématique des banques est la suivante : comment définir une vision stratégique et une organisation cible de leurs métiers à court et à moyen termes et comment organiser en parallèle les ressources humaines, les compétences et, enfin, leur mise en place opérationnelle ?

L'urgence de la gestion prévisionnelle et d'une vision cible

Les évolutions dépeintes dans le chapitre précédent décrivent une série d'options, de combinaisons et de choix possibles pour les banques en fonction de leurs métiers et de leurs capacités. Le choix du planning est aussi stratégique, car il propose des choix d'anticipation et prépare les mouvements à venir. Dans l'ensemble des projets de transformation, la question de la ressource humaine est centrale :

- Elle est déterminante en premier lieu dans l'adhésion et la mobilisation aux projets car les équipes et les compétences sont déterminantes dans leur avancement et leur succès. Pour cela, une vision claire et détaillée est nécessaire pour expliquer les enjeux et susciter l'adhésion.
- La gestion prévisionnelle des effectifs et des compétences est indispensable à la fois pour livrer la perspective d'avenir aux équipes pour qu'elles s'engagent dans la transformation et les différentes actions qui conduisent à la configuration de la future organisation du travail.

Nous ne reviendrons pas ici sur les choix opérationnels mais sur l'organisation future du travail, sa calibration prévisionnelle sur les besoins en compétences et processus de travail pour assurer le fonctionnement des services et la flexibilité nécessaire pour procéder aux ajustements de l'organisation.

Les ressources humaines acteur des transformations

Un programme de gestion des ressources humaines spécifique à la transformation est indispensable pour développer les compétences nécessaires à l'organisation future.

Plusieurs projets doivent être pilotés en parallèle. Tout d'abord pour assurer à la banque de demain les compétences qui lui permettront de délivrer les services à la clientèle. Mais il faudra aussi disposer des ressources et des compétences destinées à piloter la transition vers un nouveau modèle et par conséquent à assurer le succès des transformations.

Enfin, d'un point de vue quantitatif, le volume des effectifs continuera à se réduire dans des proportions importantes et sur un rythme soutenu.

Tous les outils de la GRH devront être mobilisés dans cette perspective, en cohérence avec le changement de modèle. Tous les instruments de GRH – recrutement, évaluation, gestion des carrières, formation – sont d'ailleurs par nature des actions de moyen terme et donc de gestion prévisionnelle.

Le modèle RH du futur

Trois catégories d'actions composent la politique de GRH mise en place pour accompagner ces transformations :

- **Le plan d'adaptation des effectifs.** Les axes d'intervention sont la mobilité fonctionnelle et géographique et le *turn over* naturel. Lorsque les écarts sont trop importants en effectifs et en profils de compétences, un recours à un plan de départs volontaires ciblé par fonction ou profil est envisagé.
- **Le développement des ressources humaines et des compétences.** Le développement des ressources humaines peut être accéléré pour réduire les écarts mis en évidence par la gestion prévisionnelle. Sur la base d'une évaluation individuelle systématique, le recrutement, la polyvalence et le développement des potentiels par une mobilité fonctionnelle dynamique sont les principaux leviers.
- **Les outils de transformation de la GRH.** Dans le cadre des plans de transformation, la GRH mobilise ses principaux outils de gestion. Un exercice de prévision à partir duquel sont définies les politiques de recrutement et de mobilité, l'évaluation des compétences qui constitue l'outil de base de connaissance des ressources et enfin les différents outils d'incitation et de rémunération pour accélérer le développement.

La figure 14.1 expose l'ensemble des actions destinées à transformer le capital humain de la banque pour réduire les écarts mis en évidence par l'exercice de gestion prévisionnelle.

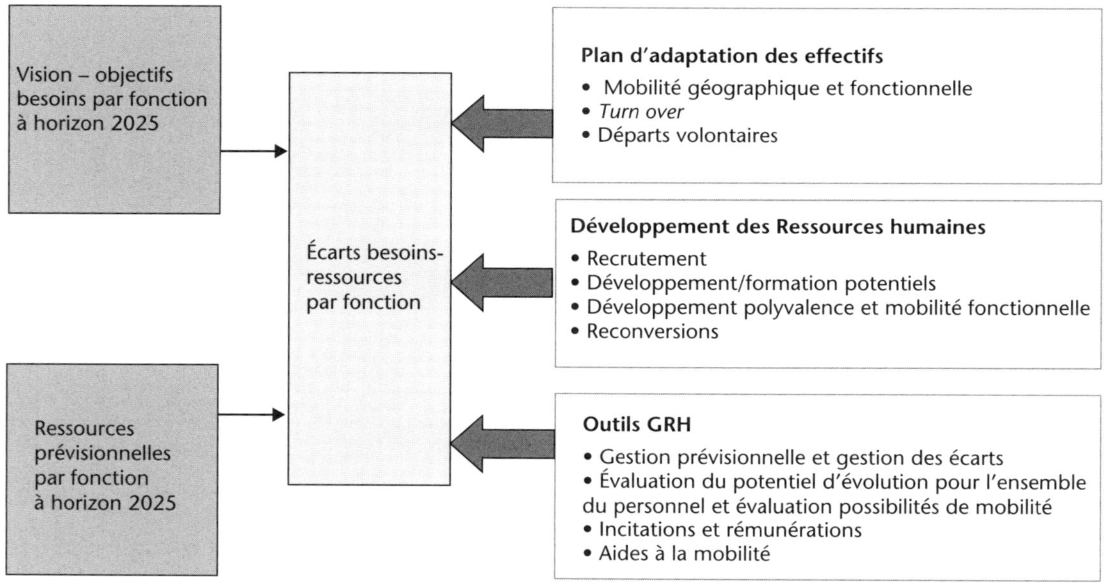

Figure 14.1 – Politique RH et gestion prévisionnelle des effectifs par fonction à l'horizon 2025

La polyvalence du personnel, levier opérationnel des transformations

Gestion des effectifs et polyvalence

Une gestion optimale des effectifs consiste notamment à ne pas remplacer systématiquement poste à poste le personnel partant ou absent en recourant chaque fois que possible à la polyvalence et aux capacités d'évolution du personnel en place. Ce type de gestion est l'outil principal d'une réduction organisée, régulière et sans rupture des effectifs. Elle est donc fondamentale pour piloter les plans de gestion prévisionnelle des effectifs tels qu'ils se présentent dans les réseaux bancaires.

La polyvalence est la capacité pour une personne d'absorber une partie des tâches réalisées par un collègue qui a changé de poste ou est absent. Cette capacité fait appel à des compétences identiques ou à des compétences nouvelles déjà maîtrisées ou à apprendre à cette occasion. Enfin, la polyvalence repose sur la motivation d'élargir sa fonction, d'apprendre et de progresser professionnellement.

La polyvalence est donc un élément clé de la flexibilité à court terme de l'organisation et des équipes car elle permet de répondre très rapidement aux ajustements que tout manager doit gérer pour assurer le fonctionnement optimal de son équipe et son efficacité parmi lesquels :

- absences ;
- variations d'activités temporaires ou ponctuelles ;
- surcroîts durables d'activité ;
- baisse ou réduction d'activité ;
- activités ou tâches nouvelles.

Polyvalence, productivité et développement des compétences

Lorsqu'elle est suffisamment développée, la polyvalence constitue une capacité de flexibilité disponible et permet concrètement de réduire les effectifs de façon progressive et ordonnée grâce au non-remplacement.

Lorsqu'un départ intervient en raison d'une mobilité interne ou d'un départ en retraite ou encore dans le cas d'une absence de longue durée, le recours à la polyvalence est déterminant pour reconsidérer, répartir et absorber les tâches jusque là réalisées par la personne absente. Il est communément admis qu'une équipe de 10 personnes avec un bon niveau de polyvalence a en permanence la possibilité d'absorber 30 % de variation d'activité, soit jusqu'à l'équivalent de 3 absences.

La polyvalence est donc une ressource essentielle pour assurer une gestion optimale et anticipée des effectifs. Elle est donc un facteur clé de productivité. Ceci est essentiel dans le secteur des services à croissance faible où les gains de productivité sont réalisés grâce à la baisse des effectifs.

La polyvalence est également un moteur essentiel du développement continu des compétences individuelles et collectives et requiert des compétences supplémentaires et nouvelles. Elle implique un changement du contenu de travail, un élargissement des tâches et des responsabilités. Elle est donc propice à la motivation et à la reconnaissance, salariale ou non salariale. Enfin, pour l'organisation comme pour le salarié, elle est un instrument déterminant de préparation à la mobilité et à l'évolution professionnelle.

Développer la polyvalence

La polyvalence est un facteur favorable à l'employabilité aussi bien interne qu'externe. Pour la développer, plusieurs actions peuvent être entreprises :

- décloisonner au sein d'un même service les fonctions et les tâches ;
- adapter les procédures de travail afin d'étendre les champs de compétences et les possibilités de travail en collaboration ;
- encourager le travail en binôme chaque fois que possible ;
- encourager la collaboration et l'échange par des réunions de services, des échanges temporaires de fonction, etc. ;

- faire du développement de la polyvalence et de la collaboration un objectif du management direct ;
- évaluer systématiquement les compétences, le potentiel d'évolution et le niveau de polyvalence de tout collaborateur ;
- reconnaître les personnes polyvalentes et qui font l'effort de le devenir et en faire un critère de qualification et de rémunération ;
- communiquer sur le sujet, ses objectifs, ses avantages et en faire une priorité.

Gérer le non-remplacement et optimiser les effectifs

Préparer et gérer sans rupture opérationnelle le non-remplacement des effectifs qui quittent l'entreprise en raison du *turn over* et des départs naturels est l'outil principal de gestion opérationnelle d'une réduction progressive et maîtrisée des effectifs qui permet d'éviter de recourir aux licenciements. Plusieurs mesures caractérisent ce type de gestion :

- En cas d'absence d'une à deux personnes au sein d'un même service de 10 personnes ou plus, pas de remplacement et recours à la polyvalence des membres de l'équipe.
- En cas de départ ou d'absence de longue durée, reconsidérer systématiquement le contenu du poste, envisager une répartition des tâches au sein de l'équipe, supprimer d'éventuelles tâches inutiles ou redondantes.
- Ne remplacer qu'après avoir revu et actualisé le contenu du poste.
- Généralement, une organisation optimisée fonctionne avec environ 10 % de postes non pourvus ou en attente de l'être.
- Redéployer les gains en postes et en ressources vers de nouvelles fonctions ou besoins au sein de l'organisation.
- Élaborer une gestion prévisionnelle des effectifs à horizon 2025 sur la base d'une évolution des besoins des métiers en effectifs et en compétences et disposer d'un programme d'actions RH associées.

Développer et transformer les compétences

Comprendre les besoins en compétences et en talents suppose d'évaluer les capacités de transformation digitale et une vision assez précise de l'organisation du futur. Si des variations sont possibles dans le temps, et que selon les types de marché une série de caractéristiques propres est identifiable, à la fois des compétences techniques, mais aussi des comportements professionnels transformés. Deux grandes tendances se dessinent de plus en plus clairement.

La première est relative aux modes de management, aux profils et aux comportements professionnels. Les besoins de transformation, rapide, parfois disruptive réclament des changements profonds dans les modes de management pour développer la délégation et l'autonomie, les compétences, la collaboration, la flexibilité et en particulier la capacité à innover et à mettre en œuvre et à changer rapidement. En matière de management, cela exige, non seulement une approche différente, mais surtout des profils de managers nouveaux capables d'investir davantage dans le développement de leurs équipes, d'anticiper, de guider et de former. Ces profils existent aujourd'hui dans le secteur bancaire mais ils sont loin d'être majoritaires. Le management bancaire est souvent issu de profils techniques ou de fonctions contrôle, n'ayant accédé au management d'équipe qu'assez tard sur la base d'une expérience acquise dans la même ligne métier et continuant d'intervenir directement dans leur domaine d'expertise au détriment de l'autonomie et du développement de leurs collaborateurs.

La seconde est relative aux nouveaux profils aptes à générer et à adopter de nouveaux modes de fonctionnement agiles et pluridisciplinaires, rapides, centrés sur l'atteinte rapide des objectifs, connectés au marché et aux besoins et attentes exprimés des clients, collaboratifs et flexibles dans leurs méthodes de travail et valorisés par l'action et la réalisation. Ces nouveaux profils constituent la ressource essentielle pour revivifier les organisations bancaires et sortir de processus de travail statufiés, analytiques donnant la priorité aux normes sans jamais les faire évoluer. Le recours à ces profils peut s'effectuer par l'embauche mais aussi par la constitution de réseaux de compétences externes et temporaires, prestataires ou consultants.

Développer le travail en équipe

L'agilité requise pour transformer rapidement les modes de travail requiert des compétences qui vont au-delà des pures compétences techniques dont la banque a besoin. La capacité à travailler en équipe est fondamentale pour exploiter et libérer les compétences et l'autonomie individuelle. Le thème de l'entreprise libérée promu par Isaac Getz[1] a fait ses adeptes dans la banque car il correspond directement au besoin de déhiérarchiser l'organisation. Dans certaines structures, le nombre d'échelons hiérarchiques est, tel qu'il est, un réel obstacle à la coopération et un ralentisseur du fonctionnement. Chaque niveau « valide », c'est-à-dire souhaite être informé, avant de faire avancer une idée, une décision, une information, sans rien apporter de nouveau et ralentissant ou annihilant les idées et les initiatives. Du même ordre sont les comportements individuels en silos sans délégation, ni partage, ni transmission. Mais la plupart du temps, par faiblesse managériale face aux rapports de force internes, ces phénomènes sont mal gérés, ou alors seulement en urgence, en cas de départ du titulaire du poste, par exemple.

Les projets de transformation doivent traiter ces problèmes en amont sous peine de devoir négocier tout au long du processus, délais, budgets et aménagements successifs au projet.

Enfin, un changement profond dans les comportements professionnels doit rapidement se concrétiser car il est indispensable pour permettre aux talents internes de se déployer et d'acquérir leur autonomie. Cela est tout aussi indispensable pour attirer et retenir les meilleurs talents.

1 Getz I., Carney B., *Liberté et Cie*, Flammarion, 2016.

Acquérir et intégrer des compétences nouvelles

Pour mener à bien sa transformation et redéployer ses activités, la banque doit donc urgemment renouveler et développer ses compétences. Deux manques criants sont à combler dès à présent. Prenons l'exemple ici des conseillers clientèle et des nouvelles compétences en digital et en technologie.

■ Le conseiller clientèle nouveau

Le premier besoin en compétence concerne d'abord la relation client. Le digital ne fait pas disparaître le conseiller clientèle. Au contraire, il incarne la banque et l'ensemble de ses services, qu'il soit conseiller en agence ou dans un centre d'appels. Il est le facteur à partir duquel les banques pourront développer la relation client notamment pour la banque patrimoniale et le conseil. Les outils, données et intelligence artificielle pourront équiper le conseiller de clientèle nouveau et élargir ses capacités et sa pertinence. Un gros investissement en formation et en développement est nécessaire pour élever le niveau et l'approche des conseillers clientèle. Les compétences produit ne sont plus suffisantes pour satisfaire les besoins et l'intérêt des clients. Le conseiller doit connaître et comprendre la situation familiale et professionnelle du client, ses objectifs et lui proposer des solutions globales. Il doit pour cela disposer de compétences juridiques en droit de la famille notamment, fiscales, financières. Le conseiller devient un coach financier et patrimonial. En outre, avec le digital, le conseiller a aussi pour rôle d'accompagner le client vers des solutions et des accès digitaux dans une approche qui n'est plus du face-à-face mais du côte à côte. Cette approche et ces compétences correspondent à ce que l'on trouve au mieux en banque privée. Cela détermine le niveau à atteindre pour le conseiller pour servir une clientèle de plus en plus exigeante qui a besoin d'avoir un contact physique ou en ligne et qui est généralement la clientèle la plus rentable.

Le conseiller financier virtuel se développera pour digitaliser et démocratiser des services à valeur ajoutée aujourd'hui réservés aux clients de la banque privée, mais il ne peut pas couvrir toutes les missions du conseiller financier bancaire dont le rôle plus que jamais sera de veiller sur les intérêts de ses clients en les conseillant par rapport aux nombreuses informations et recommandations qu'ils reçoivent et pour assurer conformité, sécurité et intégrer des données que l'IA ne peut pas intégrer ou interpréter.

■ De nouvelles compétences en digital

Pour réussir ses projets, la banque a un besoin urgent de compétences en technologie, qui ne doivent pas nécessairement être cantonnées aux seules directions informatiques. Ces profils sont porteurs d'une culture professionnelle nouvelle qui est nécessaire pour créer une rupture dans les modes de pensée mais aussi reconsidérer valablement les processus techniques et organisationnels mais aussi susciter des solutions innovantes.

Parmi une palette de métiers nouveaux nécessaires pour le développement de la banque de demain notons quelques-uns des plus représentatifs.

Le designer expérience client. Puisque l'expérience client devient décisive, et qu'elle ne se déroule plus seulement en agence mais dans le Web et dans l'accomplissement des différentes étapes de réalisation du service requis, les banques devront investir en recrutement, mais aussi en formation dans les capacités techniques et dans l'état d'esprit qui les rendront capables d'y parvenir. Sur le plan technique, ces métiers combinent compétences IT et compétences métier avec une forte attention portée sur les besoins et les attentes du client. Il s'agit d'être capable de conduire rapidement des phases de tests et d'améliorations directement avec les clients. Il s'agit aussi de traduire ces améliorations dans des applications testées et améliorées de façon itératives avec des clients testeurs.

Les *Scrum masters* et coachs agiles. Le développement rapide des applications et interfaces client repose sur des capacités et des méthodes de fonctionnement en cycles courts et rapides qui sont managées par des *Scrum masters*. Ce rôle exige un leadership fort et une bonne capacité à décider, arbitrer et résoudre rapidement les difficultés y compris les difficultés techniques qui se posent tout au long des développements. Ils sont relayés au sein de l'organisation par des coachs agiles capables d'influencer et de développer de nouveaux modes de travail axés sur l'amélioration continue et focalisés sur l'action et la réalisation concrète avec une valeur immédiate pour le client.

Les chefs de produits ou *Product Owners*. Leur rôle n'est pas nouveau mais il englobe désormais la responsabilité complète du produit. Il doit donc disposer du pouvoir et être capable de l'exercer pour décider et requérir les ressources et développements nécessaires. Il définit la vision et le futur du produit ou du service considéré ainsi que les objectifs. Il travaille directement avec les développeurs, les autres parties prenantes de l'organisation intervenant sur le produit. Il a une compréhension générale de la technologie et il est capable d'arbitrer vite et fréquemment pour permettre au processus de développement d'avancer. Dans l'organisation agile, le *Product Owner* joue un rôle central car il est le décideur et sa capacité de décision est déterminante de la vitesse de réalisation et d'adaptation.

La définition de ces profils et talents contributeurs à la banque de demain montre aussi combien les processus de recrutement doivent eux aussi se transformer et devenir plus agiles. Dans la plupart des établissements, le recrutement est un long processus, partant de la définition du poste jusqu'à la sélection.

Le recrutement est un élément critique de la transformation des banques. La construction d'une vision, d'un but à atteindre, d'une stratégie sont les facteurs d'attraction pour des talents qui aujourd'hui se détournent du secteur bancaire pour préférer d'autres métiers plus attractifs ou créer leur start-up.

■ Plusieurs éléments déterminants requièrent une attention et un investissement des banques

Le but reste de créer et de rendre visible un environnement de travail attractif, collaboratif, de haut niveau et inspirant pour les jeunes talents. Certaines banques qui ont créé des structures d'expérience client, des *Labs digital* ou des *Digital Factory* doivent aller au-delà des concepts pour créer de véritables cellules capables d'attirer et de développer les talents dont elles ont besoin. Ces cellules ont l'avantage d'être pluridisciplinaires et de regrouper des compétences métier, des compétences marketing et techniques. Elles sont calibrées pour servir de creuset de développement à condition que le choix des hommes et du management de ces entités soit en cohérence avec leur finalité.

Chapitre 15

Débureaucratiser la banque

Débureaucratiser et agiliser les organisations bancaires

Bureaucratie, blocages, résistances au changement et faiblesse de la gestion des ressources humaines sont intimement liés. Le facteur déterminant au centre de ces mécanismes est la confiance. Dans le secteur de la banque, la confiance est fondamentale, d'une part quand les banques accordent un crédit et d'autre part quand les clients confient leurs économies. Or, si la confiance fait partie du métier, elle est toute relative et n'est pas accordée spontanément car le client est de fait considéré comme un risque. Cette approche inhérente au métier irradie la culture, les comportements, les réflexes de fonctionnement internes à la banque. Bien que le défaut de confiance soit une caractéristique que l'on retrouve dans les procédés de fonctionnement, de décision, de management, il n'a pas contribué à éviter les dérives qui ont déclenché la crise financière. En somme, on se méfie du client, mais on ne se méfie pas assez du marché.

Pour cette raison, les banques sont devenues et demeurent de gros paquebots bureaucratiques dont il est parfois difficile de modifier la trajectoire. Simplifier la gouvernance, débureaucratiser la banque, réduire sa « comitologie[1] », alléger les process, simplifier les organigrammes, accroître les délégations. Pourtant et simultanément, le renforcement des contraintes réglementaires, la montée de nouveaux risques rendent encore plus difficiles la mutation industrielle de la banque et tous les efforts nécessaires pour améliorer sa productivité, son efficience et *in fine* son agilité stratégique.

Dans ce contexte, les réponses résident en grande partie au cœur de l'organisation du travail, des process de fonctionnement et de décision. Débureaucratiser consiste à recréer de la flexibilité au plus près des tâches et des micro-décisions qui fournissent le carburant de l'organisation et de la productivité. La polyvalence et le développement des compétences, nous l'avons vu précédemment, est un facteur déterminant pour débureaucratiser et développer l'agilité de premier niveau de l'organisation, mais elle est aussi un instrument essentiel d'ajustement progressif des effectifs.

S'engager sur le chemin d'une transformation exige de reposer les questions essentielles et très opérationnelles qui produisent un service, un processus de vente, un résultat attendu dans chaque domaine de l'organisation. Se reposer la question des étapes de production du produit ou du service amène inévitablement à réévaluer chaque étape, chaque tâche, la validation et la décision. Cette réévaluation n'est pas naturelle en soi et nombre de processus finissent par être reproduits à l'identique des processus existants. Un préalable essentiel à la transformation est la débureaucratisation. Le résultat de cet exercice est d'aboutir à des processus de travail simplifiés, allégés, fluidifiés, par conséquent plus efficaces et moins coûteux. De quoi s'agit-il et comment y parvenir ?

1 Comitologie : excès des comités et de réunions comme mode de fonctionnement.

Connaître la bureaucratie pour mieux s'en passer

Empruntons tout d'abord à François Dupuy[1] sa définition de la bureaucratie et confrontons chacun des critères qui la définissent à la réalité des établissements bancaires.

Cloisonnement et verticalité selon une logique de spécialité et d'expertise technique

La banque, univers où la technique et les règles sont prédominantes, s'est beaucoup développée selon des logiques verticales et fonctionnelles, en silos, sur la base d'expertises et de spécialités avec une recherche de standardisation. C'est ce type d'organisation, efficace en situation stable et de développement, qui rencontre des difficultés lorsqu'il s'agit de s'adapter rapidement. Décloisonner, regrouper les structures et réduire le nombre de niveaux et de silos est un premier pas nécessaire pour débureaucratiser. Les deux principaux bénéfices de ce type d'action sont une dilution des critères et priorités techniques pour redonner la priorité aux objectifs et au client et également un renforcement de la coopération par suppression d'échelons hiérarchiques, par regroupement et simplification de l'organisation. Les équipes agiles et les concepts développés par l'entreprise libérée entrent dans cette catégorie d'actions. Ces outils favorisent le décloisonnement de l'organisation et optimisent ses ressources.

Une trop grande clarté de l'organisation

Cela peut paraître paradoxal mais Cyert et March ont expliqué, il y a fort longtemps, que le « slack organisationnel » c'est-à-dire la part d'implicite et de flou de l'organisation favorise la flexibilité

1 Dupuy F., *Le client et le bureaucrate*, Dunod, 1998 ; *La faillite de la pensée managériale*, Le Seuil, 2015.

et l'innovation. Or le secteur de la banque est sans doute celui qui s'est le plus « procédurisé » au cours des 20 dernières années[1].

Les processus de travail ont été formalisés jusque dans le plus grand détail, se sont par conséquent rigidifiés et sont aujourd'hui autant d'obstacles à surmonter. Précisons également que plus l'organisation se « procédurise » et moins elle contribue à développer les compétences. Dans ces conditions, elle ne favorise pas non plus l'autonomie et l'innovation, ingrédients dont l'organisation a besoin pour se revivifier. Elle tend plutôt à favoriser le confort et la rigidité. Les programmes, dits de simplification, ont donc beaucoup de potentiel et de matière à traiter pour autant que cette simplification soit promue, expliquée, acceptée et non perçue comme un risque supplémentaire.

La non-coopération

La coopération est entravée par le cloisonnement de l'organisation et par l'affaiblissement des fonctions transversales, en particulier la fonction RH qui n'est plus en mesure d'assurer la mobilité interne nécessaire pour développer une culture et des habitudes de coopération au service de l'intérêt général de l'organisation. Cause ou conséquence de ce phénomène, la gestion du personnel s'est balkanisée, carrière, rémunération, management étant déterminés et évoluant dans des périmètres ou des communautés de travail restreintes poursuivant leurs propres intérêts ou objectifs. Redévelopper la mobilité fonctionnelle reste, une fois encore, le facteur le plus déterminant et efficace pour restaurer la coopération, et pour cela, adapter les critères et pratiques de gestion du personnel qui aujourd'hui l'entravent.

L'endogénéité des critères de gestion du personnel

Il s'agit des critères de sélection et de reconnaissance qui sont fixés en fonction des contraintes et des intérêts des membres de l'organisation et non par rapport aux missions et objectifs. La faiblesse entretenue

---

1 Cyert R. M, March J. G, *A behavioral theory of the firm*, Prentice Hall, 1963.

des fonctions RH, qui est d'ailleurs propre à toutes les bureaucraties, facilite et autorise les pratiques de gestion du personnel et le choix des hommes. Leur reconnaissance au sein de l'organisation répond davantage à des contraintes ou des critères liés aux acteurs eux-mêmes, à leurs intérêts propres et leur pouvoir plutôt qu'aux objectifs globaux de l'organisation. La banque n'a jamais brillé par le développement de sa fonction RH sauf en situation de sérieuses difficultés ou de restructuration. Au moment où les enjeux sont devenus différents et les transformations inéluctables, il est urgent que les banques organisent et développent leurs capacités de gestion du personnel à l'instar de la plupart des grands groupes industriels.

La capacité à externaliser les problèmes internes en en faisant supporter leur coût au client ou à la société

Les enquêtes de satisfaction auprès de la clientèle des banques et l'image du secteur dans l'opinion publique, malgré quelques progrès, sont là pour témoigner d'une perception et peut-être d'une réalité selon laquelle les banques n'ont pas toujours fait les efforts nécessaires, mais ont préféré utiliser le client comme variable d'ajustement. Les campagnes d'équipement forcé des clients et de facturations systématiques pratiquées dans la banque de détail pendant près de 20 ans sont significatives de ce point de vue : alors que la banque de détail montre des signes de déclin de rentabilité dès la fin des années 1980 avec le besoin de simplifier les structures et les coûts, les réponses ont donné la part belle aux facturations tous azimuts plutôt qu'à une accélération des transformations.

La banque, cas d'école de conduite du changement

Depuis plusieurs années déjà, le changement est la préoccupation centrale du management des entreprises. Mais c'est un sujet relativement nouveau pour la banque.

La capacité de changer, pour une organisation, est une compétence à construire et à développer. La fonction de dirigeant et de manager ne se limite plus seulement à la gestion de son activité, mais aussi, et surtout, à la transformer, c'est-à-dire la faire évoluer pour l'adapter en permanence à son environnement et à la concurrence. Le changement n'est plus et ne doit plus être subi mais être entrepris, ce qui signifie également que le rythme du changement est essentiel. Il faut donc faire appel à une série de concepts, de pratiques et d'expériences. Il faut bien admettre que le passage à la pratique est souvent difficile, incertain et reste fréquemment cantonné au discours de bonnes intentions et incantations. Le changement est un exercice complexe dont le succès dépend de multiples variables. Il est fortement conditionné par le contexte et difficile à répliquer d'une organisation à une autre.

Le cas de la banque est un exemple caractéristique où la mise en œuvre exige une analyse lucide pour recourir aux bonnes pratiques et les mettre en œuvre avec pragmatisme et efficacité. Elle exige aussi une approche proactive pour mettre en œuvre un changement dirigé et organisé.

Chapitre 16

Quelles méthodes pour réussir les changements ?

L'urgence et le rythme des transformations

La situation du secteur, nous l'avons déjà expliqué, requiert une mise en œuvre urgente. Elle est aussi nécessaire pour anticiper et déclencher, la proactivité que cette démarche impose, pour être réellement efficace, de minimiser les ruptures et les coûts de transformation. L'urgence est un sentiment, une situation partagée qui pousse à agir et qui est fréquemment le point de départ d'un processus de changement. C'est le cas si l'on considère l'intensité des débats sur l'évolution qui attend le secteur et en particulier en ce qui concerne la révolution digitale. Mais les hérauts de la révolution digitale, de plus en plus nombreux, n'abordent que très peu les conséquences de cette révolution sur les organisations, les hommes, la profitabilité future et bien peu de choses sur la façon de l'aborder, à part l'investissement massif dans le digital.

Par ailleurs, le fardeau réglementaire que les superviseurs ont imposé au secteur fait penser à beaucoup que se débarrasser de ces entraves permettrait de revenir au bon vieux temps et économiserait bien des tracas. C'est évidemment une illusion, mais elle est humaine et compréhensible.

Le choix des hommes et du leadership

Le changement et les transformations dépendent largement du choix des hommes et des modes de gouvernance internes. La culture bancaire conservatrice par réflexe et par métier – n'oublions pas que c'est un métier de risque – n'est pas toujours apte à intégrer les idées nouvelles, les innovations surtout lorsqu'elles concernent le fonctionnement interne, les processus de décision et qu'elles remettent en cause des situations établies. La banque est traditionnellement rétive au changement, alors que ce sont les hommes, leurs aptitudes, leurs choix, leur vision et leur diversité de points de vue qui seront déterminants.

Le recours au progrès technique, en particulier les systèmes d'information, puis le numérique, est souvent privilégié comme levier de changement. La forte culture technique du secteur est en général ouverte à ce type d'évolution. Pourtant, leur impact sur l'organisation, du travail en particulier, est généralement assez faible et lent dans sa diffusion car ces solutions viennent se surperposer à des processus et des méthodes de travail qui demeurent en l'état. L'introduction de progrès technique vient se heurter aux routines défensives et aux organisations en silos fortement renforcées au cours des 15 dernières années par les structures matricielles qui sont autant de bastions que le changement devra surmonter.

Les vrais leviers du changement dans la banque

Dans la banque comme ailleurs, les changements à venir sont perçus le plus souvent comme une contrainte. Soulignons d'abord la mission difficile du management à transformer une contrainte en objectif incontournable et une difficulté en opportunité.

Cet exercice est délicat car il repose sur la transparence, la clarté, la lucidité, là où la facilité conduit souvent à faire de la sur-communication sur des prévisions bâties avec des hypothèses peu réalistes qui finissent par décrédibiliser le management qui les portent. Par conséquent, un discours de vérité, transparent, lucide et clair est une première condition fondamentale à un processus de changement d'ampleur.

On n'insistera jamais assez sur le formidable réservoir d'opportunités et de leviers que constituent les règles et les pratiques de gestion des ressources humaines : rémunérations, promotions, critères d'évaluation. En modifiant réellement et radicalement ces pratiques, il est possible de modifier tout le système de sélection et de reconnaissance de l'organisation et donc de modifier les comportements et les stratégies des acteurs mais aussi de les ré-orienter vers l'objectif et les réalités du changement.

Il s'agit de remettre en cohérence les rôles de chacun dans l'organisation avec les capacités et les pouvoirs d'action. Prenons un exemple simple mais classique pour ceux qui y travaillent, celui du management des réseaux d'agence bancaires. Le directeur d'agence, qui en est le pivot, est très souvent confronté à des problèmes d'application de la politique commerciale qui concerne à la fois le service client, les tarifs et la gestion des conseillers clientèle. Dans sa mission, le directeur d'agence est en charge de l'animation commerciale : terme bureaucratique qui veut dire en clair « débrouillez-vous ». En effet, mise à part son influence personnelle, il n'a pas les moyens réels d'agir ni sur la plupart des clients car il n'y a pas accès directement, ni sur les conseillers en charge de ces clients car il n'a pas ou très rarement son mot à dire sur leur rémunération, promotion, licenciement ou autres règles de gestion du personnel généralement gérées à un autre niveau que lui. Comme acteur de résolution de problème et encore plus de changement, le directeur d'agence est largement démuni, mais ce n'est pas tout. Dans une telle situation, il n'a pas non plus les moyens d'adopter la distance nécessaire que son rôle de management impose vis-à-vis de ses équipes.

Alors, parce qu'il est rationnel, il se transforme en lobbyiste, défenseur de ses équipes vis-à-vis de l'organisation et de sa direction. Il préfère protéger ses collaborateurs, faire remonter et exagérer les problèmes, renforcer l'opacité. Ainsi, le processus bureaucratique et « politique » prend le dessus sur la logique d'entreprise. Le facteur clé, on l'a vu avec cet exemple, est à nouveau le rôle des outils de gestion des RH et des incitations qu'il génère, et dans ce cas, la capacité donnée aux managers de les utiliser et de réellement décider.

Les étapes de mise en œuvre des plans de transformation

La mise en œuvre des plans de transformation impose quelques étapes nécessaires pour progresser avec efficacité :

1. **Une vision et une prévision réaliste d'une situation cible à l'horizon 3 à 5 ans.** L'exercice prévisionnel n'est jamais facile, mais il est nécessaire car il est un exercice de rigueur et impose d'envisager plusieurs hypothèses, d'intégrer les différentes dimensions et de créer une cohérence. L'exercice de prévision doit donc privilégier la cohérence plutôt que les détails, mais surtout faire preuve de réalisme et d'éviter les hypothèses et visions surréalistes.
2. **Traduire la prévision en termes opérationnels et budgétaires.** Il s'agit d'évaluer les conséquences en termes de systèmes d'information et de compétences et de distinguer la phase de transformation, qui est spécifique et réclame des moyens appropriés, de la situation cible.
3. **Définir avec réalisme le calendrier et peut-être plus encore la chronologie des étapes.** L'ordre chronologique est souvent déterminant et, chaque fois que possible pour gagner du temps et se confronter au réel plus rapidement, il ne faut pas séquencer les différentes étapes mais les engager en parallèle avec suffisamment de transversalité et de coordination.

4. **Bien choisir les hommes est un point crucial.** Les acteurs de la transformation doivent être à la fois porteurs du changement en cours et de ses objectifs mais aussi avoir la crédibilité auprès des équipes et la capacité de négocier, décider et arbitrer dans l'avancement quotidien du projet.
5. **Enfin, le déploiement**, qui est un art d'exécution, pourra emprunter les principes de la méthode agile et de toutes les approches qui permettent de surmonter les lenteurs et de redonner la priorité à l'action, d'organiser la collaboration et de responsabiliser plus clairement les personnes clés.

Le rythme des transformations : radical ou apaisé ?

Dans la banque comme ailleurs, le vocabulaire utilisé pour qualifier les méthodes de transformation fait l'objet d'une intense compétition : disruption, révolution, nouveau paradigme, nouvel ADN, table rase du passé, changement radical, brutal… Derrière les mots s'installe la question de la méthode à suivre et du rythme des transformations. L'idée se répand que pour réussir ces changements profonds, le mieux est de les entreprendre radicalement, de façon disruptive, révolutionnaire, en un mot il faut tout changer et vite. Il est pourtant utile de prendre un peu de hauteur pour confronter les différentes idées à l'expérience et distinguer les différentes étapes de transformation, notamment entre ce qui relève de la vision de ce qui relève de l'exécution.

Une vision disruptive du changement

Distinguons en effet une vision radicale et disruptive du changement à opérer, de son exécution qui doit être rythmée et continue, mais qui a besoin de temps pour être correctement réalisée.

Dès lors que l'enjeu de transformation est important, comme c'est le cas dans la banque avec une conjonction de changements majeurs, la disruption correspond à une vision totalement nouvelle qui rompt avec les habitudes du passé en les remettant en cause. Une vision radicalement nouvelle a l'avantage d'être une anticipation et de faire abstraction de l'existant. En anticipant, elle impose un travail de réflexion et de préparation, d'investissement. Elle impose de fait des choix stratégiques, parfois difficiles mais nécessaires. Mais, en même temps, elle crée une dynamique, un but partagé à atteindre, et par conséquent, une mobilisation et une adaptation progressive des ressources. Dans ce sens, la vision disruptive oblige à revoir, repenser, innover et à agir en cohérence à moyen terme dans une approche stratégique. Elle s'oppose à une approche tactique à court terme qui procède par ajustements successifs avec prudence, mais souvent sans cohérence d'ensemble. C'est dans ce sens, celui de la vision et de ce qu'elle suppose d'anticipation et de préparation que la transformation doit être disruptive et radicale, car, dans ces conditions, elle se situe réellement au niveau des enjeux et engage les investissements et les adaptations nécessaires pour y parvenir.

Une exécution progressive, cohérente et continue

Si une vision radicalement nouvelle permet de créer un nouveau *business model*, la gestion des différentes étapes de la transformation doit absolument éviter d'être brutale et radicale, ce qui ne l'empêchera pas, au contraire, d'être rapide et continue. Réussir ne consiste pas à casser pour reconstruire, comme s'il fallait absolument prendre l'organisation par surprise pour être certain de la faire changer. Implicitement, la « méthode du big bang » est devenue un réflexe répandu, mais qui s'avère souvent inefficace et désastreux lorsqu'il s'applique à une organisation[1]. Au contraire, réussir une

1 Ne pas confondre les changements de structure du type organigramme dont le changement doit être rapide, de l'organisation effective qui nécessite plus de temps et d'ajustements pour fonctionner. Les fusions sont un bon exemple pour montrer que les changements d'organigrammes doivent être rapides mais l'intégration des équipes et leur bon fonctionnement est plus lent. En outre, les fusions de métiers identiques sont des processus moins complexes à exécuter qu'une transformation.

transformation est un cheminement qui part d'un objectif, une vision radicalement nouvelle et définit en conséquence un cheminement organisé pour y parvenir avec une chronologie détaillée comportant différentes phases d'ajustements et de négociations. L'importance d'une chronologie réfléchie et organisée et de phases de négociations et d'adaptations tout au long du projet pour le rendre faisable et réaliste sont deux aspects fondamentaux pour qui a l'expérience du pilotage de tels projets, mais qui sont souvent négligés par les discours et les méthodes sur le sujet. Autant la disruption est très favorable lorsqu'il s'agit de bâtir et de détailler une vision, autant l'exécution exige plus de temps. Il faut surtout éviter de confondre les deux : d'une part, anticipation et disruption pour construire une vision détaillée mais d'autre part, chronologie, flexibilité, négociation, ajustements, vitesse d'exécution comme facteurs de réussite des transformations.

La vitesse d'exécution est pourtant l'une des préoccupations principales des managers chargés des projets de transformation et c'est d'ailleurs la raison pour laquelle le vocabulaire disruptif rencontre un certain écho car il fait référence indirectement au temps et à la vitesse de réalisation. Il s'agit d'un facteur de réussite, mais aussi l'un des principaux problèmes rencontrés dans la gestion de projets.

Si la vitesse d'exécution des transformations mérite que l'on s'y arrête, c'est à trois titres différents :

- La vitesse d'exécution est un avantage compétitif, car elle permet aux organisations capables de s'adapter rapidement, de bénéficier de conditions nouvelles d'exercice et de compétitivité.
- Dans un contexte de consolidation où tous les acteurs ne survivront pas, la vitesse d'évolution est décisive pour résister et prendre les positions dominantes sur le marché.
- La lenteur est une maladie bureaucratique dont la banque n'est pas exempte, car son activité est, plus que d'autres, marquée par la gestion prudente, notamment des risques.

Pour illustrer cette situation, prenons l'exemple de la gestion de projet. Tous les établissements ont de plus en plus de mal à faire aboutir leurs projets dans les délais – et donc dans les budgets – impartis. Au moment où l'innovation et la transformation deviennent cruciales, la lenteur avec laquelle les projets sont conduits et mis en œuvre devient un problème stratégique. La lenteur de décision, les dilutions de responsabilités, la peur de s'engager se traduisent par la prolifération de méthodes et de procédés qui fabriquent, autant de normes et de raisons d'analyser plutôt qu'agir[1]. Il s'agit en fait de ralentir pour mieux vérifier, bloquer pour protéger l'existant et donc maintenir en place les pouvoirs, petits ou grands, en place. Pourtant, il faudrait accélérer et libérer les initiatives et surtout l'action. Dans un secteur bancaire sur la défensive, envahi par les réglementations, devenu grand amateur de processus et confronté à des exigences de réductions des coûts, ce phénomène atteint son paroxysme. François Dupuy, spécialiste de ces questions, a parfaitement expliqué ces phénomènes de pouvoir dans les organisations et mis en garde contre une vision idyllique et psychologisante de l'action collective. Nommer dans l'urgence des directeurs de la transformation ou des *Chief Digital Officers*, inonder la communication de discours, d'événements ou d'investissements appelés à promouvoir innovation et modernité, cela ne fait pas le changement. Il s'agit aussi et surtout de s'interroger sur les mécanismes qui forgent l'organisation, le rôle du dirigeant, sa vision et la façon dont elle est exprimée, la confiance, les acteurs et leur intérêt à agir ou non, les systèmes de motivation et reconnaissance. L'enjeu est vital, car le ralentissement diffère d'autant l'adoption de nouveaux modes de fonctionnement. Ceux qui sauront s'adapter plus vite et surmonter ces obstacles auront toutes les chances de sortir gagnants.

---

1 Bronner G. et Gehin É., *L'inquiétant principe de précaution*, PUF, 2010.

30 jours de préparation	Premières semaines	100 premiers jours	18 premiers mois
Définir le niveau d'ambition	**Dynamiser l'organisation**	**Préparer et lancer la transformation**	**Piloter la transformation**
• Depuis l'extérieur, réaliser l'état des lieux de l'entreprise et les 1ers constats ; échanger avec les parties prenantes internes et externes à l'entreprise • Analyser l'état d'esprit de l'organisation et les niveaux de priorité • Développer un jeu d'hypothèses sur les améliorations possibles et identifier les gains potentiels • Évaluer l'équipe de direction et les personnes clés • Détailler la chronologie des 100 premiers jours, puis des différentes phases	• Expliquer la nécessité de changement, *via* la revue des facteurs externes et internes • S'assurer que le top management est aligné et parle d'une seule voix • Créer un état d'esprit favorable à la transformation et à l'action (par l'exemple notamment) • Responsabiliser le management et organiser la délégation • Encourager et challenger les collaborateurs sur leur capacité à sortir de leur zone de confort	• Développer une roadmap avec des jalons et des objectifs clairs à court terme et une vision à moyen terme • Sélectionner ou acquérir les compétences requises et mettre en place les équipes projet (rôles/responsabilités, activités, ressources, planning, processus) • Mettre en place une gouvernance et un PMO adaptés • Lancer le plan de communication et d'accompagnement (communication ascendante et descendante)	• S'assurer de l'atteinte effective des résultats à court terme • Planifier, développer et lancer des initiatives plus larges générant des avantages compétitifs à moyen terme • Mettre en place la nouvelle stratégie globale et les modèles opérationnels • Développer les équipes, l'autonomie, l'organisation et la culture pour atteindre les objectifs de la transformation

Figure 16.1 – Chronologie des transformations en 4 étapes

Agiliser les organisations bancaires

Méthode agile et agilisation de nos organisations : de quoi parle-t-on ?

La méthode agile est un concept qui a prospéré au sein des organisations comme un moyen de répondre aux besoins d'adaptation rapide et de façon plus opérationnelle, pour réussir les projets petits ou grands destinés à transformer et à faire progresser les organisations. Agile, en clair, veut dire souple et rapide, prompt à entreprendre et à réaliser. La plupart des organisations, les plus grandes d'entre elles surtout, privées ou publiques sont devenues extrêmement lourdes, rigides, difficiles à faire évoluer, en somme difficiles à transformer dans des délais et des coûts raisonnables et surtout incapables d'innover et de s'adapter. Or, la vitesse et l'adaptabilité sont les principaux atouts de survie à long terme des entreprises et des organisations

Dans un secteur bancaire marqué par la multiplication et l'accélération du rythme des projets, l'agilité est une nécessité et les expériences et méthodes se multiplient. Bien que cela ne soit pas propre à la banque, de très nombreux projets n'atteignent pas leurs objectifs initiaux et se soldent par des échecs. La principale raison de ces échecs et de ces déceptions est liée à l'incapacité à faire progresser les projets sur un rythme normal. Tout se passe comme si la gestion de projets était elle-même prisonnière de méthodes dont les ouvrages de management foisonnent, mais qui l'ont finalement transformée en une vaste gestion bureaucratique qui ralentit et bloque les projets[1]. Dans ce contexte, la méthode agile est conçue comme un antidote à toutes ces contraintes et normes qui se sont

1 Michel Berry, il y a 30 ans, avait appelé ce phénomène la « technologie invisible » pour exprimer l'emprise des outils et des normes de fonctionnement et gestion sur les processus de décision et de travail. Berry M., *Une technologie invisible – L'impact des instruments de gestion sur l'évolution des systèmes humains*, Cahiers du Centre de recherche en Gestion de l'École Polytechnique, 1983.

installées au fil des années. C'est en ce sens que cette méthode est également vue par beaucoup comme un changement culturel et un décloisonnement de l'organisation dans son ensemble. Il y a donc urgence à trouver, et le plus souvent, à retrouver des vertus et des habitudes de fonctionnement agile.

On retrouve également cela désormais dans les valeurs, les politiques d'entreprises, les discours mobilisateurs et les bonnes intentions que les entreprises adressent à l'extérieur, mais surtout à l'intérieur d'elles-mêmes. La transformation est une nécessité mais rien n'est possible sans agilité. Voilà le levier, la méthode pour donner de la force et de la vitesse aux transformations à venir.

L'organisation agile consiste tout d'abord à restaurer et redonner de la force à certains principes :

- **L'action** comme priorité par opposition aux analyses préalables et interminables. L'action aussi par opposition au contrôle *a priori* qui est la marque du manque de confiance et de délégation et des bureaucraties en général, le contrôle étant le levier d'exercice du pouvoir de faire ou de ne pas faire, d'empêcher de faire ou le pouvoir de freiner et de compliquer pour décourager. Bien que nécessaire, le contrôle *a priori* se fait au détriment du contrôle *a posteriori* qui pourtant a l'immense avantage de pouvoir confronter le réel à ce qui était prévu ou annoncé. Le contrôle, c'est, *a priori* l'analyse du risque ; le contrôle *a posteriori*, c'est l'analyse du résultat. Aujourd'hui le premier a souvent pris le pas sur le second.
- **La collaboration** est à encourager systématiquement, *a contrario* de l'organisation en silos, qui privilégie des objectifs particuliers dont la somme ne fait généralement pas l'objectif général. L'absence ou la faiblesse de leadership renforce les objectifs particuliers et les stratégies d'acteurs. La collaboration est aussi fortement perturbée par l'incapacité à prendre des décisions, première conséquence de la faiblesse du leadership et de la paralysie de l'organisation. Un facteur décisif d'agilité est de créer le bon niveau de délégation et de confiance pour que les décisions, y compris

les micro-décisions quotidiennes, soient prises au niveau du terrain par les opérationnels et personnes directement compétentes. À défaut, l'organisation consomme son énergie dans l'analyse et dans les blocages provoqués par la non-décision. Dans ce type d'organisation toutes les décisions y compris les plus banales sont objectivées, rationalisées, justifiées, pré-analysées alors qu'en général 80 % des décisions[1] sont non objectivées, car prises par réflexe ou par intuition, c'est-à-dire en réalité sur la base de l'expérience accumulée, de la connaissance, du jugement, de la culture.

- **La responsabilité.** Plus que des méthodes de travail, l'agilité dans les entreprises se traduit par une attitude de responsabilisation de tous les acteurs de l'organisation. Chaque équipe agile est une mini-organisation responsable d'atteindre les objectifs qui lui ont été confiés et se sent pleinement investie des résultats obtenus. Elle a carte blanche et met en place à son niveau tout moyen pour atteindre ses objectifs et améliorer sa productivité. Le rôle de l'équipe agile, rendue autonome est de prendre quotidiennement les décisions qui permettent de résoudre rapidement les dysfonctionnements et de permettre aux activités d'aller de l'avant et de progresser. La responsabilité s'accompagne d'autonomie, c'est-à-dire davantage d'indépendance et de transversalité par rapport à la hiérarchie. Elle s'accompagne d'un pouvoir plus important, que l'on appelle l'*empowerment* qui est ici crucial car il donne la capacité à agir et à résoudre les problèmes eux-mêmes.

L'organisation agile du travail

Il faut également prendre en compte une évolution des relations de travail entre les différentes équipes et composantes de la structure. En effet, les fonctions supports et notamment les équipes opérations et systèmes d'information interagissent plus fréquemment avec les métiers et en particulier les chefs de produits pour atteindre un

1 Solé A., « *L'entreprisation du monde* », *in* Chaize J. et Torres F. (dir.), *Repenser l'entreprise*, Éditions du Cherche Midi, 2008.

objectif commun. L'agilité est caractérisée par davantage de transparence dans la communication, dans la remontée des difficultés et problèmes et dans le niveau de réalisation. Il y a moins de jeux politiques au sein de l'organisation et plus de collaboration. La réflexion collective organisée en brainstormings permet à chacun de comprendre les contraintes des autres et donc, de mieux s'adapter. Dans le choix des locaux, on favorisera un plateau commun ou un *open space* par équipe pour assurer la proximité et l'échange.

D'un point de vue individuel, les collaborateurs se sentent plus valorisés par l'autonomie et la prise d'initiative encouragée par l'expérimentation. La structure classique pyramidale sera bousculée au profit d'une organisation où les chefs de produits (*Product Owners*) ont une responsabilité et un pouvoir élargis, où les initiatives sont portées aussi bien par la base que par les managers. Les niveaux de décision sont raccourcis et transversaux pour atténuer le pouvoir des unités et des silos. Le management intermédiaire évolue profondément sur plusieurs aspects. Les managers sont libérés des temps de contrôle et de *reporting* et réorientés vers le support aux opérationnels. Le manager est, selon son profil, légitime en tant que référent ou en tant qu'expert.

Le cœur de la responsabilisation est la délégation et la décision. La délégation responsabilise, donne la possibilité de décider et autorise la confrontation entre les décisions prises et les résultats obtenus. L'absence de délégation déresponsabilise, démobilise, atténue la confiance et privilégie le contrôle *a priori*.

On peut retenir certaines mesures nouvelles et spécifiques destinées à transformer le fonctionnement opérationnel des équipes projet, notamment :

- sortir les équipes MOA et MOE[1] de la gouvernance IT pour les mettre au service direct des chefs de projet métiers ;
- placer ces équipes sous une gouvernance orientée client et sous la responsabilité des *Product Owners* rattachés à des fonctions telles

1 MOA : maîtrise d'ouvrage (c'est-à-dire les analystes métiers et techniques). MOE : maîtrise d'œuvre (c'est-à-dire les équipes de développeurs informatiques).

que l'expérience client qui regroupe en général le marketing, l'innovation et la transformation ;

- l'efficacité de ces équipes est conditionnée par l'autonomie du chef de projet, sa capacité à décider et à être totalement en phase avec la stratégie. C'est la raison pour laquelle certains projets stratégiques sont rattachés aux directions générales, mais cela dépend du profil du chef de projet ou *Product Owner* ;
- veiller à l'autonomie de ces équipes et éviter des groupes de travail trop nombreux où se retrouvent des « représentants » des grandes directions ;
- veiller par l'intermédiaire du chef de projet à alléger la bureaucratie et les lenteurs (nombre de comités, *reporting*, gouvernance, etc.) qui caractérisent parfois la gestion de projet ;
- limiter la sur-qualité et les demandes de développement non rentables ;
- rattacher les projets à l'expérience client sur les produits ou l'amélioration continue lorsqu'il s'agit de projets opérationnels ;
- utiliser l'opportunité du transfert des équipes de développeurs IT pour sortir d'une MOA/MOE classique et revoir l'organisation/composition de ces équipes ;
- veiller à ce que la gouvernance soit orientée vers les besoins du client (et non orientée par des choix techniques par exemple) et veiller à l'autonomie et au profil des chefs de projet.

Mais sans réelle transformation de l'organisation, la méthode agile n'est qu'une boîte à outils. Ce terme est souvent utilisé comme effet d'annonce, un coup de pouce marketing pour dynamiser des équipes et accroître les résultats, ou comme excuse pour justifier des problèmes organisationnels, de délais ou de budgets. L'agilité n'a de sens et n'est crédible dans la durée comme levier de transformation que si elle s'inscrit dans la réalité opérationnelle de l'organisation. Elle se traduit par de nouvelles habitudes de fonctionnement, une culture qui évolue vers plus de proximité avec les clients, plus de simplicité, moins d'analyses et de *reporting*, et donc plus de réalisations.

Chapitre 17

Développer l'efficience opérationnelle et la productivité dans la banque

La question de la productivité

C'est curieusement un sujet très peu traité bien que présentant un enjeu et des réserves considérables dans la banque et la finance : peu de chiffres, peu de ratios, par métiers ou par produits pour le secteur bancaire. Pourtant la rentabilité, comme expliqué précédemment, dépend désormais de plus en plus de la capacité des banques à réduire leurs coûts et à améliorer leur productivité. C'est bien là l'un des enjeux majeurs de la transformation.

L'analyse de la productivité se heurte à de multiples difficultés dans le secteur des services et, plus particulièrement, dans le domaine bancaire. Cela tient pour une grande part à la difficulté d'isoler physiquement la production de certaines prestations ou l'exercice de certaines fonctions ou encore à l'existence de produits liés dont la mise en œuvre est indissociable.

Malgré ces difficultés d'approche tant conceptuelles que pratiques, la productivité mérite la plus grande attention, dans la mesure où elle constitue un des facteurs clés de la concurrence dans le secteur bancaire.

Bien qu'il ne soit pas très simple en l'absence de chiffres et d'études sur le sujet de porter un jugement, nous faisons l'hypothèse que le potentiel d'amélioration de la productivité dans le secteur est très élevé. Pour l'identifier, il faut découper les métiers de la banque en processus et identifier les leviers d'amélioration processus par processus. La transformation et les apports du numérique sont les principaux apports en banque de détail mais également en banque de financement et d'investissement. Le principal enjeu est de mettre en cohérence toutes les possibilités techniques et de faire les choix les plus productifs et rentables tout en étant en phase avec les usages et attentes de la clientèle.

Cela concerne à la fois la distribution et le traitement des opérations et de l'information, dont on sait qu'ils peuvent s'effectuer entièrement en ligne grâce aux possibilités techniques qui rendent possible un accès direct à des clients devenus autonomes, et autorisent une gestion à distance et immédiate des aspects contractuels, *via* la numérisation des contrats et la signature électronique. L'approche multicanal, aujourd'hui très en vogue car combinant tous les canaux ou interfaces existants, est représentative de cette course avec la multiplication des interfaces, mais dont le coût peut s'avérer rapidement rédhibitoire.

Tableau 17.1 – Axes d'optimisation des organisations bancaires, par fonctions

Fonctions	Valeur pour le client	Productivité et coûts	Technologie	Investissement	Potentiel de réduction coût
Marketing	Marketing individualisé	Marketing direct mieux ciblé	Data, algorithmes	Base de données, segmentation, connaissance client	Sur budget marketing
Distribution	Accès direct aux produits et services *anyhow, anywhere, anytime*	Accès direct sans structure physique ni intermédiaire	Internet, Data, intelligence artificielle	Parcours et expérience client, processus digital, simplicité	Intermédiation commerciale (agence et partie *middle office*)
Services transaction-nels	Accès direct aux produits et services *anyhow, anywhere, anytime*	Accès direct sans structure physique, immédiat, sans intermédiaire	Internet, Data, intelligence artificielle	Parcours et expérience client, processus digital, simplicité	*Middle office*
Conseil	Accès direct à l'expertise adaptée au besoin	Centralisation et développement de l'expertise	Internet, Data	Parcours et expérience *digital*, formulaire, simplicité, MOOC	Agences, conseillers en ligne
Gestion	Information régulière sur les opérations	Formulaires en ligne, automatisation, contrats et documents numérisés et gérés à distance	Numérisation, data, signature électronique, Blockchain	Numérisation documents, simplification processus	*Middle* et *back office*
Engagements et risques	Rationalité et transparence	Décision immédiate, aide à la décision	Data, algorithmes (scoring)	Data, algorithmes, analyse	Analystes et équipes risques
Impayés/ recouvre-ment	Prévention		Data, algorithmes (prévention des risques)		Limitation impayés, traitement plus rapide

Transformer l'organisation du travail pour accroître la productivité ?

Il faut bien noter que malgré toutes les techniques successives de configuration, les processus n'ont pas donné de résultats très probants sur la productivité bancaire. Beaucoup feront remarquer que les multiples obligations de contrôle et de sécurité ont contribué à alourdir et compliquer les processus de travail, ce qui est partiellement vrai. Mais pourtant toute personne ayant travaillé dans une banque sait combien les dysfonctionnements, les procédures de travail absurdes, les validations successives inutiles, les retards, les reports, la recherche du consensus pèsent sur la productivité.

Les possibilités techniques dont on a vu qu'elles sont nombreuses et ouvrent la possibilité de transformer radicalement les processus de travail ne peuvent être efficaces qu'avec une profonde réforme de l'organisation du travail. Et par organisation du travail il ne faut pas entendre seulement les processus opérationnels, mais l'ensemble des relations et des ressources qui travaillent collectivement et produisent le résultat attendu, c'est-à-dire les processus de décisions, le management, la délégation, la coopération, les règles et les normes de fonctionnement, les normes, les incitations. Dans ce domaine, de considérables progrès sont à réaliser et la transformation digitale, celle des outils, verra son effet limité si elle ne s'accompagne pas de choix déterminants dans l'organisation : quels sont-ils ?[1]

Simplifier

Simplifier signifie d'abord réduire et supprimer les tâches inutiles ou sans valeur ajoutée, les validations inutiles, les redondances. C'est à la fois un exercice d'innovation et de remise en cause de l'existant et aussi de courage managérial d'accepter la simplification, car elle signifie supprimer du travail, banaliser des expertises, réaffecter des

1 Sur ces questions, un ouvrage méconnu mais très instructif sur le fonctionnement des organisations : Ménard. C, *L'économie des organisations*, La Découverte, 2e édition, 2008.

personnes à d'autres tâches. Il va falloir aussi expliquer au management intermédiaire que l'on ne va plus lui demander de valider le travail fait, qu'il n'aura plus besoin de demander de longues présentations Powerpoint, présentées au cours d'interminables comités. Ces comités sont suivis par d'autres comités car, naturellement, les décisions requises n'auront pu être prises lors de la première réunion, car tous les participants n'étaient pas présents ou parce qu'une question souvent périphérique (et fréquemment la marque d'un désaccord) a nécessité un approfondissement. Nous sommes ici au cœur de la transformation de l'organisation du travail. Changer cela demande du courage au dirigeant qui doit agir seul, ou presque, pour impulser ces changements, trancher et rendre les arbitrages indispensables.

Standardiser

La standardisation est la suite logique de la recherche permanente de simplification. Après avoir simplifié ce qui peut l'être, la standardisation est possible et doit être la règle. L'exemple du nombre de produits est celui qui vient le plus rapidement à l'esprit et il faut reconnaître que la démultiplication réglementaire est en partie responsable de cette situation. Un spécialiste du crédit immobilier en France, aujourd'hui en liquidation, gère encore plus de 150 types de crédits différents avec autant de chaînes de gestion spécifiques dont une grande partie ne compte qu'un nombre limité d'unités dont la maintenance doit être assurée pendant toute la durée des crédits. Dans ces conditions, la transformation opérationnelle passe par la suppression d'un certain nombre de produits ou par leur modularité. De ce point de vue, les méthodes industrielles pourraient apporter beaucoup à la banque où chaque produit, particulièrement en crédit, repose la plupart du temps sur un système d'information différent et également parfois sur des plateformes IT différentes.

La standardisation ne concerne pas que les produits mais tous les processus, dès lors qu'ils ont été simplifiés autant que possible. Cet exercice de simplification-standardisation doit être permanent car il est la base des programmes d'amélioration continue. Il s'agit d'un champ privilégié pour encourager les initiatives et les innovations qui doivent venir des opérationnels eux-mêmes qui sont souvent les mieux placés pour proposer des solutions réalistes, qu'elles recourent ou non à des outils nouveaux.

Digitaliser pour transformer

Le numérique offre une série de possibilités parfois déjà anciennes mais dont le niveau de faisabilité opérationnelle et réglementaire est désormais très élevé. L'accès direct du client aux produits et services, grâce aux informations, réseaux sociaux, simulations et formulaires en ligne, l'automatisation des contrats, la traçabilité des informations et des échanges avec le client grâce à la signature électronique et peu à peu la blockchain, le progrès considérable dans la sécurité et la cybersécurité grâce aux outils d'analyse des données et d'identification sont amplifiés par les capacités et la puissance de l'intelligence artificielle et l'analyse des données.

Pourtant, tout le monde peut constater la tendance, heureusement pas générale, de dupliquer processus manuel et processus digital. Un établissement que tout le monde connaît fait encore signer le client à la fois sur la documentation papier et également en signature électronique pour être sûr ! Ceci n'est qu'un exemple mais il illustre le fait que le digital est encore trop souvent perçu comme un outil de gestion de l'information et, pour caricaturer un peu, de simple gestion électronique de documents permettant de tracer les informations et de stocker des documents numérisés.

Or, pour être rentable et productive la digitalisation doit s'accompagner de la suppression de tâches et d'étapes intermédiaires. La digitalisation, c'est d'abord le circuit court, direct et instantané entre le client et le produit ou service. Le processus ancien peut donc disparaître et être supprimé. La suppression comporte un aspect négatif puisqu'il faut réorganiser, réaffecter, redéployer le personnel et l'organisation. Il faut pouvoir aussi admettre que le client a toujours besoin de son conseiller, mais plus pour la même chose : pour des conseils différents à plus forte valeur ajoutée, plus pour remplir le formulaire ou réaliser des simulations car il fait cela lui-même plus librement, comme il le veut et quand il le veut.

Déhiérarchiser

De prime abord on pourrait se demander en quoi la suppression d'échelons hiérarchiques ou le *lean management* contribue à améliorer la productivité. Concernant les coûts, une structure légère avec deux ou trois niveaux est effectivement moins coûteuse, mais elle aussi en général plus productive. Le secteur bancaire est directement concerné par ce sujet. D'abord parce que, pendant plusieurs années et jusqu'à récemment, les structures bancaires se sont alourdies et démultipliées. Chaque produit ou processus, aussi réduit soit-il, donne lieu à une structure avec un responsable, parfois des niveaux d'adjoint ou de responsables de cellules. Ensuite parce que culturellement le statut de la hiérarchie est très fort dans la banque. Inversement, le niveau d'autonomie est faible, phénomène amplifié par une assez forte spécialisation et une faible polyvalence. Trouver des équipes d'une à trois personnes seulement, placées sous la responsabilité d'une autre, laquelle est elle-même parfois adjointe d'un référent est un cas encore très répandu dans la banque d'aujourd'hui. Même s'il y a une logique à cela, trouver 8 à 10 échelons entre le comité exécutif d'une banque et le premier niveau d'employé reste tout aussi fréquent. Dans de telles conditions, les transmissions d'échelon en échelon sont à la fois imprécises, et plus lentes, de même que les « validations », grande spécialité du secteur de la banque. Lenteurs, travail en doublon ou inutile, instructions imprécises, sans compter la démobilisation des équipes, pèsent lourdement sur la productivité à la fois dans les lenteurs de réalisation mais aussi par des surcoûts significatifs.

Chapitre 18

Manager les transformations

Le rôle du management : développer une vision et anticiper pour maîtriser la transformation bancaire

Dans leurs attitudes et les priorités qu'ils affichent, les dirigeants et managers ont une place déterminante dans le succès de toute transformation. Ils en communiquent le sens et la vision à moyen terme, expriment les principaux changements à entreprendre et à vivre, mettent en place des équipes fortes et compétentes pour conduire les projets et donnent l'exemple et les preuves de leur implication. Le rôle souvent passé sous silence du dirigeant et de l'équipe de direction est ici encore plus important que dans la gestion normale, période pendant laquelle l'amélioration continue est plus souvent subie que véritablement proactive. S'il n'y a pas de modèle *a priori*, plusieurs traits communs définissent clairement le rôle déterminant des équipes de direction.

Donner un sens à la transformation signifie définir une vision à moyen terme et la communiquer. Cela nécessite un double effort, celui du moyen terme dans un secteur où le court terme est plutôt un réflexe, et communiquer et dire la vérité sur les changements à venir, ce qui n'est pas tout à fait dans les habitudes et les réflexes du management des banques en général. Pourtant, la mobilisation des ressources humaines peut être un facteur puissant et considérable dès lors que le sens et les raisons sont compris et suscitent l'adhésion et la confiance.

Définir la culture et l'état d'esprit de la transformation : c'est une question d'exemple et de courage personnel, d'engagement du dirigeant et de son équipe de montrer non pas par les discours, mais par les actes les plus élémentaires leur engagement et leur propre adhésion dans le processus. Pas si simple à réaliser, la cohérence des équipes de direction est un facteur important et il n'est guère possible de promouvoir un engagement si l'équipe de direction au complet ne le porte pas. Combien de situations conflictuelles ou de désaccords profonds au sein de l'équipe de direction peuvent interdire tout processus de transformation, même si l'organisation elle-même est prête et capable de s'y engager ?

Construire une équipe unie et motivée pour mener à bien la transformation. Cela exige parfois quelques décisions difficiles et aussi le devoir de ne pas se tromper. Les expériences de transformations réussies dans la banque le montrent, l'unité de l'équipe de direction sur le projet à mener et une autonomie suffisante pour ceux qui ont à le conduire directement sont des conditions nécessaires de succès.

Piloter avec cohérence et continuité les changements en cours et gérer l'équilibre entre les objectifs de court terme et les objectifs de transformation à long terme. Il s'agit souvent d'une difficulté majeure pour les dirigeants de conserver dans la durée une cohérence forte entre les objectifs et les projets lancés. Trop souvent, la multiplication d'objectifs et de projets, parfois contradictoires entre eux finit par ralentir ou bloquer les projets et démobiliser les personnes les plus motivées. Limiter le nombre de projets, vérifier leur cohérence et assurer leur continuité dans la durée avec une chronologie organisée est un axe déterminant pour l'avancement et le succès des processus de transformation.

Expliquer et valoriser la transformation : beaucoup de littérature insiste sur le sujet de la communication. Précisons qu'il s'agit surtout d'explications, d'écoute et de reconnaissance. Une communication qui ne tiendrait pas compte de ces objectifs serait contre-productive. L'expérience de Corrado Passera à la tête de la transformation de Banca Intesa est souvent citée en exemple. Il recommande une explication simple et une justification de la transformation, le récit devant être simple et accessible pour être crédible. Mais il ne suffit pas de communiquer le récit par voie de presse interne, de *broadcaster* une vidéo du patron ou d'organiser des conférences-call à distance. C'est la présence physique du dirigeant au cours de réunions avec le personnel qui est décisive pour passer du temps et se présenter en face des personnes que l'on souhaite convaincre et engager. Passer du temps à se déplacer à discuter à s'engager en personne physiquement est quelque chose que malheureusement beaucoup de dirigeants répugnent à accomplir et n'en voient ni l'intérêt ni l'efficacité. Peu ont compris que l'on ne peut obtenir l'engagement du personnel sans s'engager soi-même et donner l'exemple par le geste et pas seulement par la parole.

Transformer, c'est aussi savoir négocier et adapter les programmes ou les plannings initiaux en fonction des difficultés et problèmes rencontrés au cours des discussions de terrain. Tous ces éléments rendent crédibles le projet et c'est au cœur de l'organisation que cette crédibilité se forge et non pas seulement dans une communication externe dont on pense souvent à tort qu'elle contribue mécaniquement à crédibiliser le projet en interne.

Les actions menées doivent être en ligne avec le discours par l'exemple donné par les dirigeants dans leurs choix et spécialement dans leurs décisions de reconnaissance. Les promotions et autres signes de reconnaissance doivent clairement privilégier les leaders et les profils les plus aptes à conduire et à réaliser le projet de transformation. Parfois, certains membres du management, même talentueux mais individualistes et peu coopératifs, indécis ou peu intéressés par les problèmes opérationnels doivent éviter de conduire de tels projets de sorte que les initiatives, idées et l'identification des difficultés ou points de vigilance puissent s'effectuer sans contraintes.

Sujet clé, plus encore dans la banque que partout ailleurs : utiliser les rémunérations variables – intéressement et bonus comme levier pour mobiliser et inciter à la réalisation de l'objectif assigné. Souvent négligé, l'intéressement collectif est un remarquable outil de mobilisation et de management s'il est utilisé de façon significative, simple et directement corrélé à l'atteinte des objectifs intermédiaires et finaux. Les bonus individuels ou d'équipe sont déterminants dans les incitations individuelles et collectives des personnes et des équipes clés dans ce type de changement organisationnel.

Manager pour transformer

Pour piloter ce chantier considérable de transformation, la question du management, de ses caractéristiques et de ses méthodes est posée : manager les transformations exige un corpus de méthodes, de rythme, de leadership, de caractéristiques et de profil qui sont différentes du management classique, gestionnaire, de développement ou de gestion de crise, etc. La prééminence du digital dans le débat a inévitablement buté sur une réflexion de ce que peut ou doit être le management dans ce contexte. Le management 2.0 fait l'objet régulièrement de réflexions mettant en avant les évolutions des méthodes et façons de travailler, l'influence des nouveaux outils, le développement du travail à distance et du télétravail.

Mais au-delà de l'évolution sur le management dans le cadre de l'organisation classique, le développement des outils collaboratifs transforme profondément le cadre de l'organisation et le rôle du management.

L'accès à l'information et aux compétences nécessaires et spécialisées en temps réel *via* les outils collaboratifs donne clairement l'avantage au travail collectif en projet sur un objectif déterminé et ponctuel, comme c'est le cas pour les multiples projets successifs engagés dans une transformation. L'apport considérable des nouveaux outils dont la réalité progresse chaque jour est de supprimer une grande partie des coûts de transaction, c'est-à-dire les coûts que l'organisation de l'entreprise a permis de réduire depuis deux siècles. Dès lors, le mode projet redevient moins coûteux et surtout plus efficace et plus rapide lorsqu'il s'agit d'entreprendre, d'innover, de faire appel à de nouvelles compétences, en un mot de transformer l'organisation. Pour cette raison, une organisation classique avec sa structure hiérarchique recourant principalement au salariat, devient plus coûteuse, moins flexible et moins adaptée.

Dans leur transformation digitale comme pour le lancement d'un nouveau produit, les banques ont très vite besoin de compétences qu'elles ne détiennent pas en interne et ce besoin est à la fois spécialisé, immédiat et temporaire. Ceci n'est pas seulement vrai pour le numérique, cela s'applique à tout ce qui est nouveau. Non seulement le mode projet s'impose absolument, mais le management classique se trouve concurrencé et devient même un obstacle à la réussite des projets. Pourquoi ? Parce que les méthodes de management, de contrôle et de décision sont inadaptées au mode projet et mettent en péril leur succès. Il s'agit selon nous de l'un des motifs principaux d'échec des projets. Leur intégration dans le mode de management classique de l'organisation conçu pour gérer le volume, la récurrence, la standardisation avec des équipes stables et salariées étouffent le bon avancement des projets. Ils ont à l'inverse, besoin de micro-décisions rapides, de compétences immédiatement disponibles, d'échanges et de partages d'information permanents, d'essais, d'erreurs et souvent d'adaptations rapides. Le management 2.0 est un management de projet qui privilégie l'autonomie et l'animation, le choix des meilleures compétences, des décisions quotidiennes et rapides, un comportement non hiérarchique proche des questions opérationnelles et de terrain.

La progression des capacités et des usages des nouveaux outils confère au travail en mode projet des possibilités considérables qui prennent le pas sur l'organisation et le management classique dans un très grand nombre d'activités. Or, la configuration, les profils, les réflexes, les normes professionnelles et les modes de décision ainsi que l'exercice du pouvoir sont assez souvent, à l'opposé parfois jusqu'à l'absurde, de ce que réclame le mode projet. Beaucoup d'entre nous ont à l'esprit des projets de transformation, où chaque décision doit être validée par un comité de direction classique qui se réunit seulement tous les 15 jours, ou des équipes projets constituées non pas des meilleures compétences, mais des « représentants » des métiers qui sont aussi fréquemment des baronnies internes.

Par conséquent, le rôle principal du manager de la transformation est de protéger les projets, de promouvoir l'autonomie et la délégation et d'arbitrer la concurrence qui s'installe inévitablement entre le management classique et conservateur et celui nouveau que le numérique, mais aussi, et surtout, les besoins des projets de transformation exigent.

Un fil conducteur : la confiance

La révolution numérique et la multiplication de projets avec des collectifs de travail à objectif déterminé bousculent les habitudes du modèle managérial existant. L'agilité, l'autonomie, la décision et le partage d'information ont un point commun : la confiance ! Et ce facteur est essentiel pour faire fonctionner les organisations :

- les chaînes de décisions *top-down* et à multiples niveaux ralentissent les processus de mise en œuvre d'un management participatif ;
- les structures hiérarchiques lourdes tuent l'autonomie et entravent la remontée des problèmes opérationnels et des initiatives visant à les résoudre, le nombre de strates hiérarchiques et les organisations matricielles bloquent et mettent en échec nombre de projets qui requièrent initiative, agilité et fluidité ;

- le fonctionnement qui limite la confiance entre unités et entrave les efforts entrepris pour développer la transversalité, l'échange d'informations, la coopération et la polyvalence.

La confiance est intimement liée aux comportements et aux actes. Le sociologue Charles Feltman définit quatre comportements : la sincérité, la fiabilité, la compétence, et le souci des autres[1]. Il s'agit exactement des qualités que les dirigeants devront démontrer pour être en mesure de réussir leurs projets. La confiance crée une relation de stabilité entre les dirigeants et le reste de l'organisation. Cela veut dire que dans un processus de changement, la confiance agit comme une garantie, l'assurance que la méthode de transformation respectera dans les actes une série de valeurs et d'engagement implicites. Partie du haut de l'échelle, la confiance se réplique et se construit au sein de l'organisation comme un ensemble de règles du jeu entre tous les membres de l'organisation. Enfin, la confiance autorise le risque, fabrique tout un système de garanties implicites internes à l'organisation[2]. De fait, la complexité sous laquelle croulent les banques provient directement du manque de confiance généralisé. Inversement, rétablir, oser la confiance est le point de départ de la simplicité. Cet exercice de simplification n'est pas seulement difficile parce qu'il demande une remise à plat de tous les processus de travail, mais aussi, et surtout, parce qu'il représente un risque pour le management, le risque de déléguer la décision, le risque de s'appuyer sur les compétences des autres.

Transformer le management

Le management doit subir sa propre transformation pour recréer du lien, de la proximité opérationnelle et de terrain, pour mobiliser l'intelligence collective et favoriser la coopération, pour autoriser chacun à s'exprimer et donner un avis, pour faire remonter

1 Feltman C., *The Thin Book of Trust: an essential primer for building trust at Work*, The Book Publishing, 2008.
2 Dupuy F., *La faillite de la pensée managériale*, Le Seuil, 2015.

les difficultés et les problèmes, pour renforcer les liens entre entités et instaurer des moments de convivialité au sein d'une équipe et au niveau de toute l'entreprise.

De nombreuses initiatives vont dans ce sens et s'expriment essentiellement autour des comportements managériaux : c'est le partage de la vision mais également la confiance et la responsabilisation. Le manager hiérarchique devient l'animateur ou le mentor. Puisqu'à la fin, c'est parfois plus lui que l'on rejoint ou que l'on quitte que l'entreprise elle-même, on comprend l'importance grandissante des accompagnements ou apports externes de compétences qui favorisent les bonnes pratiques managériales.

Les organisations du travail évoluent vers davantage de fluidité, de rapidité des échanges et de communication. Le rassemblement partage de l'information a pris des formes diverses : partout émergent blogs, « wikis » et autres bases communes de projets et d'animation dynamique de réunions permettant les échanges virtuels et avis en direct. Là aussi, le manager doit dépasser ses doutes initiaux sur sa capacité à gérer et à partager correctement les informations, encourager l'expression et la remontée des problèmes, prendre les avis compétents pour les résoudre, prendre le risque de décider rapidement, accepter l'incertitude, marquer son autorité par rapport aux résistances et arbitrer en conséquence. Tout ce bagage managérial indispensable à la réussite des projets de transformation n'est pas naturel dans les pratiques managériales que l'on peut constater dans les établissements bancaires.

Les capacités de mobilisation et de développement des équipes avec des techniques qui favorisent l'intrapreneuriat ou la culture de l'expérimentation (prototypes – *Design Thinking*, hackatons, *Open innovation*) illustrent l'intérêt mutuel à expérimenter, coopérer, donner la priorité à l'action et aboutir à des réalisations rapides.

Innover et accélérer pour garder un temps d'avance

À bien des égards, l'innovation est au centre de la transformation engagée par le secteur bancaire. Il est crucial de comprendre que l'innovation n'est pas seulement technologique, osons même dire que c'est la partie la plus facile et visible des processus d'innovation. Mais elle est insuffisante pour transformer réellement l'organisation, surtout dans un secteur de services comme la banque où les investissements en outils nouveaux ne se traduisent pas directement en gains de qualité de service ou de productivité[1]. La véritable innovation est celle de l'organisation du travail, celle qui consiste à sortir de ce que Chris Argyris appelle « les routines organisationnelles défensives[2], qui reproduisent et annihilent toute innovation au motif, le plus souvent, qu'elle sort de la norme et qu'elle représente un risque, risque d'autant plus élevé qu'il est inconnu. Car l'innovation est un risque. Pourtant, innovation et conformité ne sont pas antinomiques. Le rôle du management comme on le voit par ailleurs est déterminant car il conditionne et encourage la prise de risque. Le discours d'ailleurs ne suffit pas, il faut donner l'exemple, reconnaître ceux qui innovent, encourager les expériences, les initier et les supporter. Innover, enfin ce n'est pas systématiquement accorder un budget, les innovations, certes, ont besoin de moyens, mais leur origine réside d'abord dans les idées. Si le rôle du management est si important, c'est qu'il ne peut créer un contexte d'innovation que dans la continuité et en transformant profondément la culture d'entreprise.

Or, les déterminants d'une culture d'innovation sont connus :

- **La culture client :** la culture interne est créatrice de normes écrites et de croyances en raison de la standardisation des modes de travail, des normes professionnelles et d'une insuffisante ouverture

1 Ce qui est apparu depuis les constatations de Solow est devenu une évidente réalité. Les investissements souvent très importants dans ce type de secteur ont une rentabilité très incertaine et invisible dans les chiffres, de productivité spécialement.

2 Argyris C., *Savoir pour agir : surmonter les obstacles à l'apprentissage organisationnel*, Paris, InterÉditions, 1995.

vers l'extérieur, y compris sur les autres métiers au sein d'une même organisation. C'est donc la culture client et l'ouverture vers l'extérieur qui bouscule et provoque les évolutions, les changements et l'innovation, et c'est cela qui préserve de la bureaucratie et constitue le creuset des innovations.

- **L'impact des ressources humaines et leur gestion** : mobilité, polyvalence, diversité, autonomie mais aussi politique de reconnaissance, de la performance, et des initiatives. Le type de GRH est déterminant dans la culture de prise de risque et de droit à l'erreur.
- **Le type de management** : il est la clé, c'est ce qu'on appelle l'*empowerment*, c'est-à-dire l'autonomie et la délégation. Cela renforce la proximité avec les clients et avec le personnel qui sont les deux leviers de reconnaissance et de motivation.

Des facteurs favorables se développent dans l'environnement économique et sociétal. L'innovation et la confiance sont désormais des arguments primordiaux du marketing et de l'approche commerciale bancaire. Ces valeurs et ces principes sont utilisés pour forger les marques, leur image et leur positionnement. Dans le débat public, à tous niveaux, dans la théorie économique, dans les critères des analystes financiers comme dans le discours politique et la société, l'innovation est fortement valorisée.

Il y a aussi des obstacles à surmonter notamment le contexte réglementaire surchargé, dans la banque plus qu'ailleurs, et la généralisation des contrôles et procédures *ex ante* qui bloquent les initiatives et les investissements et prennent le pas sur les réalisations. C'est tout l'enjeu de la transformation, période de tensions et de confrontations entre les règles et les habitudes établies.

Conclusion

En conclusion, tout indique que les mutations auxquelles fait face le secteur bancaire sont irréversibles, parce que vitales ; et ceci d'autant plus que la crise sanitaire les rend plus urgentes. La crise économique profonde dans laquelle nous sommes entrés amplifie les problématiques auxquelles le secteur bancaire est confronté depuis plusieurs années déjà. L'effritement continu des marges et la forte augmentation du coût du risque fragilisent la solvabilité de nombreuses banques. Il n'y a désormais plus d'alternatives à une profonde restructuration du secteur avec recours à tous les moyens qui permettront de réduire les coûts. La révolution digitale en sera le levier principal.

En outre, les banques et les marchés de capitaux ne sont plus les uniques sources de financement pour les acteurs de l'économie. Pour les États, entreprises ou particuliers, les banques ne pourront plus se cantonner à un rôle d'intermédiaire entre offreurs et demandeurs de liquidités. Leur utilité relèvera davantage de leur capacité à mettre à la disposition de leurs clients un choix de solutions optimales les aidant à satisfaire leurs besoins et d'être un tiers de confiance capable d'apporter un conseil dans l'intérêt de sa clientèle. Ainsi, à titre d'exemple, plus qu'un taux bon marché, un client désirant renouveler son automobile attend d'abord aujourd'hui de sa banque d'être renseigné sur les avantages et inconvénients de chaque type de formules possibles, allant du prêt classique à taux fixe destiné à un achat, à une location pure « clés en main », en passant par une solution de *leasing*.

Donc, pour être capable de rendre le meilleur service à son client, la banque doit non seulement posséder une expertise de financement, mais en plus savoir acheter et vendre des automobiles, entretenir un parc auto, gérer des sinistres, et même gérer des abonnements de péage autoroute ! Dans un tout autre registre, servir une clientèle de grandes entreprises requerra moins de fournir des facilités de trésorerie à prix coûtant – un service auquel beaucoup d'entreprises ont accès à travers leur accès direct aux marchés financiers –, que d'être capable d'accompagner le trésorier vers des marchés nouveaux dont les règles lui sont totalement inconnues mais dont sa direction vient d'en faire un axe de développement stratégique et où il doit émettre des instruments financiers locaux.

Tout un chacun en conviendra, la banque n'est plus et ne sera plus ce qu'elle était. Fini le casino où il suffisait à de jeunes traders d'utiliser des algorithmes pour dénicher les inefficiences de valorisations aussi bien d'actifs financiers, que de taux d'intérêt, de changes ou autres, pour bâtir des fortunes en un temps record. Fini aussi le temps des bonus facilement gagnés par des commerciaux obsédés par le seul nombre de contrats d'ouverture de comptes signés, assurances-vie vendues ou crédits immobiliers renégociés au nez et à la barbe des concurrents. Définitivement fini le temps où il suffisait d'optimiser la gestion d'un portefeuille obligataire constitué en « miroir » de dépôts à vue pour s'assurer une rente financière. Pour prospérer, le banquier de demain devra développer une approche plus inclusive, donc plus éthique qui réaligne les intérêts du client sur ceux de la banque, comme c'est le cas dans bien d'autres secteurs. Cette approche un peu « schizophrénique » doit permettre à la banque de pouvoir en permanence se mettre alternativement à la place de son client – pour dénicher la solution qui lui sera la plus optimale au meilleur coût, et de son employeur – pour sécuriser la capacité de développement harmonieuse, et donc durable, de la franchise.

Pour relever ce défi, les banques françaises ne manquent pas d'atouts. D'une part, elles ont toutes une forte culture de banque universelle qui les a déjà aguerries à la vente de produits relativement éloignés de leur métier historique, les financements traditionnels : assurances, épargne ou autres produits non bancaires contribuent déjà à une part significative des revenus des banques en France, ce qui reste un cas à part dans l'industrie bancaire mondiale. D'autre part, elles ont également en commun d'avoir pris l'habitude de mutualiser certaines fonctions, dans le but de fournir des prestations à leurs clients à des prix inférieurs. De ce point de vue, demander à un banquier de veiller à l'intérêt ultime de son client nous semble être une opération plus facile à mettre en œuvre en France qu'aux États-Unis.

Nous en conviendrons, le défi réel porte donc d'abord sur leur capacité à transformer une approche avant tout basée sur des produits vendus à une clientèle, en une expertise capable de composer les meilleures solutions individualisées avec suffisamment de valeur ajoutée pour s'assurer la fidélité de chaque client et un niveau de revenus suffisant. Nous sommes confiants sur le fait que la plupart des banques en France saura relever ce défi. L'avenir le dira. Ce qui nous semble certain, c'est que pour celles d'entre elles qui échoueront ou prendront du retard à s'adapter à ce nouveau paradigme, les temps sont comptés. Les Google, Apple, Facebook ou autres Orange ont déjà affiché leur appétit à développer des services financiers connexes à leurs métiers originels et prêts à les transformer si les banques tardent à le faire elles-mêmes.

La banque de demain reste donc à construire. Trois facteurs principaux devraient définir les caractéristiques futures du secteur :

– L'amplification des effets du progrès technique et de l'automatisation à la fois dans la relation client et dans l'organisation des banques.

– L'influence de plus en plus grande des États, des Banques centrales et de la sphère publique et de tout ce que l'on appelle la régulation.

– L'impact des stratégies et de la concurrence dans un secteur saturé, qui compte beaucoup trop d'acteurs et des produits et services qui sont pour l'essentiel des commodités dont le numérique a accéléré la banalisation.

Beaucoup d'initiatives ont été entreprises en dehors et à l'intérieur des banques, mais beaucoup de problèmes structurels ne sont toujours pas résolus. Des montants considérables de créances douteuses qui ne seront probablement jamais remboursés, de grands établissements fragilisés et insuffisamment capitalisés, une courbe de taux d'intérêt défavorable et une rentabilité qui continue de baisser, le tout brutalement aggravé par le choc économique provoqué par la crise sanitaire du Covid-19. Toutes ces questions attendent désormais des réponses urgentes. Des coûts bien trop élevés qu'il va falloir réduire vraiment et significativement. Des clients peu satisfaits, avec une confiance limitée et des institutions publiques qui attendent des banques qu'elles prennent leurs responsabilités et leur avenir en main. Cet avenir, beaucoup d'analyses, de débats, de temps passé ont permis de le définir et de le préparer. Dans les circonstances actuelles, il est grand temps de le mettre en œuvre, et c'est urgent.

Bibliographie

ACPR, « La situation des grands groupes bancaires français », *Analyse et Synthèse*, mai 2018.

ACPR, « Les chiffres du marché français de la banque et de l'assurance en 2015 », juin 2018.

Aglietta Michel et Rigot Sandra, *Crise et rénovations de la finance*, Odile Jacob, 2009.

Artus Patrick et Virard Marie-Paule, *La folie des banques centrales*, Fayard, 2016.

Artus Patrick, « Déflation et taux d'intérêt zéro », *Revue d'Économie Financière*, mars 2016.

Bair Sheila, « Gérer la transition vers un système financier plus sûr », *Revue de la Stabilité Financière*, n° 13, Banque de France, septembre 2009.

Bouyala Régis, *La révolution fintech*, Revue Banque Éditions, 2016.

Bouzou Nicolas et Julia de Funès, *La comédie (in) humaine*, Éditions de l'Observatoire, 2018.

Cassou Pierre-Henri (dir.), *Quelle finance en 2030 ?*, Éditions Revue Banque, Centre des Professions Financières, 2019.

Couppey-Soubeyran Jézabel, « Taux négatifs, arme de poing ou signal de détresse », *Revue d'Économie Financière*, mars 2016.

Darolles Serge, « L'essor des fintech et leur réglementation », *Revue de la stabilité financière*, avril 2016.

Delorme Pascal et Djellalil Jilani, *La transformation digitale*, Dunod 2015.

Dupuy François, *Le client et le bureaucrate*, Dunod, 1998.

Dupuy François, *La faillite de la pensée managériale*, Seuil, 1995.

Eurogroup Consulting, *Les banques en 2020*, 2014.

Geiben Didier et Olivier Jean-Michel, *Bitcoin et* blockchain *: Vers un nouveau paradigme de la confiance numérique ?*, Revue Banque Éditions, 2016.

McMillan Jonathan, *Pourquoi les banques vont disparaître ?* JC Lattès, 2018.

Minsky Hyman, « The Financial Instability Hypothesis-Capitalist Processes and the Behavior of the Economy », *Cambridge University Press*, mai 1992.

Orléan André, *De l'euphorie à la panique : penser la crise financière*, ENS, 2009.

Orléan André, *L'empire de la valeur*, Le Seuil, 2011.

Palacios Jean-Michel et Maris Julia, *Diriger en ère de rupture*, Hermann Éditions, 2016.

Pauget Georges, *La banque de l'après crise*, Revue Banque Éditions, 2009.

P. Monnier
2020
LE PETIT
BANQUE
L'ESSENTIEL EN BREF
Compte bancaire
Produits d'épargne
Placements financiers
Crédits
Fiscalité
DUNOD

YVES EONNET
HERVÉ MANCERON
Préface de FRÉDÉRIC OUDÉA
FINTECH
LES BANQUES
CONTRE-ATTAQUENT
DUNOD

MARKETING / COMMUNICATION
MARKETING
DE LA BANQUE ET
DE L'ASSURANCE
Le digital au cœur de la relation client
Anne JULIEN
Antoine GAUTIER
2e édition
Préface
d'Alain Papiasse
DUNOD

80659 - (I) - SOP 90° - NOC - LAA

JOUVE-PRINT
733, rue Saint-Léonard, 53100 MAYENNE
N° 2956836N
Dépôt légal : septembre 2020

Imprimé en France